News interviewing

新闻传播专业"十二五"规划教材

新闻采访

(第2版)

熊高 熊倩 著

中国传媒大学出版社
·北京·

第 2 版修订说明

承蒙读者厚爱,本书第一版自 2006 年面世以来,多次印刷。第二版修订工作于 2013 年启动,由于本人繁重的行政事务、教学工作和身体状况等原因,拖至今日方才付印出版。

本次修订,按照"新闻采访主体、新闻采访受体、新闻采访准备、新闻采访方法、新闻采访艺术、新闻采访规范"六大块来架构全书,对部分章节进行了必要的增删、扩写,并新增了自 2010 年以来的新闻采访案例和 20 多幅新闻图片。

广西师范学院新闻传播学院的熊倩老师参与了本次修订写作。

我的学生、广西师范学院 2010 级硕士研究生张雨、谷月、丁锐、陈爽、万笑影、王君一参与了有关章节的修改、校对和资料收集工作。本次修订还得到了贺州学院的大力支持。

在此一并致谢!

熊高于广西贺州学院西校区

2016 年 2 月 19 日

前　言

采访是新闻传播的第一道工序,采访决定写作,决定传播。纵观人类的整个新闻传播活动,由口头新闻到手抄新闻、印刷新闻,到今天的以音频、视频为传播特点的电子新闻,以及以快捷、方便为显著特征的网络新闻,新闻的要义无一不是满足受众"欲知、应知而未知的新闻欲",即:报道已经发生、正在发生,或即将发生的新闻事实。

新闻采访是一种行为。"采"的本意为"采摘"或"搜集"。《诗经》"芣苢"中有"采采芣苢,薄言采之",三个"采"字,都有"采摘、搜集"的意思。

"访"也是一种行为,意思是向人询问,或调查、打听。新闻学"采访"一词,即由此而来。采访是新闻工作者围绕大众传播,综合运用问、听、看、想、记(包括运用记录工具)等手段,寻找和采集新闻素材的职业行为。

新闻采访是一种职业行为。所谓职业,是指个人在社会中所从事的、作为主要生活来源的工作。职业,要求新闻记者必须经过专门的训练,应当具备相应的素质和技能,才能胜任工作。新闻记者努力追踪已经发生的新闻,研究采访方法,掌握采访技巧,培养自己识别事件真伪的"火眼金睛",确保新闻的真实,是职业赋予新闻记者的天职。

新闻采访是一种群体行为。有记者,就有采访对象。新闻采访,无一不是紧紧围绕采访对象展开的。记者向采访对象打听、询问情况,了解事件的来龙去脉、前因后果;采访对象向记者提供事实,介绍情况,发表意见。二者构成了"一问一答"的行为互动关系。同时,二者之间又有许多的矛盾与冲突。

因此,可以这样说:采访这种行为是一种集"记者本人与采访对象的学识、才识、胆识以及情感、智力于一体"的综合性行为模式。成功的采访和优秀的新闻作品,是记者深入生活及其知识智慧的结晶。同时,也是社会协同配合、采访对象默默奉献的结果。试想,记者离开采访对象,离开采访对象的配合与支持,会是一种怎样的情况呢?结论是可想而知的!

新闻采访是一种社会行为。采访作为新闻传播的第一道工序,必然要与社会交往,即:从社会获得新闻信息,同时又通过新闻媒介向社会发布新闻报道,必然受到社会的制约。这就要求新闻记者在采访活动中应遵守相应的社会制度、法律、职业道德以及宗教、民俗等方面的规定。

新闻采访又是一种艺术行为。我们知道,采访的目的是从采访对象那里获取新闻线索和报道素材。而新闻采访的基本手段,是通过记者的"望"、"闻"、"问"、"切",即:眼看、闻听、提问和查阅来获取新闻信息和产生心灵感受的,具有十分丰富的艺术内涵,无不凝聚着记者的知识和智慧,特别是一些知名记者的采访范例,尤其值得学习借鉴。

理论来自实践,又要回到实践,指导实践、推动实践。本书力求在吸收前人的学术成果的基础上有所创新。在突出专业特点的同时,还要跳出本专业的知识结构,寻求新的理论支撑;既要讲授知识的"所以然",还要讲求专业理论的系统性、完整性和科学性,回答"之所以然"的问题。

本书首次运用了"行为科学"的基本原理,同时吸收了包括心理学、法学、社会学、民俗学等相关社会科学的成果,以便在继承前辈学者成果的基础上,有所创新,有所突破。这就是本书力求达到的目的。效果如何,有待于方家的斧正和实践的检验。

作　者
2016 年 1 月

目 录

前　言　/1

第一章　新闻采访主体　/1
第一节　记者的由来　/2
第二节　记者的职责与使命　/9
第三节　记者的修养　/13
第四节　记者的情感与立场　/20
第五节　记者的意识与发现新闻　/25

第二章　新闻采访受体　/34
第一节　采访与采访对象　/34
第二节　采访对象的受访特点　/45
第三节　采访对象的作用与地位　/50
第四节　记者与采访对象的矛盾　/53

第三章　新闻采访准备　/68
第一节　采访前的准备　/68
第二节　采访前的新闻策划　/74
第三节　四种特殊报道的策划　/83
第四节　分类新闻的访前准备　/91

第四章　新闻采访方法　/105
第一节　显性采访　/105
第二节　隐性采访　/126
第三节　体验式采访　/134

第五章　新闻采访艺术　/141
第一节　观察艺术　/142
第二节　听取艺术　/152
第三节　提问艺术　/159
第四节　查阅艺术　/174

第六章　新闻采访规范　/183
第一节　新闻自由与新闻控制　/183
第二节　采访自由与政治约束　/189
第三节　采访自由与"法"的约束　/195
第四节　采访自由与"律"的约束　/205
第五节　采访自由与"俗"的约束　/213

附录一　记者行为准则宣言　/221

附录二　中国新闻工作者职业道德准则　/222

主要参考文献　/225

第一章 新闻采访主体

- **本章要点：**
  1. 掌握记者的职责与使命
  2. 了解记者应具备的修养
  3. 了解记者的情感与立场
  4. 了解记者应具备的意识

记者是时代的记录者。美国著名记者詹姆斯·赖斯顿曾经预言：19世纪是小说家的时代，20世纪是新闻记者的时代。的确，人类自步入20世纪以来，在这短短的100多年间，跨越了从16世纪初期德国出现《新闻书》以来徘徊了近500年的印刷新闻的历史，进入了一个崭新的、飞速发展的电子传播时代。

在这个伟大的时代，从骄阳似火的撒哈拉大沙漠，到冰封万里的北极圈；从烽火连天的诺曼底登陆，到东京湾密苏里号战舰上的日本签字投降；从阿波罗登月发射、挑战者号升空爆炸现场，到2015年科学家们宣布发现另一颗"地球"，无处不活跃着新闻记者的身影。

在这个大发展的时代，人们每时每刻都在通过报纸、广播、电视、互联网等传媒来接收新闻记者采集的、源自"地球村"各个角落的有关人类政治、经济、文化、军事、科技等各种最新信息。

在这个大变革的时代，人们通过新闻媒体和新闻记者，参与政治，发表主张，表达不同国家、不同种族、不同信仰、不同阶层的人们的不同见解、不同主张和不同声音。新闻记者是当今世界最为引人注目的"社会角色"，是"一切重大而激动人心的事件的目击者"[①]，是时代变革、历史变化的见证人，他们的笔下有财富万千，有毁誉忠奸，有

---

① [美]杰克·海敦：《怎样当好新闻记者》，新华出版社1980年版，第27页。

是非曲直,有人命关天……

2016年2月19日,习近平同志在党的新闻舆论工作座谈会上讲话指出:"做好党的新闻舆论工作,事关旗帜和道路,事关贯彻落实党的理论和路线方针政策,事关顺利推进党和国家各项事业,事关全党全国各族人民凝聚力和向心力,事关党和国家前途命运。"①这既是以习近平同志为首的党中央对党的新闻舆论工作提出的新要求,又是党和国家领导人从治国安邦的高度,对我国广大新闻工作者寄与的期望与重托。

新闻舆论工作为什么受到党和国家领导人如此的重视?新闻记者为什么受到社会如此的厚爱而引人注目呢?让我们追根溯源,从记者的产生、记者的职责、记者的使命等几个方面一探究竟。

第一节 记者的由来

一、记者的由来

1. 古代

"记者"是一个外来词。我国近代报刊在相当一段时间内,把外出采访的新闻从业人员称为"访员"、"探员"或"访事人"。直到1905年,《申报》向外国报纸学习,把日文报纸上刊载的"记者"、"新闻记者"搬到我国的报纸上,我国的新闻工作者才有了专门的称号——"记者"或"新闻记者"。

人有传播的本能,传播也是人类的生存需要。但真正出现以传播为职业的新闻工作者,却是伴随着人类第三次分工产生了新闻事业之后。换句话说,没有新闻事业,也就没有今天以传播新闻信息为职业的新闻记者。

在人类原始传播时期,也就是口头传播时期,人们虽然掌握了结绳记事、刻画记号、灯火传递等信息传播技术,但这种传播是无偿的,因而不可能产生职业传播人。

文字的诞生,是人类社会物质生产和文化技术发展到一定阶段的产物。同时,它标志着人类进入了一个崭新的传播时期。据史书记载,每到"孟春三月",周天子就会派人到各地搜集民歌民谣,了解民风民俗。如《诗经》中的《国风》大多是从民间搜集而来的。《汉书·艺文志》中说:"古有诗之官,王者所以观风俗、知得失、自正也。"

与今天的新闻传播相比,采诗官与新闻记者二者至少有两点相同:一是二者都需

---

① 习近平:《2016年2月19日在党的新闻舆论工作座谈会上的讲话》,参见2016年2月20日《人民日报》第一版《坚持正确方向创新方法权手段?提高新闻舆论传播力引导力》一文。

要到社会上去采集信息,二是二者都需要对采集的信息进行整理加工。不同的是:采诗官收集民歌民谣是为"王者"服务,传播对象十分狭窄;记者收集信息是为传播给大众,满足大众欲知、应知而未知的新闻信息。从这个意义上说,采诗官不是真正意义上的大众传播工作者。

我国自汉代开始设置"邸"。东汉蔡伦发明了造纸术。到了唐代,我国最早的报纸——唐官报便应运而生了。

"邸"是我国古代地方政府设在京城的办事处,其任务就是专为地方政府"中转"信息,下情上报、上情下达,沟通地方政府与朝廷的信息联系。

所谓"邸报",就是驻京城办事处的官员将皇帝的命令、朝廷的文告、官员的任免等具体的政务事宜抄录下来,传送至各地官员的手写报纸。

图片来源:互动百科《邸报》。

图 1-1　邸报　　　　　　　图 1-2　邸报

到宋代,出现了一种冲破官办限制的非法传播物——"小报"。《宋会要辑稿》记载了宋仁宗1031年发布的一条查禁小报谕旨:"诏如闻诸路进奏官报状之外别录单状,三司开封府在京诸司亦有探报,妄传除改,至感中外。自今听人告捉勘罪决停,告者量与酬赏。"在这里非法传播物为"单状",信息提供者为"在京诸司"的"探报",编辑者为"诸路进奏官",读者多为官吏和士大夫。由此可见,宋代的"小报"是进奏官利用进奏院系统非法经营的,它有自己的采编和发行人员。小报的出现,使报纸开始成为商品。

明朝,在我国新闻史上有着划时代的意义。由于活字印刷术的普及和政治的需要,16世纪中叶,朝廷允许民间自设报房,翻印部分邸报稿件,公开出售。这就是明代后期的"京报"。"京报"报房收集新闻、编辑新闻,同时也传播新闻,具有近代报社的某些特点。从规模上看,"京报"的报房备有印刷设备,雇有抄刻工人,主要以抄刻印卖报纸为主,也兼营其他业务。"京报"的特点是"三有一公开",即:有较为固定的报名;有专门从事编印和发行的机构——报房;开始有少量的自己采定的稿件;公开向社会发行,已经成为商品。由于"京报"最早的出版地是在京城,报纸也是从京城向外传发,故称为"京报"。不足的是,"京报"的内容大多和邸报相同,宣传皇帝的旨意,传播朝廷的政令,一切都在官方允许的范围内进行,而自己采写的稿件很少,因而也就没有职业新闻记者的出现。

至19世纪初,中国还没有出现以采写信息为职业的传播工作者。

而在此时,西方的情形又如何呢?

14世纪初,我国发明的活字印刷术传到欧洲,德国成为了欧洲活字印刷的发祥地。随着印刷技术的逐步推广和运用,大量迅速地复制信息成为可能,同时也要求尽可能地增加传播的信息量,以满足印刷业的要求。

西方在16世纪就诞生了一批以打听商品行情、采集各地物价、告知来往船只,以及政事、战争信息为业的传播人员,他们搜集各种信息,然后抄写出售。这就是"手抄小报"。据记载,1536年,在意大利的威尼斯城就有了专门采集信息的机构和贩卖手抄小报的职业报人。1563年,威尼斯同土耳其发生战争,威尼斯政府也曾发行手抄小报。1566年,威尼斯出现定名小报,叫做"手抄新闻",史称这一事件为"威尼斯手抄新闻"。

16世纪后期,欧洲逐渐出现了一些定期的新闻书,并且有了固定的名称。最早的定期报刊是1588年奥地利人迈克尔·冯·艾津出版的新闻书《博览会编年表》,每年两册,每册系统地介绍过去6个月内欧洲和近东政治、经济、军事等方面的重大事件。1660年德国莱比锡创办的周刊《莱比锡新闻》,于1663年改为每日出版,被公认为世界上第一份日报。

2. 近代

我国职业新闻工作者的出现,是在1815年8月。在英国人马礼逊、米怜创办的第一份中文报《察世俗每月统记传》的报馆担任刻工的梁发,被公认为我国近代最早的新闻记者。

太平天国时期,广州、香港、上海等沿海城市出现了一批由外国人创办的近代中文报纸。具有资产阶级民主思想的洪仁玕,在总理朝政期间推出的改革性的施政纲领《资政新篇》中有关新闻传播的主要内容有:1."设立新闻馆"、"准卖新闻篇";2."只需实写","伪造新闻者,轻则罚、重则罪";3."准富民纳饷,禀明而设新闻馆";4."兴各省新闻官";5.设新闻馆"昭法律、别善恶、励廉耻、表忠孝"。洪仁玕的办报思想,由于形势的迅速恶化,虽然没有来得及实施,但毕竟具有进步意义。他留下的这些办报思想,是我国近代新闻传播理论的重要组成部分。

19世纪后期,是我国报刊发展较快的时期。1875年,在上海创办的《申报》就"招延访事",公开招聘新闻记者。时过3年,《申报》分别在北京、南京、汉口、宁波等26个省会和重要城市招聘"外事"采写人员。此后,许多报刊有了专门从事外出采访的"访员"、"访事"、"探员"、"探事"。"探",就是打听,带有"侦察"、"采访"的意思。"探员",就是指探听消息的人。1921年7月19日,北京《晨报》刊登一则招聘记者的启事,标题为《招聘专任访员》,全文如下:

本社现在要招聘几位人为本社专任访员,有愿意的请注意

访员底资格:熟悉北京城乡各种社会情形,耳目灵通,采访新闻能说出原委。笔下好不好不论。

访员底职务:每天有一定的时间到本社报问闻,笔述或者口说都可以。除此之外,编辑部如有要特别调查的社会情形,也归访问(按:拟为访员之误)。

访员底进身:愿当访员的,自行来函,写明姓名籍贯住址。由本社复函,约定时日会谈,双方合意之后,即行决定。

访员底待遇:与本社职员共享两餐,每月薪水若干,等面谈之后再定。①

我们从这则招聘"访员"的启事,至少可以得出以下三点:

一是这个时期的新闻传播开始重视新闻采访,并对新闻采访人员提出了明确的素质要求:熟悉社会、耳目灵通、能说出新闻的原委;

二是使用了与今天意思相同的"采访"一词;

三是对采访人员有明确的职责,新闻的采编开始分离。

辛亥革命后,新闻记者的社会地位有了很大提高,一大批受过良好教育和有很强活动能力的新闻记者脱颖而出,其中有:被称为"民初三大名记者"的黄远生、刘少少和徐彬彬,以及稍后的邵飘萍、林白水、胡政之等人。黄远生被称为"中国近代第一个职业新闻记者"和"报界奇才"。

这个时期,我国新闻界掀起了研究新闻理论,特别是研究记者采访理论的"小热潮",取得了一批研究成果,初步形成了一套比较完整的记者工作理论。1896年,时任《时务报》总撰述的梁启超,在《论报馆有益于国事》一文中第一次提出报纸的"喉舌"理论,他强调报纸在"通上启下"中的重要作用。

---

① 蓝鸿文:《新闻采访学》,中国人民大学出版社2011年版,第15—16页。

被人们誉为"新闻界三杰"的黄远生①,根据自己的采访经验,提出了著名的"记者四能"说:"一曰脑筋能想;二曰腿脚能走;三曰耳能听;四曰手能写。调查研究,有种种素养,是谓能想;交游肆应,能深知各方面势力之所存,以时访接,是谓能走;闻一知十,闻此知彼,由显达隐,由旁得通,是谓能听;刻画叙述,不溢不漏,尊重彼此之人格,力守绅士之态度,是谓之能写"。这是我国较早的比较完整的记者工作经验谈。

徐宝璜②的《新闻学》是我国第一部新闻学理论专著,于1919年底出版。该书系统地论述了新闻学的性质、新闻的定义和新闻采访理论等,被誉为中国新闻界的"破天荒之作"。

邵飘萍③的《实际应用新闻学》是我国第一部论述新闻采访的专著,于1923年底出版,是作者总结其十余年记者生涯的实践经验,借鉴国外新闻学专著基础上编写而成。该书系统、全面地论述了记者的职业道德、人格修养、职业素养。主张以"探究事实、不欺阅者"为记者的第一信条;倡导记者要研究对方的心理,讲究采访方法和技巧。

19世纪中叶,无产阶级开始登上政治舞台,其新闻记者一开始就以鲜明的阶级性和战斗性横空出世。马克思和他的战友恩格斯,在他们几十年的革命生涯中,一起创办、主编4种报刊,协助创办、参与主编过5种报刊,指导编辑方针的报刊达十余种,形成了马克思主义的新闻观。

列宁一生都没有脱离新闻工作。从1900年至1917年,他先后主持或参加编辑、撰稿的报刊多达40余种。其中,有在国际共产主义运动史上享有崇高地位的《火星报》、《无产者报》、《真理报》等。1921年,列宁在填写莫斯科市劳动人民代表苏维埃成员履历表时,填写自己的职业是"新闻工作者"。

马克思主义新闻观认为:报刊应当坚持真理、宣传真理,无论在什么条件下都毫不动摇,决不屈服,这是一个新闻工作者必须具备的最起码的职业品格;坚持新闻的党性原则和坚持为广大人民群众的利益服务是无产阶级新闻事业的核心;坚持新闻的真实性原则是新闻事业的灵魂。列宁对新闻真实作出了更为严格的界定,强调新闻必须"绝对准确,没有一丝一毫的误差;事实经过再三核对;材料来源可靠,引语和数据准确

---

① 黄远生,江西九江人,著名记者。主编过《庸言》月刊,曾任《时报》《申报》《东方日报》《亚细亚报》特约记者,同时为《东方杂志》《论衡》《国民公报》等报刊撰稿,被称为"中国第一个真正现代意义上的记者",新闻作品有《远声通讯》。
② 徐宝璜,江西九江人,著名新闻学者,是最先在国内开设新闻学课程的大学教授。他主张报纸应具有独立的社会地位,应代表国民提出建议和要求。被誉为我国"新闻教育第一人"和"新闻学开山祖"。
③ 邵飘萍,著名记者,杰出的新闻学家。曾任记者、编辑、主笔、社长。大力提倡利用报刊来唤醒人民的觉悟。著有"北京特别通讯"等新闻作品和《新闻学总论》、《实际应用新闻学》等新闻学著作。

无误。"①针对报刊上的一些吹嘘,列宁严厉批评说:"决不要撒谎!","吹牛撒谎是道义上的灭亡,它势必引向政治上的灭亡"。②

在我国,从五四运动前后的《新青年》、《每周评论》,到建党初期的《向导》、《前锋》,以及中共中央第一张日报《热血日报》;从井冈山革命根据地的第一张日报《红军日报》、《红色中华》,以及新华社的前身"红中社",到宝塔山下的《解放日报》、王皮湾的延安新华广播电台……一代代无产阶级新闻记者,为着民族的解放和觉醒,以笔作枪,抛头颅、洒热血、慷慨赴死,唤起民众。他们当中不仅有横眉冷对敌人屠刀的我党创始人李大钊、瞿秋白,有不惧反动派胁迫利诱、惨遭杀害的新闻记者邵飘萍、杨潮③;还有为坚持真理而献身的著名报刊活动家邓拓……为我们树立了无产阶级新闻事业追求真理、捍卫真理的职业典范。

20世纪20年代和30年代,随着广播和电视的相继问世,特别是20世纪90年代以来网络的普及,一次次刷新了新闻的"时效性"。人类新闻传播由以前的以印刷新闻为主的时代,步入了一个由印刷新闻、电子新闻和网络新闻并驾齐驱的新时代。

1923年,由美国人奥其邦在上海办起了我国第一座广播电台;1958年5月1日,我国第一座电视台——北京电视台诞生。党的十一届三中全会以后,我国的新闻事业进入了飞速发展的"快车道",新闻记者队伍日益壮大,他们活跃于社会生活的各个行业和各个领域,并呈现出以下特点:

第一,高度的专业化分工。自20世纪初我国《申报》首次使用"记者"一词以来,记者的内涵、工作性质发生了很大变化:

一是采编的分离。记者有广、狭两义。广义的记者,是指新闻传媒内部与新闻信息有着直接关联或间接联系的新闻从业人员,包括报纸的校对、广播电台的录音人员、听审人员和电视画面的剪辑人员,等等。狭义的记者,专指从事采访新闻信息和报道新闻的人。记者的任务是"采"和"写",或者是"采"和"制"新闻。这里的"制",是制作,包括广播新闻录音信号的录制、电视新闻画面的拍摄等。"采"是记者工作的第一要务,即:搜集新闻和发现新闻。

然而,记者在采集新闻的过程中,必然要与社会的人发生联系,其工作对象自然而然地是分布在社会各个行业、各个领域、各个地区和各个角落,通过与社会的交往来获取新闻线索。从这个意义上讲,记者工作是"一个专门与人打交道的职业"。

---

① 马克思:《"新莱茵报"审判案》,《马克思恩格斯全集》第6卷,人民出版社1998年版。
② 列宁:《决不要撒谎!我们的力量在于说真话》,《列宁全集》第9卷,人民出版社1985年版,第28页。
③ 杨潮,笔名"羊枣",著名记者。1933年加入左联和中国共产党。曾任塔斯社上海分社电讯翻译、美国新闻处东南分处顾问,主编《大刚报》,创办著名进步刊物《国际时事研究》。1946年1月被国民党特务暗杀。

二是传媒的分工。随着广播、电视、互联网络的诞生，不同传播手段的媒体对记者提出了不同的专业要求。记者的内涵，也由以往的报刊记者扩展为文字记者、摄影记者、广播记者、电视记者、网络记者等。传播手段的不同，记录新闻事实的手段与方法也就大相径庭。传媒分工的另一层含义，是传播媒介的专业化。以电视媒体为例，按照国家广播电视行政部门电视节目"专业化、对象化"的设置要求，电视频道分为经济频道、生活频道、娱乐频道、文体频道、教育频道、体育频道、影视剧频道等。然而，传媒的分工，对于记者来说，只是报道领域的不同，采访仍然是新闻传播的"第一道工序"，追求新闻真实性的原则，依旧是永恒不变的主题。

三是报道领域的分工。一般而言，新闻媒介按社会行业、职业、领域的报道内容，对记者进行具体分工。如，有的记者负责工业的采访报道，被称为"工业记者"；有的负责党政新闻的采访报道，被称为"党政记者"；有的负责财经领域的采访报道，被称为"财经记者"；有的负责政法战线的采访报道，被称为"政法记者"，等等。

报道领域分工的最大好处，就是把记者认知生活的重心，引向社会生活的某一领域、某一行业、某一专业，为发现新闻、认识生活创造了条件。然而，不管你是什么记者，是什么传媒的记者，还是哪里来的记者，或是有何等地位、何等影响的记者，只要你进入采访环节，就得遵循采访规律；只有遵循采访规律，才能发现新闻、获得新闻素材。因此，对于记者来说，研究采访学问，掌握采访方法，既是学问所在，又是"看家本领"。

第二，新闻竞争，首先是采访的竞争。采访决定写作，没有采访也就没有今天意义的新闻。新闻的"新"，从采访的角度来说，主要包括内容上的"新颖"和时间上的"新近"这两个方面。

新闻要解决姓"新"的问题，主要是要解决记者发现新闻和获得新闻的问题。对于记者来说，首先是采访的"抢"。它包括"抢题材"、"抢素材"和"抢速度"三个方面：

抢题材　是指报道题材的"人无我有"，在报道时间上的先行一步。记者率先抢到了报道题材，则为报道"绝对独家新闻"占据了先机。

抢素材　是指在同一题材的采访中，对支撑新闻材料的深度开掘，在"人有我深"、"人有我异"上下功夫。记者的"人有我深"、"人有我异"，则为报道"相对独家新闻"奠定了基础。

抢速度　是指对新闻的快采。要求记者用最短的时间实现对新闻材料的占有，快写快发，以满足新闻"时新性"的要求。

纵观世界各国传媒，随着采访手段的不断完善，新闻的竞争表现为速度的竞争，新闻的"快"，早已大大突破了"今日新闻"的"时新"概念，而以"分"和"秒"作为"快"的标准。广播电视更是以播出时间与事件发生同步进行，即观众看到的新闻，是和事件的发生同步的,具有"零秒差"的特点,作为今天时间"时新"的标准。

第三,采访竞争,首先是紧紧围绕采访对象展开。由于采访对象手中掌握着新闻事实,记者采访就是向采访对象"要情况"。采访的"重心"自然地集中到采访对象身上,采访的一切活动都是围绕采访对象进行的。即使是采访"汶川地震"、"蛟龙号"这样现场感很强的新闻,采访也首先是围绕采访对象展开的。为了从采访对象身上获得"情况",记者使出浑身解数,开展公关活动,他的目的只有一个,就是为了从采访对象身上获得"情况"。

第二节 记者的职责与使命

一、记者的职责

所谓职责,就是职业责任或职务责任,是从事某项社会工作所必须完成的工作任务和必须承担的责任。那么,记者的职责是什么呢?马克思曾把新闻记者比作"喉舌"和"耳目"。马克思说:"报刊按其使命来说,是社会的捍卫者,是针对当权者的孜孜不倦的揭露者,是无处不在的耳目,是热情维护自由的人民的千呼万唤的喉舌。"①

日本学者和田洋一曾把新闻记者的职责比喻为"哨兵"。他说:"在动物社会里,社会成员扮演着专业分工的角色。有的从事环境的监视,负责担当'哨兵'的成员,在距离动物群较远的地方活动,警戒周围的环境。一旦发现威胁,就会立即大声吼叫起来。运动中的动物群,一听到'哨兵'的吼叫,便会迅速地行动。"②美国著名报人普利策把新闻记者比喻成"瞭望者"。他说新闻记者犹如大海航船上的"瞭望者",既要注视来往船只和地平线上可能出现的任何小事,还要密切注意水下的暗礁和天空的风云。周恩来曾在1958年7月考察广东工作时,把新闻记者比作蜜蜂,他说:"你们记者到处采访,交流经验,充当媒介,就像蜜蜂采花酿蜜、传播花粉,到处开花结果、酿出蜜来。"

2016年2月19日,习近平同志在党的新闻舆论工作座谈会上指出:"新闻舆论工作的职责和使命是:高举旗帜、引领导向,围绕中心、服务大局,团结人民、鼓舞士气,成风化人、凝心聚力,澄清谬误、明辨是非,联接中外、沟通世界。要承担起这个职责和使命,必须把政治方向摆在第一位,牢牢坚持党性原则,牢牢坚持马克思主义新闻观,牢

---

① 引自《新莱茵报审判案》。
② [日]和田洋一:《新闻学概论》,中国新闻出版社1985年版,第6页。

牢牢坚持正确舆论导向,牢牢坚持正面宣传为主。"①

具体说来,我国新闻记者的职责主要有以下三个方面:

1. 采写新闻,传播信息

这是记者最主要和最基本的职责。这里所指的新闻,是指包括消息、通讯、特写、新闻故事、调查报告等各种新闻报道。采写新闻是记者的首要工作和职责所在。我们知道,作为新闻记者,其工作就是不断采写和传播大众欲知、未知而应知的各种新闻信息,如政治信息、经济信息、文化信息、科技信息、军事信息等。满足大众对社会生活的"知情",是新闻记者的职责所在。由于社会生活的无穷无尽和大众对新闻信息需求的永无休止,使得新闻记者采写新闻的职责永无终结。

2. 反映情况,充当耳目

反映情况是社会主义国家新闻记者的基本职责,是新闻记者充当党和人民"耳目"的具体表现,也是舆论监督的具体表现。这里的"情况",是指记者以"哨兵"和"瞭望者"的目光,审视社会生活的方方面面,将采集到的各种信息"编码分流"后,把不适合公开报道,但又关系到国家的稳定、社会的安定大局,以及事关人民群众心声和疾苦以及事关国家建设的新情况、新问题、新动向采写出来,登载到向各级党组织、政府和有关职能部门反映"社情、民情、舆情"的内部参考,简称"内参"上。

在我国,各新闻传媒都把采写"内参"作为记者工作的一项重要内容。各级党政部门都非常重视记者的这项职能工作。记者采写的"内参",成为党和政府了解民情、联系群众的一条重要渠道,促成了许多问题的解决,推动了党和政府的工作。用"内参"形式反映"情况",是新闻记者职能所在,又是作为"哨兵"、"瞭望者"的信息分流。

反映情况的要义,是及时反映和如实反映。"内参报道和公开报道一样,都必须坚持新闻真实性原则。如果反映的情况不实,党的领导机关据此作出决策,那后果是不堪设想的。"②

3. 联系群众,沟通渠道

联系群众是社会主义新闻事业的特殊职责。这项特殊职责,首先,是源于无产阶级新闻事业的基本性质。无产阶级要实现自己的伟大理想,就要动员群众、组织群众、武装群众投身到伟大的革命实践中来。因为,作为党的"喉舌"的新闻媒体,是党了解

---

① 习近平:《2016年2月19日在党的新闻舆论工作座谈会上的讲话》,参见《人民日报》2016年2月20日第一版《坚持正确方向创新方法手段 提高新闻舆论传播力引导力》一文。
② 蓝鸿文:《新闻采访学》,中国人民大学出版社2011年版,第45页。

群众愿望、倾听群众呼声的重要渠道,承担着联系群众的重要职责。列宁有句名言:"要把机关报办得生动活泼,生气勃勃,不仅需要五个从事领导和经常写作的著作家,而且还需要五百个、五千个非著作家的工作人员"①。其次,是源于党的联系群众的优良传统。在我国,新闻事业是党的事业的重要组成部分。早在红军时期,毛泽东就谆谆告诫红军宣传队,要联系群众,接近群众。在中国革命即将取得全国胜利的前夕,毛泽东意味深长地告诫新闻工作者:"我们的报纸也要靠大家来办,靠全体人民群众来办,靠全党来办,而不能只靠少数人来办"②。"全党办报、群众办报",是中国共产党办报的一贯方针。最后,是源于新闻传播的根本宗旨。新闻信息的传播对象是人民群众。大众作为新闻这种精神产品的最终"消费者",要求新闻传媒倾听他们的呼声、满足他们的愿望,维护他们的利益。新闻工作者必须同人民群众保持最紧密的联系,从群众的实践中汲取智慧和力量。新闻记者只有联系群众,坚持为人民服务的方向,才能赢得人民群众的信赖,获得好的传播效果。"'知屋漏者在宇下,知政失者在草野'。让群众满意是我们党做好一切工作的价值取向和根本标准,群众意见是一把最好的尺子"③。

联系群众,能使记者"耳聪目明"。新闻记者联系群众,主要是指做好群众的信访接待工作、认真听取群众的意见与呼声,了解民情,反映民意;同时,在新闻采访中尊重采访对象,建立信息来源网络。

二、记者的使命

所谓使命,即重要的责任,是比职责更高层次的工作要求。换句话说,职责是工作的范畴,使命则属于社会责任的范畴。使命具有追求性、牺牲性的特点。社会主义的新闻事业是"党的整个事业的一个重要组成部分"④。新闻记者的使命是:

1. 追求真实,献身真理

真实是新闻的生命。不真实的"新闻"是打着新闻的旗号,对大众的欺骗。失实的"报道"意味着失去大众的信任。

新闻采访学提出真实是新闻的生命这样一个命题,主要源于以下几个方面:首先,

---

① 列宁:《给同志们的信》(关于党内多数派机关报的出版),《列宁全集》第7卷,人民出版社1985年版,第515页。
② 毛泽东:《对晋绥日报编辑人员的谈话》,《毛泽东选集》第4卷,人民出版社1991年版,第1262页。
③ 习近平:2014年10月8日在群众路线活动总结大会上的讲话。参见 http://news.163.com/api/14/1008/23/A82QHFB900014JB5_all.html。
④ 引自列宁:《论党的组织和党的出版物》,参见 dep.yibin.cn/mkszy/item/show.asp?m=1d=864。

是源于新闻传播的"铁定法则"。这个法则不仅要求新闻要素的真实,还要求新闻细节的真实、新闻背景的真实和新闻分析的准确客观,等等。其次,是源于在人类的新闻传播活动中,始终存在不真实的问题。例如,2011年出现了"新疆籍艾滋病人通过滴血食物传播病毒"、"中国歼10B试飞坠毁"、"央行发行面值500元人民币"、"武汉大三女生求职时被割肾"等假新闻,而且传播甚广,在社会上造成了很坏的影响,严重损害了媒介的公信力。最后,新闻失实虽然表现在新闻的报道形态上,却是形成于新闻采访环节,是采访的失误导致报道的失实,有的根本就没有进行采访,而是为了哗众取宠,道听途说,或是捕风捉影。

作为新闻记者追求事物真实就是追求真理。追求真实就要自觉和持之以恒地抵制社会的各种利益的诱惑和侵蚀。同时,坚持新闻的真实,要把握好"真实与立场的统一"。社会主义的新闻记者就是要站在马克思主义的立场,站在党和人民的根本立场,实事求是地报道新闻。

2. 忠于事业,服务人民

新闻记者忠于事业,就是要有强烈的敬业精神,自觉抗拒虚荣,自觉抵制诱惑,自我克制欲望,兢兢业业地为党工作和为受众服务,牢固树立为人民服务的思想。人民群众作为受众的绝大多数,既是记者的服务对象,又是记者新闻产品的最终"消费者",是记者的"上帝"。新闻记者也只有牢固树立起为人民服务的思想,才能获得源源不断的新闻源泉。人民群众是记者永不枯竭的新闻源泉。

3. 维护利益,促进繁荣

在我国,新闻记者的利益是和党的利益、民族的利益紧密联系在一起的。因此,党和国家要求新闻记者本能地、自觉地维护党和国家的形象,民族的利益和人民群众的根本利益。"记者必须用自己的智慧去处理问题,而且眼中还要有国家,要有为国家而献身的觉悟。"[①]新闻报道中,记者还应以社会效益、社会稳定为最高原则,通过自己的新闻作品,促进社会的繁荣与和谐发展。

4. 伸张正义,讴歌光明

光明与黑暗同在,正义与邪恶并存,这是人类生活的普遍规律。作为新闻记者要爱憎分明,面对光明则讴歌光明,面对黑暗则揭露黑暗,面对邪恶则鞭笞邪恶。刘少奇

---

① [日]和田洋一:《新闻学概论》,新闻出版社1985年版,第200页。

曾说:"人民的呼声,人民不敢说的、不能说的、想说又说不出来的,你们要说出来。"①伸张正义是舆论监督的内容。关于舆论监督,李瑞环曾经作过这样的描述:"人民的利益与愿望,人民的意志和情绪,人民的意见和建议,都是党和政府所必须时刻重视和考虑的内容,通过新闻报道把这些反映出来,形成舆论,也就是舆论监督。"②

第三节　记者的修养

新闻采访是记者的职业行为。既是一种职业行为,就必须达到一定的职业修养和具备一定的职业技能。

先谈修养。所谓"修养",《辞海》是这样解释的:"在政治、思想、道德品质和知识技能等方面经过长期锻炼和培养而达到的一定水平"。的确,采访作为一项发现新闻、识别新闻和认知生活的复杂劳动,对记者的修养有着较高的要求。从大的方面看,它分为基础修养和专业修养两个方面。

一、基础修养

基础,原指建筑物的根脚,后引申为事物的根本或起点。记者的基础修养,是指记者采写新闻应当具备的、基础性的政治修养、理论修养和知识修养,三者缺一不可。

1. 政治修养

新闻与政治是既有密切联系,又有严格区别的两个概念。二者的相同之处是,同属于上层建筑,都建立在一定经济基础上,同为一定的经济基础服务。不同的是,政治的核心是国家权力,处于支配地位,对新闻具有控制权。新闻为一定的政治服务,成为政治的一部分。也就是说,在我国,新闻事业是党的事业的一部分。

新闻为政治服务,要求新闻记者要有相应的政治立场、政治观点、政治纪律和政治远见,自觉服从政治和服务政治。

政治立场　所谓政治立场,是指立足于一定的阶级,反映这个阶级的利益和要求的根本态度。通常所说的"什么树开什么花,什么阶级说什么话",说的就是这个道理。记者的政治立场决定了记者的政治态度。社会主义的新闻记者在新闻宣传中要旗帜

---

① 刘少奇:《做好记者工作要具备哪些条件》,《对华北记者团的谈话》1948.10.2,《刘少奇选集》(上卷),人民出版社 1981 年版,参见 epe.people.com.cn/GB/69112/73583/73601/B623/S0690/html。
② 李瑞环:《坚持正面宣传为主的方针》1989.11.25,在新闻工作研讨会上的讲话,参见 http://cpc.people.com.cn/GB/64184/64186/66683/4494104.html。

鲜明地站在党和人民的立场,自觉地运用马克思主义的观点去观察、思考和判别眼前发生的事实,指导自己的新闻传播实践。

政治观点 新闻为政治服务,就必须以正确的政治观点作指导,即运用马列主义、毛泽东思想、邓小平理论、"三个代表"和科学发展观作指导,总揽工作大局,始终坚持新闻宣传"为人民服务、为社会主义服务"的根本宗旨,自觉地在政治上、思想上与党中央保持高度一致。新闻记者只有坚持正确的政治方向,才能在大是大非面前保持清醒的政治头脑;也才能在错综复杂的社会生活中善辨真伪,立于不败之地。

政治纪律 社会主义的新闻记者,肩负着引导人民群众投身建设祖国、振兴中华的重任,必须靠高度统一、严明的纪律作保障。体现在新闻宣传中,政治纪律主要有新闻政策和宣传纪律两个方面。所谓新闻政策,是指国家、政党或有关部门为实现一定历史时期的目标、任务而制定的有关新闻宣传的行为准则和策略规范。新闻政策是新闻服从政治的具体化。宣传纪律是无产阶级政党对新闻宣传规定的组织纪律。它主要包括政治纪律、宣传纪律和保密纪律三个方面。具体地说,有宣传请示制度、重要稿件送审制度、向上级党委反映情况制度、涉外报道不得随便发言制度、同级党报不得批评同级党委制度,以及统一宣传口径制度,等等。作为党的事业一部分的新闻媒体和新闻记者,也"决不允许散布违背党的理论和路线方针政策的意见,决不允许公开发表违背中央决定的言论,决不允许泄露党和国家秘密,决不允许制造、传播政治谣言及丑化党和国家形象的言论。"[①]

"新闻舆论工作各个方面、各个环节都要坚持正确舆论导向。各级党报党刊、电台电视台要讲导向,都市类报刊、新媒体也要讲导向;新闻报道要讲导向,副刊、专题节目、广告宣传也要讲导向;时政新闻要讲导向,娱乐类、社会类新闻也要讲导向;国内新闻报道要讲导向,国际新闻报道也要讲导向。"[②]

政治远见 政治远见是建立在政治修养、政治观点和政治纪律基础之上的,更高层次的政治敏感。政治远见的要义是"站得高、看得远、高瞻远瞩。"[③]政治远见,要求记者把握时代脉搏,洞察历史风云,透过现象看本质,见微知著、高屋建瓴地把握历史的发展进程。

新闻不可能脱离政治,新闻必须以政治作指导。记者的政治立场、政治观点、政治

---

① 习近平:2013年1月22日"严明政治纪律,自觉维护党的团结统一"讲话,参见 http://news.sina.com.cn/c/2014-09-28/122630927585.shtml。
② 习近平:《2016年2月19日在党的新闻舆论工作座谈会上的讲话》,参见《人民日报》2016年2月20日第一版《坚持正确方向创新方法手段 提高新闻舆论传播力引导力》一文。
③ 蓝鸿文:《新闻采访学》,中国人民大学出版社2011年版,第53页。

纪律、政治远见,是政治家办报的具体要求。毛泽东说:"搞新闻工作,要政治家办报。"政治家办报要求记者在长期的新闻实践中始终坚持"以科学的理论武装人,以正确的舆论引导人,以高尚的精神塑造人,以优秀的作品鼓舞人"。

2. 理论修养

理论修养是一个与政治修养紧密相连的概念。记者的理论修养,主要是指记者的马克思主义理论素养。或许,有人认为,新闻工作是业务工作,当记者是搞新闻业务,不是搞理论研究。记者工作只要按照新闻规律和采写要求,把事实搞清、写清,就完成了任务。这种观点看似有道理,其实是极端错误和片面的。

首先,从新闻业务的角度来看,新闻采写业务需要以正确的理论作支撑。理论指导实践,思维决定行为。新闻采访作为一种发现新闻、认知社会的业务活动,事实上是建立在一定理论基础上的业务活动。如,新闻价值理论、新闻敏感理论、角度选择理论、舆论导向理论,等等。记者要在这些理论的指导下,判别新闻、发现新闻和选择新闻素材。换言之,这些新闻业务理论,同样是建立在一定政治理论基础之上的。无数新闻实践证明,理论修养高的新闻记者,观察生活就能入木三分,见人所未见,言人所未言。

其次,从新闻与社会的关系来看,新闻传播离不开社会政治的影响。人们生活的社会,是在一定意识形态下的社会,是由一个个阶级、阶层和一个个政党、团体组成的社会。社会维系的基础,一是社会组织基础。如政权组织、军队组织、司法组织、经济组织等;二是思想理论基础。社会用理论基础统一人们的思想,凝聚人心,从而形成社会政治制度。试想,作为认知生活和反映生活的新闻记者,如果没有较高的理论修养,怎么去认知生活和反映生活?

最后,从新闻与政治的关系来看,需要新闻记者有较高的理论修养。新闻从属于政治,新闻为政治服务。对于新闻记者来说,服从谁的政治?为谁的政治服务?是个大是大非的问题。

由此可见,新闻记者的思想理论修养,既是履行职责的要求,又是衡量专业水准高下的重要标志。无产阶级新闻记者的理论修养,主要是指马克思主义理论的修养。新闻记者应该努力培养自己的马克思主义世界观、价值观、人生观,并自觉站在马克思主义立场,运用马克思主义观点和方法观察、思考和解决采访报道中的问题。与此同时,提高马克思主义修养水平,还要认真学习毛泽东思想、邓小平理论、"三个代表"、科学发展观等重要思想,做到与时俱进。

对于新闻记者来说,只有认真学习和掌握马克思主义的基本知识、基本原理和基本方法,才能提高自己的理论修养,自觉指导自己的新闻实践。

3. 知识修养

现代科学发展，分工越来越细，新的学科、新的成果日新月异。每一种新知识、新技术的出现，新闻传媒往往率先传播。因此，记者的学识和专业知识越来越重要。鉴于此，记者应在平日的采访中强化自己的生活积累、知识积累和专业积累。生活是新闻的源泉。对于记者而言，每一个人都可能是一部书。记者如果以傲视、漠视的心态看待社会，看待采访对象，就很难从采访对象那里学到知识。

记者的知识积累，主要是指文化积累和政策积累。文化造就了新闻事业，也就造就了新闻记者。新闻事业和新闻记者又丰富了文化的发展。作为以传播知识、传播文化为职业的新闻记者，只有尽可能地把握文化的内涵，才能够从社会、从采访对象那里吸纳更多的社会知识和文化知识。记者的专业知识，是指与新闻传播相关联的专业知识，它包括本专业的知识和采访中应具备的相关专业的知识两个方面。记者只有具备厚实的社会文化知识、专业基础知识，才可能在工作中应对自如。

关于记者的知识修养，有"杂"、"专"二说。有人认为记者应是"杂家"，也有人认为，记者应是"专家"。持"杂家"观点的人认为，记者面对纷繁复杂的社会生活，应当上知天文、下通地理，古今中外，无所不知。持"专家"观点的人则强调，人的时间、精力有限，知识不可能面面俱到，强调对反映生活涉及的内容和本专业知识的精通。

著名记者商恺曾说："对记者博与专的要求，应采取实事求是的态度。博，只能要求他广泛的学习和积累各方面的基础知识；专，是对某一方面有所侧重，力求在某一方面和几个方面成为权威的发言人。"①

我们从采写新闻、传播信息的角度出发，提出记者的"金字塔"知识结构。记者的"金字塔"知识结构，包括三个层次的知识，如图1—3所示：

图1—3　记者知识结构图

---

① 转引自沈富忧等主编：《知名记者谈新闻采写》，中国社会科学院研究生院新闻系硕士生辅助教材。

第一层次知识：是基本知识，包括马克思主义的基本理论、基本知识和基本原理；文学知识、历史知识、地理知识、社会知识等。这一层次的知识是从事新闻工作的基本知识。

第二层次知识：是基础知识，包括经济学知识、社会调查知识、心理学知识。这个层次的知识，是基础性知识。当前，我国最大的政治是"经济建设"。从党的十一届三中全会把党的中心工作转移到经济建设上来，一心一意谋发展，聚精会神搞建设，已成为时代发展的主旋律。作为新时期的新闻记者，只有学习掌握了必要的经济学知识，才能正确地理解党和政府的经济政策，正确地分析当前的经济形势，发现和把握新闻的"亮点"。

第三层次知识：是应用性知识，它包括科学知识、行业产业知识和新闻业务知识。

二、记者的专业素养

所谓专业素养，是指从事某一职业所应具备的职业修养。记者的专业修养包括新闻业务修养、政策法规修养、心理素养、道德修养。

1. 新闻业务素养

新闻业务素养，是指以从事新闻传播为职业的人应当具备的专业素质和修养，它包括新闻理论修养和新闻业务修养。

新闻学，由理论新闻学、应用新闻学和历史新闻学三部分组成。采访学属于应用新闻学的范畴。学好新闻学，把握新闻传播的规律，是从事新闻传播工作的提前。对于记者而言，新闻传播始终是围绕传播效果进行的。基于此，就要研究采访方法，讲究采访艺术。探知事物的真相，揭示事物的规律，获取新闻传播效果的最大化。

新闻学有无产阶级新闻学和资产阶级新闻学之分。对记者来说，当然要学好无产阶级新闻学，掌握无产阶级新闻理论，了解中外新闻事业史，具备关于采访、写作、编辑等新闻业务的系统知识。在这个基础上，再"学习一点国外的新闻学著作，也是有必要的。有比较才有鉴别，才知道人家的长处和短处，才知道什么是科学的，什么是违反科学的，才知道什么应该批判、什么应该借鉴。"[①]

2. 政策素养

政策是政党组织、国家政权和其他社会集团围绕一定的目标，以权威的形式制定

---

① 蓝鸿文：《新闻采访学》，中国人民大学出版社2011年版，第58页。

的、在一定历史时期内的行为准则,它指导着人们的行动。新闻传播具有很强的政策性,记者应当具备强烈的政策意识和较高的政策修养。代表性、利益性、时效性、规范性是政策的特点。在我国,党和国家的政策,包括总政策、基本政策和具体政策。

总政策 是指在一定的历史时期内的根本的、全局性的总路线,它决定着党的各项基本政策和具体政策,在国家生活中起着主导作用。总政策一经制定,在一定的历史阶段一般不会改变,具有极大的权威性。

基本政策 是指党在社会生活的某一领域或某一方面,如经济、文化、产业、外交、新闻等,为实现总政策而制定的重大决策和基本政策,具有很大的根本性和稳定性。

具体政策 是指在总政策和基本政策的指导下,为了解决某一类或某一个具体问题,或者为了实现某一项具体工作所规定的具体的行为准则。

记者的政策素养,主要体现在对党和国家总政策的把握,对新闻政策的熟悉和对行业政策、产业政策等具体政策的大致了解。所谓新闻政策,是指政党、国家或国家有关部门为实现一定时期的目标、任务而制定的有关新闻宣传的行为准则和策略规范。新闻政策是新闻服从政治的具体化。政治要求新闻无条件服从其新闻政策,因而具有强制力。对于记者而言,熟悉新闻政策、遵守新闻政策规定是实现新闻有效传播的前提条件。

3. 道德素养

记者的道德素养涉及的内容很多,但主要集中在社会公德、职业道德和民族美德等方面。道德是伦理学研究的范畴,是评判和规范人与人关系和人与社会关系的行为规范与准则。新闻记者不仅是一种职业,还是宣传精神文明的社会"灵魂工程师",其新闻作品是具有社会"公信力"的产品。做事先做人,正人先正己,良好的道德素养是记者安身立命、成功成才的基础。

社会公德 记者,首先作为一个自然人要有良好的社会公德素养。爱祖国、爱人民、爱劳动、爱科学、爱社会主义是社会公德的基本内容。除此之外,遵守公共秩序、保持公共卫生、敬老爱幼、礼貌待人、扶危济困、拾金不昧、和睦相处等一切有益于社会公益事业的行为,是社会公德的具体表现。试想,一个不遵守社会公德的人,能当好新闻记者吗?他(她)的精神产品,能产生良好的社会"公信力"吗?结论是显然而见的。

职业道德 记者的道德素养,集中地体现在职业道德上。所谓职业,是指个人在社会中所从事的作为其主要生活来源的工作。职业要求每一个成员遵循一定的行为规范。那么,所谓职业道德,就是所有从业人员在职业活动中应该遵循的行为准则。记者的职业道德,主要集中在新闻传播业务和记者与采访对象、记者与报道对象、记者与受众、记者与同行等关系上。以新闻业务为例。真实性是新闻职业道德最为重要的内容,新闻的失实或不真实,是对广大受众的欺骗,无异于销售虚假产品和伪劣产品,违反了新闻真实、客观、公正的原则。又如,有偿新闻,是新闻传媒或新闻从业人员利用报道的版面或时间,或明或暗地与采访对象或报道对象进行的价值交换。这样的新闻报道,同样是对新闻受众的欺骗。结果必然是导致新闻媒体的社会公信力下降。

民族美德　中华民族是由56个民族组成的大家庭。5000年来,中华民族在繁衍、发展、壮大过程中积淀了丰厚的民族文化,如勤劳勇敢、不畏强暴、勤俭节约、与人为善、和睦相处、尊老爱幼、遵纪守法等民族美德。正是这些民族美德的代代传承,使得我们这个民族在世界民族之林之中枝繁叶茂,独秀于林。

当前,以习近平同志为总书记的党中央带领全国各族人民大力弘扬民族美德,为实现中华民族伟大复兴的"中国梦"而努力奋斗。对于记者来说,弘扬民族美德,首先是自己要一身正气、严格要求;同时,又是自己的一种职业理念,并用这种理念审视当前社会生活中出现的各种事物,作好新闻报道工作。

4.心理素养

著名记者艾丰说:"新闻工作这个岗位,对从事这种工作的人的心理素质有一定的特殊的要求"[1]。的确,新闻记者是一个特殊的岗位,心理压力大,实际困难多,没有良好的心理素质,没有采访的激情,没有战胜困难的坚强意志,是很难当好记者的。

记者心理素质的培养,重在记者意志的培养。以吃苦耐劳、承担风险为例。记者采访并非是跟随领导走马观花,而是要深入实际,直面现场,哪里有新闻,哪里有危险,哪里就有新闻记者。据有关资料表明,新闻记者已经成为一种高危职业。例如,据新华社日内瓦2015年7月2日电,媒体观察机构"新闻标志运动"2日发布报告称,2015年1月至6月全球共有71名记者遇害,比上年同期增长约7%。报告称,在遇难的记者中,24人死于恐怖袭击、17人死于交战双方的误伤,另外30人死于犯罪性谋杀。[2]

良好的心理素质,培养出记者坚韧不拔、百折不挠的职业品质。记者采访并非一帆风顺,特别是在进行舆论监督的采访报道时,总会有些采访对象给记者出难题、设圈套,提供假材料,增加记者的采访难度,有的甚至动粗撒野,威胁记者,让记者望"难"生畏、退避三舍。具备良好的心理素养,就能使记者"咬定青山不放松",千方百计克服困难,战胜挫折,不达目的决不罢休。当然,记者对自身素质的提升与完善是一个永无止境的过程。

---

[1] 刘京林:《新闻心理学概论》,中国传媒大学出版社2014年第5版,"序二"第1页。
[2] 参见新华网 http://news.sina.com.cn/w/2015-07-02/194132062338.shtml。

第四节　记者的情感与立场

采访中的记者,应不应当有自己的情感? 以往的新闻采访学很少涉及这一问题。有人认为,记者的职责是客观、公正地报道新闻,记者应当冷静和理性,因而不应有自己的情感。然而,无数的新闻实践表明,记者应当在任何时候都头脑冷静,保持理性,但情感始终是伴随记者、指引记者、推动记者和激励记者探究生活、考辨真伪、深入采访的重要因素。

一、记者的情感

1.情感、情绪的概念及特点

所谓情感,是指外界刺激使人对客观事物产生的一种主观体验和内省的心理选择,是人的需要得到满足与否的心理反应。"任何情感都是由客观事物引发的,人们根据客观事物的不同特点以及事物与人之间的不同关系,对客观事物产生了不同的态度、不同的体验。"[①]

面对眼前出现的事物,人们一般会从自身的情感需要出发,去审视、判别和认同眼前发生的客观事物。人的情感由道德感、理智感和美感三个方面因素构成。

所谓情绪,是指人对客观事物是否满足自己的需要,而产生的一种情感外显的心理状态。情绪具体表现为喜与悲、爱与恨、赞成与反对、愉快与愤怒、积极与消极等。冲动性和易逝性是情绪的明显特征。

情感与情绪,二者既有联系,又有区别。情感的形成是先天的需要与后天的修养(如道德感、理智感)的统一,情绪则是对当前事物的及时反映;情感一旦形成,表现为内省性、稳定性、深刻性和执著性。而情绪更多地表现为满足性、及时性和外显性,对能满足自己情感需要的,则喜形于外地产生愉快、认同等肯定、积极的情绪。反之,对不能满足自己需要的,或违背人的愿望、观点的事物,则会产生烦闷、厌恶等否定的情绪;情绪的产生则是受已经形成的情感的影响与制约,是人情感的外显,或外部形态。情绪通过语言、面部表情和手势动作等,表达人心理情感的倾向性。

情绪与情感的区别是:首先,情绪更多地与生理需要相联系,是人和动物所共有的;情感则更多是与社会需要联系在一起,是人的生理需要与需要的社会性、需要的道

[①] 虞达文:《新闻心理学》,新华出版社 2001 年版,第118页。

德性紧密相连,它是人类特有的心理现象。其次,在表现形态上,情绪的表现是外显的,而且发生较早;情感则表现为人的内省和深沉,只有那些被认识了的事物才能引起人们的真情实感,而且随着人们对客观事物认识的深化,人们的情感也才会变得更加浓烈。再次,情绪具有冲动性和易逝性,来得猛烈、消失也快;而情感则是持久的,具有理智性。面对眼前发生的外部刺激,由于受到理智的驱使,人们也可能在内心世界表现得或愤怒、或激动、或愉快,但外部表情一般不大明显而少冲动,多以内隐的形式存在,或以微妙的方式流露出来。

2. 记者的情感来源

或许有人认为,在记者的眼里应当只有事实、没有情感。其实不然。情感是客观存在的。以报道事实为己任的新闻记者,也是如此。

记者的情感,源自于情感主体和情感客体两个方面。

所谓情感主体,指人们自身的情感因素,即在后天习得养成的情感。后天习得养成的情感,是个人通过学习、受到教育,以及受人生经历、行为规范等因素影响逐渐形成的。归根结底,人的情感由道德、理智感和美感三个方面构成。以道德感为例。所谓道德感,是指人的思想言行符合社会公德、职业道德和家庭美德行为的需要而产生的情感体验,如集体感、荣誉感、成就感、正义感、同情感,等等。

同时,道德感又是在一定的社会形态下和一定世界观的指导下形成的,因此,道德感也就具有了鲜明的阶级性和时代性。这样,人的情感便形成一定的情感模式。由于人所受教育的不同,学识的不同,经历的不同,形成的情感模式也就大相径庭。即使是作为同一社会形态下的新闻记者,在遭遇一定的客观事物时,引发的道德感也会不尽相同。简而言之,情感是人对客观事物的一种倾向性态度和主观体验,对同一客观事物的感受,表现得强烈与否,对记者个人来说,是不尽相同的。

引发记者情感的第二个要素,是情感客体。

所谓情感客体,指记者采访接触引发记者真情实感的客观事物,它包括来自新闻内容的感受和来自采访环境的感受两种情形。

来自新闻内容的感受　记者采访遇到不论是肯定还是否定、表扬还是批评的事物,只要是亲临其境,都会在一定的道德感、理智感和美感的观照下产生程度不一的情感:置身波澜壮阔的社会生活,记者会情绪高涨、豪情奔放;立足广阔无垠、万马奔腾的大草原,记者就会心胸开阔、心旷神怡;身处采访对象百折不挠、追求事业的情境,记者敬意便会油然而生;面对人世间的"阴风怒号、浊浪排空",记者也会产生范仲淹所说的"忧谗畏讥、满目萧然"之感。可以说,没有情感,没有真实的现场感受,是当不好记者、写不出好新闻的。

例如,2008年,我国四川汶川发生了8级大地震,解放军及武警战士,以及全国各地的医生、农民、打工者和青年志愿者等各行各业的人们纷涌灾区,抢险救灾。如果你在救灾现场,难道就不为中国人民在大灾大难中彰显出来的一方有难、八方支援的壮烈场面所感染么?记者的现场感受引发出来的激情,是必然的。这是因为,记者的心、记者的情怀,是紧紧地和国家、民族、人民的悲喜紧密联系在一起的。

来自采访环境的感受　所谓采访环境,是指记者身处采访对象的生活环境、工作环境以及采访现场环境。环境可以改造人、磨砺人,坚定人的信念,激励人的斗志。同时,环境也可以使人消沉。新闻作品中的环境,可以起到交代背景、揭示主题的作用。采访中的环境可以帮助记者认识事物,加深理解,激活记者思维。例如,采访对象崇高的品格、坎坷的人生、独特的见解、艰苦的处境,以及采访对象的表情、语言等都可能感染记者,叩击记者的心灵,形成情感共鸣。

穆青在他的《谈人物通讯采写中的几个问题》一文中说:"记者的激情来自对党的事业和对人民群众的热爱,来自英雄人物的革命精神和优秀品质对记者的教育、鼓舞;来自在现实生活中记者对英雄人物的思想感情的共鸣。虽然,英雄人物高尚的思想和情操,在不少方面是记者所不及的,但是对英雄人物的钦敬,对某些感受的共鸣,必然会在记者内心产生一种强烈的责任感。"[①]

3. 情感在新闻传播中的意义

情感对新闻采访和写作具有十分重要的意义,主要表现在:

第一,情感是记者体验生活的重要载体。

社会生活丰富多彩,喜怒哀乐人皆有之。记者要发现新闻、体验生活,首先要拥抱生活。只有满怀激情地投入生活,才能感受生活,发现生活的真善美。同时,记者采访中喷发出来的激情,既是记者体验生活情感的自然流露,又是生活对记者情感的叩击和唤起,而且叩击力愈强,记者感受的冲击力就愈大,体验就愈深刻。

第二,情感是联结记者与采访对象关系的纽带。

采访中,记者与采访对象的关系,不是简单地"你说我记"、"我问你答"的关系,二者都有满足自己情感的愿望。一般而言,记者出于职业的要求,总喜欢用"怀疑"的眼光审视眼前的一切,因为失实是记者的大忌。记者与采访对象的情感联结,就像一把钥匙打开了记者的心理,引导记者对事物探个究竟、弄个明白。

[①]《新闻采写经验谈》,新华出版社1983年版,第165页。

引发记者与采访对象的情感联结,很可能是一句话、一件事,但相似的经历、相同的感受、相同的情趣,是人与人联结的基础。对于采访对象来说,希望记者能够理解自己,自己的所作所为能为记者所接受。记者则希望采访对象讲述真实的情况,讲出自己的心里话。这就是记者与采访对象的情感相悦。采访中的情感相悦,是记者与采访对象的彼此认同与接纳,能够有效地帮助记者建立起与采访对象相互信任的关系。

第三,情感是记者写作新闻的基础。

新闻作品既追求客观性,又讲求感染力。苍白无力的叙说,很难获得好的传播效果。从业多年的新闻记者都有一个共同的体会:新闻作品不是"写"出来的。我国首届范长江新闻奖得主郭梅尼在她的《要有一双时代的"慧眼"》一文中说:"记者的感情、记者的哭声、记者的泪水,读者都会感到、听到、看到的。记者感动了,读者也会感动;记者流泪了,读者也会流泪。记者在哪里流泪,读者也会在哪里流泪"[①]。

美国密苏里新闻学院《新闻写作教程》把"对读者有感染力"作为优秀新闻作品的五要素之一。记者只有把自己在采访中的真情实感融入作品,作品才可能富有生气和感染力,而且采访的感受愈深,作品的冲击力就愈强,对受众的感染力就愈大。

二、记者的情感修养

情感与人的知识、修养、情操、世界观等密切相连,是人内在的心理活动。而情绪则是情感的外显形态,通过语言、表情、手势动作等身体语言来表达人的喜怒哀乐,以及赞成、反对、肯定、怀疑的情感状态。作为记者,采访中面对眼前发生的一切,有可能通过情绪表现出一种或赞成或怀疑、或愉快或气愤、或兴奋或平静的情感倾向。对于普通人来说,这种情感倾向是正常的。但对于新闻记者来说,仅有普通人的"正常"是不够的,还必须考虑自己是一个"职业人",肩负着职业的使命,因而必须克服普通人的情绪和愿望。这是因为:

一方面,从职责上看,记者与采访对象的关系,从一定意义上说是"演员"与"观众"的关系。采访对象是生活的"演员",记者是生活的"观众"。"演员"的职责是"唱戏","观众"的职责是"看戏"和"评戏"。记者把"舞台"上发生的一切,静静地看在眼里,如实记录,真实报道,而不应该干扰舞台的"演出",或干扰剧情的发展。

另一方面,从采访实践来看,采访中记者的表露出来的情绪必然影响采访对象。此时的采访对象也在"察言观色",等待记者的"回应",并据此作出相应的情绪调整。

[①] 方芳、乔申颖:《名记者清华演讲录》,人民日报出版社2003年版,第270页。

从这个意义上说，记者的情绪外露是对采访对象的"干扰"，这种"干扰"，使采访对象的情绪表现为"两极性"：一极是产生积极的情绪，再度形成"开放心理"；另一极是产生消极情绪，形成"闭合心理"。前者对记者来说是有益的，有利于促进记者与采访对象关系的进一步沟通；后者对记者来说是有害的，轻者表现为"话不投机"，重者可能引起采访对象的反感，甚至酿成矛盾，发生纠纷。

由此可见，记者在采访中没有情感不行，没有情感的采访不利于采访的深入进行。同时，带情绪采访也不行，带情绪采访则是"先入为主"，影响记者对事物客观的认识。因此，记者有必要把握自己的情绪，以理性的方式进行情感调度，控制情绪的流露。

所谓情感调度，是指记者运用控制论的理论，在采访中把自己的情感当作"物"进行管理调度，使触发的、无序的情绪，调度成可控的、有序的情绪流露，并经此来引发和促进采访对象情绪的互动。记者情感调度的要义是激活采访对象的情绪，情感调度的目的是把采访引向深入，使记者达到发现新闻、认知生活、探究真伪的目的。因此，记者情感修养要按照理性处事、有开有关和促进交流的三原则进行。

1. 理性处事原则

记者采访是一种有目的的社会行为。一般来说，社会行为包括行为方法和行为目的两个方面。

新闻采访是一种有一定的采访内容、采访地点和采访对象，讲求职业水准的传播行为。记者采访的目的，是发现新闻、收集新闻事实和认知生活，发掘新闻内涵。因此，记者的情感、情绪，应是理性的。具体说，记者在采访中应当从职业的角度，用理性的心理，对待眼前发生的事情；用理性的眼光，审视眼前的事物；用理智的观点，分析眼前发生的问题，并自觉地克服非理性的一面，努力克制情绪的触发性流露。

2. 有开有关原则

为了采访的顺利进行，记者的情感调度应当有的放矢，做到有开有关，控制好自己的情绪"闸门"。

情绪既有积极的作用，也有消极的作用，记者要对自己的情绪进行管理调度。作为新闻记者，没有激情，遇事无动于衷，不是一个合格的记者；放纵情绪，一触即发，是一个不成熟的记者。

情绪的有开有关，主要包括以下三层含义：一是指记者应根据不同的采访环境、不同的采访对象和不同的报道性质，控制好情绪的流露；二是指在某一特定的采访环境下，记者把握好"情绪闸门"的开闸时机和开闸强度；三是指记者要端正"情绪闸门"的开闸动机。

一般来说,记者情绪的开闸动机和作用,包括以下几个方面:一是抛砖引玉,引出采访对象的真实情感;二是有意刺激,激活采访对象的激情;三是强化冲击,产生情感共振。

3.促进交流原则

记者情绪的开与关、促与控,要有利于促进和采访对象的交流。著名记者李普说:"记者的采访过程,我以为总是一个思想交流、相互启发的过程。你要得到人家的东西,必须善于谈话,善于启发和引导,讲点自己的意见,目的是为了启发对方的思路,交流思想是为了引起对方谈话的兴趣,使谈话一步一步深入。"[①]

人,只有沟通,才能和谐。记者与采访对象也只有沟通,才能实现真正意义的情况交流,记者也才能得到采访对象的认可,为顺利完成采访任务提供可能。

第四节 记者的意识与发现新闻

意识,又称"思想意识",原本是一个哲学概念,指与物质既对立又统一的精神现象。马克思主义告诉我们:人的意识是在社会实践中形成的,是客观世界在头脑中的主观反映;人的意识一旦形成,就成为一种思想观念,指导并支配人的行动。在我国,新闻事业是党和政府的"喉舌",大众传媒工具。新闻记者要坚持正确的舆论导向,就必须自觉地运用马列主义、毛泽东思想、邓小平理论、"三个代表"和科学发展观重要思想作指导,尤其要牢固树立"中南海意识"、"大众意识"和"采访意识",用以指导自己的新闻实践。

一、记者的政治意识

新闻服从政治。在我国,新闻事业是党的事业的一部分,新闻报道必须为人民服务、为社会主义服务。对于记者来说,政治意识有三层含义。

1.政治意识是一种思想觉悟

记者心中应当牢固树立在党的领导下为国家和民族服务的思想觉悟。领土、人民、主权,是构成国家的三要素。我国是一个由56个民族组成的伟大国家。维护国家统一、促进民族团结、保守国家秘密、增进国家安全,是中华人民共和国宪法赋予每一

---

① 彭正普:《中国当代名记者研究》,郑州大学新闻系教材,1985年,第41页。

个公民的神圣职责。

日本学者和田洋一说:"记者必须用自己的智慧去处理问题,而且眼中还要有国家,要有为国家而献身的觉悟"①。新闻宣传位处思想意识形态的前沿阵地,思想意识形态领域始终存在先进与落后、进步与反动、渗透与反渗透的斗争。社会主义的新闻记者要坚定地站在维护国家利益和维护民族团结的立场,"密切注视前方来往的船只、天上的风云和水下的暗礁"(普利策语),当好党和政府"喉舌"。

2. 政治意识是一种指导思想

政治意识要求新闻记者自觉坚持党对新闻工作的领导、学习掌握党和国家的大政方针政策、自觉运用党的方针政策指导自己的新闻实践。前者,是指导思想。我国的新闻事业是党的"喉舌",必须接受党的领导。这是一条基本原则。需要指出的是,要把坚持党的领导同地方的个别领导干部的领导区别开来。中者,是新闻记者接通"天线"的依据,是政治家办报(台)的前提。后者,是联通"地线",属确保舆论导向正确的范畴。三者互为条件,缺一不可。

政治意识是新闻工作党性原则的具体体现,也是新闻记者审视新闻、报道事实的重要依据。新闻记者要在大是大非面前保持清醒的政治头脑,要在错综复杂的社会生活中善辨真伪,就必须牢固树立政治意识,来指导自己的新闻实践;才能正确把握时代的脉搏,洞察历史风云,不被浮云遮目,高屋建瓴地把握历史的发展进程;才能总揽工作大局,始终坚持新闻宣传"为人民服务、为社会主义服务"的根本宗旨;才能自觉地在政治上、思想上与党中央保持高度一致,始终如一地站在无产阶级的立场,旗帜鲜明地运用马克思主义的观点去观察、思考和判别眼前发生的事实。

3. 政治意识是一种大局意识

"党的新闻舆论工作是党的一项重要工作,是治国理政、定国安邦的大事"。②"善谋者,谋大局。"新闻记者的大局意识,主要表现在以下三个方面:一是要站在党和国家的全局高度思考问题。记者应以国家利益、民族利益和人民利益为出发点和落脚点,审视眼前发生的新闻事实;二是要明白党和国家在不同时期、不同阶段的不同工作重点;三是要总揽全局的基本情况,了解历史沿革、今昔变化、风土人情,等等。"胸中有了全局,记者才能恰当地估量每个具体事物在全局中的地位和意义,识别什么是新闻,

---

① 〔日〕和田洋一:《新闻学概论》,中国新闻出版社1985年版,第220页。
② 习近平:《2016年2月19日在党的新闻舆论工作座谈会上的讲话》,参见《人民日报》2016年2月20日第一版《坚持正确方向创新方法手段 提高新闻舆论传播力引导力》一文。

什么不是新闻,哪个是重要新闻,哪个是一般新闻。"①

二、记者的大众意识

社会主义新闻事业,是为人民服务的事业,要不断满足人民群众对新闻信息的需要。新闻报道要努力"贴近实际、贴近生活、贴近群众"。这既是一个理论、理念问题,又是我们搞好新闻宣传、获取新闻传播效果最大化的归宿问题。有学者把我国社会当前的阶级、阶层划分为"两阶一层"(即工人阶级、农民阶级和知识分子阶层)、"两阶三层"、"三阶三层"、"四大阶层"、"十个阶层",等等。无论怎样划分,普通的工人、农民、个体工商业者等人民群众占人口的 96% 以上。② 树立大众意识,从根本上说,记者必须在指导思想上解决为大众服务的问题,在传播理念上牢固树立人民群众是新闻信息"消费者"的思想,研究受众的需求心理,选取"引起大多数人共同兴趣"的新闻内容。同时,记者要站在广大群众的立场上,反映人民群众的愿望、呼声和正当要求。

受众,是传播学的一个概念,是对读者、听众、观众的统称。受众意识,是指新闻记者为读者、听众和观众服务的思想意识。新闻报道为受众服务,是传播的本质属性决定的。这是因为:

首先,受众是新闻信息这种精神产品的最终"消费者"。为"消费者"服务,是包括新闻记者在内的所有新闻从业人员的基本职责;

其次,受众是新闻信息的最终"归宿",是记者的"主人"。刘少奇曾对新闻记者说:"你们的任务是写给读者看,读者就是你们的主人。"他还说:"你们写的东西是为了给人家看的,你们是为读者服务的。看报的人说好,你们的工作就是做好了。"

最后,新闻报道为受众服务,受众满意,就会进一步依赖新闻传媒,促进新闻事业的良性发展。

新闻报道为受众服务,首先要从采访做起。这是因为,采访是新闻传播的第一道"工序"。

新闻采访中,记者服务受众的意识主要表现在以下几点。

1.选取受众喜闻乐见的报道题材

受众,包括千千万万的普通的人民群众。对于记者而言,就是要站在人民群众的立场,贴近他们的生活,贴近他们的实际,选取满足他们精神需求的新闻题材。人民群

---

① 彭菊华:《新闻发现学引论》,人民出版社 2002 年版,第 180 页。
② 陆学艺:《当代中国阶层研究报告》,社会科学文献出版社 2002 年版,第 23 页。

众是生活的创造者,社会文明、社会进步的推动者和新闻源泉的提供者。记者采访贴近群众,不仅能获得取之不尽、用之不竭的新闻事实,同时还能丰富自己的营养,拓宽自己的视野。从传播的效果出发,只有采访的贴近群众,才有新闻作品的贴近群众,新闻才能获得好的传播效果。这不仅是一个新闻理论问题,更是一个新闻实践问题。

2. 满足受众的合理需求

人上一百,形形色色。世界之大,无奇不有。人的需求是多方面的,也有合理与不合理、正当与不正当、健康与不健康的区别。对于记者而言,就是要千方百计地去采写满足受众合理、正当、健康的需求,并且注意运用先进的文化理念作指导,引导受众高尚的精神"消费"。

3. 采写的报道要对受众负责

新闻是一种精神"产品"。作为精神"产品",就是要突出它的"正效果",千方百计地避免它的"负功能"。采写的报道对受众负责,首先要坚持新闻真实性的原则,以"不欺阅者"为天职;其次,采写的内容要客观、公正,符合社会的需要;再次,是舆论导向要正确,以正确的舆论引导人。

三、记者的采访意识

新闻每时每刻都在发生,新闻事实是客观存在的。但是,发现新闻、采写新闻又是主观的。所以说,新闻作品是主观与客观的统一。也就是说,新闻作品有着浓厚的主观色彩,它包括新闻记者的学识、专业素质,以及政治因素等。那么,怎样才能发现新闻?从根本上说,发现新闻的关键是在新闻的采访环节。记者要有强烈的采访意识。

所谓采访意识,是指新闻记者对客观事物的认知敏感的程度和职业反应的态度。记者的采访意识,主要包括竞争意识、捕捉意识、认知意识、服务意识这四个方面。

1. 竞争意识

新闻传播业是一个竞争日趋激烈的行业,无论是报刊传播业,还是广电传播业,或是网络行业,概莫如此。新闻传播业的竞争主要源于新闻的时效性和市场的占有率。新闻的时效性是由新闻的时新性决定的,受众有着"先睹为快"的求知心理。从这个意义上说,所谓新闻竞争,首先表现为"抢时间、比速度"的竞争。

新闻界有句行话,今日新闻是"宝",隔日新闻为"草"。随着新闻事业的快速发展,新闻的时效性早已大大突破"日"的时间概念,而是以"分秒"作为快的标准。

对于记者而言,新闻竞争,首先是采访的竞争。采访的竞争往往集中在快速采写和题材占有两个方面。采访决定写作,采访是传播的基础。只有快采,才能快写、快编、快发。从今天的传播速度来看,广播电视的现场直播,就是集"采访、写作、制作以及播出于一体"同步进行的,即:采访现场与播出在时间上"零秒差"。题材占有,是指"独家新闻"的题材占有。所谓独家新闻,是"指独家发布的新闻,人无我有的新闻;或者说,是大家都应该采访到的新闻,而别人没有察觉,没有采访到,唯独你察觉到了,又采访到了。"[①]独家新闻,对于新闻媒体拓展市场,具有极为重要的意义。

懒人做不了记者。这是新闻界的一句行话。记者的竞争意识,也可以表述为记者的敬业精神和拼搏意识。枕戈待旦,随时投入采访,是记者敬业的工作常态。

2.捕捉意识

新闻是在采访中发现的。所谓捕捉,就是"抓住"或"掌握"。捕捉新闻,是指记者对客观事物所蕴含的新闻传播价值的认识程度和掌握程度。

记者必须具有新闻敏感、新闻预见,才能捕捉到好的新闻。

新闻敏感 又称"新闻嗅觉",西方新闻理论称为"新闻鼻",指记者对新闻事件所蕴含的新闻价值的粗略认识,是记者政治水平和业务水平的综合表现。激活性和指向性是构成新闻敏感的两项主要指标。记者一旦对某一新闻题材获得敏感,就会激活记者的采访兴趣,唤醒记者的捕捉意识,指引记者朝着敏感的方向,深入发掘采访题材。换句话说,新闻事件如果不能激活记者的采访兴趣,就不能指引记者的采访方向,就很难说记者获得了新闻敏感。

新闻预见 是指记者对已知的新闻事实及势态作出的一种预先性的分析与评估。这种分析评估,包括新闻价值的评估、受众关注程度的评估和社会反响的评估。在评估的基础上,确定自己下一步的努力程度。新闻预见是记者对新闻敏感理性思考的结果,即判断这一事物是否为受众关心、是否具有新闻价值、是否符合党和国家的方针政策。从写作过程分析,记者写作新闻首先要对新闻事实进行判断和认定。

采访事实──→判断事实──→写作事实

经验丰富的记者,在动笔写作新闻之前,会对材料的真伪、事件的性质和事实的价值等进行甄别判断,并在此基础上形成自己的新闻预见。主要包括三个方面:一是对事态发展可能出现的结果的预见;二是对事件蕴含新闻传播价值的预见;三是对新闻报道可能产生社会影响(效果)的预见。记者在这些预见的基础上完成新闻写作。聂

[①] 蓝鸿文:《新闻采访学》,中国人民大学出版社2011年版,第106—107页。

荣臻元帅与日本孤女美穗子的一幅新闻照片，就是当时摄影记者沙飞新闻预见的一幅经典之作。

案例一

1939年，在八路军对日作战的"百团大战"中，时任八路军晋察冀军区司令员的聂荣臻将军获知我军在战斗中收养了一对日本军人的孤女。出于人道主义，聂帅指示部队将这对孤女送到军区，由自己亲自收养。摄影记者沙飞获知后，全过程地拍摄下"将军与孤女"这一历史的"瞬间"。这在当时并没有产生多大反响。时隔41年后，美穗子于1980年手持"将军与孤女"的照片专程来华谢恩，看望中国父亲。

沙飞的女儿介绍说，沙飞当时拍摄这组照片时，他的一个学生很不理解，问老师："日本人是那样的残酷、凶狠，你拍它有什么用。"沙飞笑着回答说："这你就不知道了，现在看起来没什么用，但过了几十年那就有大用场了。"①

我们从"将军与孤女"的新闻照片可以得出这样一个结论，任何新闻的发现，都是记者对事物价值作出的一种预见性的分析与评估。记者应从学习理论政策、熟悉实际情况、掌握好的思维方法和随时准备投入采访这几个方面来培养自己的新闻敏感。

图1—4　将军与孤女

图片来源：http://c.hiphotos.baidu.com/zhidao/wh%3d450%2c600/sign=ebe89ec076094b36dbc713e996fc50ef/63d0f703918fa0ecd2bf0412269759ee3d6ddbb1.jpg。

新闻价值　亦称"新闻传播价值"，指新闻报道被受众关注、重视的程度。新闻价值高的新闻作品，必然在广阔的社会范围内引起强烈的反响；反之，社会的关注度就低。因此，新闻价值最终是一个社会效果的问题。它包含着新闻的接近性、新闻的关联性、新闻的趣味性、新闻的显著性和新闻的时效性等要素。从捕捉新闻的规律上分析，获得新闻敏感是记者产生新闻预见的前提，记者的新闻预见是以新闻传播价值作基础的，换句话说，新闻预见连着两头，一头连着新闻敏感，一头连着新闻价值。新闻预见激活记者的采访激情，促使记者深入发掘事件的新闻传播价值。

---

①　参见 http://blog.sina.com.cn/s/blog_6275e2630100hjpl.html。

捕捉新闻,归根结底,就是记者发现新闻价值的意识,并在这样一个意识的指导下去审视眼前已经发生、正在发生、即将发生的事实。

3. 认知意识

采访是一个通过与社会打交道,为大众传播而进行的发现新闻、获取新闻素材的社会活动。而新闻的要义是真实,不真实的报道必然失去读者、失去受众。这样,新闻采访绝不是一种简单的"你说我记"、"你做我看",或是"有闻必录",而是要求记者站在时代的高度,对眼前发生的事物进行审视与甄别,才能发掘新闻报道的本质。这就是记者认知。记者的认知,包括以下三层意思:

一是对社会的认识。记者认知社会,就要对社会的各个领域、各个阶层和社会生活的方方面面都有所了解。这是因为,社会是多棱面的,事物又往往是真相与假象并重的混合体。对于记者来说,重要的是要善于练就在错综复杂的社会现象中,能够不为浮云遮望眼,分清什么是主流、什么是支流,什么是主要问题、什么是次要问题,等等。

二是对具体事物的审视。失实是新闻的大忌。这是因为,即使我们每次采访都亲历亲为,我们亲眼看到的事物未必都是真实的,或者说只是事物的一种现象真实而非事物的本质真实。对于记者来说,只有透过现象看到事物的本质,培养自己的"火眼金睛",迅速判别事物的真伪,才能确保新闻的真实。

三是对时代脉搏的把握。无数新闻实践证明,优秀的新闻工作者不是社会的"传声筒",而是大海行船上的"水手"和"沙里淘金"的智者,思考问题能够"入木三分"、分析事物能够"一叶知秋",从而引领时代的发展和社会的进步。

记者的认知能力受到以下因素的影响:

- 记者采访掌握了事实没有(采访决定写作)?
- 记者采访掌握的事实是否真实可靠(事实的真实性)?
- 记者采访是否真正认识到事实的价值(事实的重要性)?
- 记者采访认知事实的程度是否深刻到位(理解的深刻性)?
- 记者采访是从哪个角度去认识事实的(认识的角度性)?
- 记者采访对事实的甄别、判断是否准确(判断的准确性)?
- 记者采访对待事物的价值取向,如世界观、人生观和价值观等(选择事实);
- 记者采访分析事实的文化基础,如思想文化基础、民族文化基础、历史文化基础等(使用事实);
- 记者采访分析事实的观点立场、思想倾向等(政治因素)。

上述主观因素的客观存在,对于记者来说,是因人而异的。这样,新闻采访就有可能把"客观事实"认知成为一种"主观事实",或者说,是记者对客观事实的一种"主观解读"①。

4. 服务意识

记者的服务意识,归根结底,就是为受众服务的意识。这不仅是一个理论问题,也是社会主义新闻事业的归宿问题。

第一,受众作为一般的社会成员,是社会生活的创造者,社会文明、社会进步的推动者和新闻源泉的提供者。记者为受众服务的实质,就是为社会主义服务。记者为受众服务,贴近受众,就能从人民群众中获取取之不尽,用之不竭的新闻源泉。

第二,受众作为新闻信息的最终"消费者",是记者的"上帝"。我国自改革开放以来,特别是近十几年以来,新闻事业获得了巨大的发展,晚报、都市报,以及各式各样的专业报等纸质媒体,如雨后春笋,迅速发展;电子媒体更是异军突起,令人目不暇接。现在一个中等城市的电视频道一般都有五六十套节目。这就是说,现在的新闻传播"我只管发出去,你看也好、不看也好"的局面已是风光不再,步入了一个由受众来选择新闻媒体的新时代。对于新闻传媒来说,只有坚持为受众服务,才能赢得受众,赢得市场,赢得生存和发展的空间。

第三,坚持为受众服务,是社会主义新闻事业的归宿。新闻报道是讲求传播效果的,实现传播效果最大化的有效途径,就是赢得受众。为受众服务,从传播内容上说,就是要牢固树立"内容为王"的传播新理念。"内容为王",首要的是更新观念,彻底扫除世俗等级观念,以大众的视觉、大众的风格和大众的语言,采制和报道反映大众需求的新闻报道。

例如,从2011年春节起,我国各新闻媒介在中宣部的统一组织下,开展了全国性的、声势浩大的走基层、转作风、改文风采访报道活动,推动新闻工作者进一步转变作风、改进文风,加深了对基层情况的了解,增进了对人民群众的感情,使新闻报道更加贴近实际、贴近生活、贴近群众。记者深入社区、农户、牧区,深入厂矿企业、建筑工地、田间地头,边防哨所等生产一线,了解基层情况,了解群众生活,熟悉群众语言,一大批名不见经传的"小人物"成为了新闻报道的主角,受到广大受众的欢迎和好评。

总而言之,新闻报道源于社会,又要回到社会。记者只有贴近群众,贴近生活,贴

---

① 熊高:《电视新闻节目学》,武汉大学出版社2011年版,第75页。

近实际,才能采写群众需要的、喜闻乐见的新闻,新闻报道也才能实现最佳的传播效果。

名词解释

手抄新闻、"记者四能"、情感调度、新闻敏感、新闻预见、"中南海"意识、大众意识、"走转改"

思考题

1. 记者的基础修养包括哪些方面?
2. 记者的专业素养包括哪些方面?
3. 什么是记者的情感来源?情感在新闻采访中有何积极意义?
4. 什么是记者的情感调度?记者把握情感的原则是什么?
5. 记者的政治意识主要体现在哪些方面?
6. 发现新闻的要素是什么?

延伸阅读

1. 艾丰:《新闻采访方法论》,人民日报出版社 2010 年版。
2. 蓝鸿文:《新闻采访学》,中国人民大学出版社 2011 年版。

第二章　新闻采访受体

● **本章要点：**
1. 掌握采访对象的概念、类型与特点。
2. 了解采访对象在新闻传播中的作用。
3. 了解记者与采访对象矛盾的由来与矛盾的种类。
4. 了解实现记者与采访对象统一的原则与方法。

有新闻传播，就有新闻记者；有新闻记者，就有采访对象。采访对象是伴随着记者这一社会角色产生的一个特殊群体。

什么是采访对象？一种观点认为，采访对象是向记者谈情况、提供材料的人。另一种观点认为，采访对象是记者采访的人物、群体的统称。据此理解，只要能向记者提供"情况"和核实"材料"，就可能进入记者的采访视野，成为记者的采访对象。

为了表述方便，我们把接受记者采访的人，称为"采访受体"或"采访对象"。记者从采访对象了解情况，搜集和核实新闻事实材料等。"新闻的当事人、知情人是基本的采访对象。"[①]

第一节　采访与采访对象

一、采访的定义与内涵

1. 采访的定义

什么是采访？简而言之，就是向采访对象要情况。在不同的新闻采访学教材里，

---

① 甘惜分：《新闻学大辞典》，河南人民出版社1993年版，第144页。

采访的定义很多,主要有:

活动说:采访是新闻工作者为搜集新闻素材所进行的活动。

艺术说:采访是记者、通讯员用行动和意志,搜集和研究有价值的真人真事作为写作素材的一种艺术活动。

调研说:新闻采访是记者和通讯员为新闻报道而进行的一种特殊调查研究活动。

工作说:新闻采访是一项特殊的调查研究工作。

这些诠释,分别从不同的角度揭示了新闻采访的基本属性和内在关系。我们认为,采访是新闻传播的第一道"工序",是记者为大众传播而进行的发现新闻、获取新闻材料和认知生活的职业行为。这一定义至少包括以下几层意见。

(1)传播的"工序性"

新闻传播是由一道道"工序"和一个个环节组成的。一般地说,一则新闻报道需要经过"采>写>编>审>发",也就是:采访、写作、编辑、审查和发布五大"工序",才能传播到新闻受众。

从传播环节上说,是先采访事件后写作新闻,也就是采访决定写作。无论是纸媒新闻的传播,或是广播电视新闻的传播,还是网络新闻的传播,概莫如此。换言之,没有采访这个第一道"工序",便无新闻传播可言。

(2)采访的社会性

采访的社会性,是由采访的职业性决定的。所谓采访的职业性,即新闻采访是为社会承认的,从业人员是受过专门训练、具备相应的专业素养的专业人员。

这里说的"为社会所承认",主要是指采访的合法性、采访的公益性和采访的服务性。

采访的合法性 一是指新闻采访是一种为社会承认的合法行为。我国的《宪法》第22条、第27条、第35条和第41条都明确规定,新闻传播是一种受法律保护的社会行为。二是指采访是记者履行职责的职务行为。记者采访虽然经常是以个体的身份出现,但代表的是一定的传媒机构,而这些传媒机构是依照国家的法律规定,由国家有关部门审批和登记注册、以传播新闻信息为主要职业的合法机构。三是指新闻采访要符合法律法规的规定,在国家宪法和法律允许的范围内活动。具体说,记者采访要遵守国家法律对新闻传播的禁令。如,不得危害国家安全和社会秩序,不得侵犯公民的合法权利,遵守国家对新闻信息发布的规定,等等。

采访的公益性 是指新闻采访的无偿性。采访的无偿性是源于新闻的无偿性。世界各国的新闻职业道德都规定新闻报道是无偿的。这种无偿,自然包括采写的无偿、制作的无偿和传播发布的无偿。换句话说,新闻的无偿性告诉我们,任何人都不得利用新闻采访之机,直接、间接或变相、变通地向采访对象收取任何费用,捞取任何好处。

采访的服务性 采访作为新闻传播的第一道"工序",是新闻传播"为什么人服务"的基础。在我国,新闻传播机构坚持"为人民服务、为社会主义服务",这既是根本宗旨,又是新闻事业发展的基础。新闻传播"为人民服务",首要的是为绝大多数人服务,而不是为个别少数人服务。

列宁说,报纸"它不是为饱食终日的贵妇人服务,不是为百无聊赖、胖得发愁的'几万上等人'服务,而是为千千万万劳动人民服务,为这些国家的精华、国家的力量、国家的未来服务"①。新闻传播"为人民服务",是为了回答或解决在采访工作中解决报道题材、报道内容"为什么人服务"的问题。

(3) 采访的目的性

采访当然是社会调查研究,但作为社会调查研究,不同的职业有不同的目的。艾丰曾说:"政策研究部门调查研究的目的是为了制订和修改政策;公安人员调查研究的目的是为了破案;法院法官调查研究的目的是为了判案;历史学家调查研究的目的是为了了解历史真相;哲学家、理论家调查研究的目的是为了从中抽出事物发展变化的最一般的规律和某一些领域的特殊规律,等等"。

记者采访的目的,是为了大众传播,即把"新近发生的、正在发生的或即将发生的"新闻信息,传播给"欲知、应知而未知"的广大受众。从这个意义上说,记者的采访就是发现新闻,收集新闻材料,认识生活,探究事物的真伪。

2. 采访的内涵

事件性、探究性、公开性和互动性构成了采访的内涵。

(1) 事件性

新闻的本源是生活,而生活是由一个个具体的事件构成的。

纵观人类所有的新闻现象,记者所报道的生活,从来不是报道抽象的事,而是具体的事,它包括具体的时间、地点、人物、原因和结果(即"五个W")这样五个方面。

记者采访是对已经发生、正在发生,或即将发生的事,进行探究和认知。在认知事实的基础上对事件进行报道。

认知和认可是两个相邻概念。从顺序上看,认知在前,认可在后。从关系上看,认知是一种过程,认可则是一种结论。记者采访,从获得信息开始,就进入了认知状态,

---

① 列宁:《论党的组织和党的出版物》。

而新闻报道则是记者对事实事件认可的最终形态。

马克思主义认识论告诉我们,人对客观事物的认识反映,并非像照镜子那样简单机械,现实世界是什么样,反映到头脑中就是什么样。它与人的认知能力和认知方式有很大的关系。换言之,几个记者采访同一起社会事件,由于认知能力和认知方法的不同,有可能得出不同的、有时甚至是截然相反的结论。

采访的事件性还告诉我们:事件在前,采访在后;采访在前,报道在后。没有事件也就没有采访,也就没有新闻报道。

(2) 探究性

有的事件具有复杂的社会背景,真正的新闻价值和"亮点",隐藏在事件的"背后"。"背后"的事实就像一双无形的手,决定和支配着事件的"表象",需要记者去粗取精,去伪存真,探究事实的真相,探明事件的来龙去脉,才能将隐藏在"背后"的新闻和"亮点"挖掘出来,揭示由此产生的影响和意义。

也就是说,记者要通过采访,探究事实,如通过观察、询查、现场体验等方法,才能透过现象,把握事物的本质。采访的探究性告诉我们:记者的大忌是报道的失实,而报道的失实,首先是源自采访材料的失实;采访材料的失实,必然导致报道的失实。采访的探究性,引导着记者刨根究底,由此及彼、由表及里,探明事实的真相。

(3) 公开性

采访是一种公开进行的社会传播活动。它包括记者身份的公开、采访内容的公开和采访方式的公开三个方面。

一般而言,记者来访,首先是记者先作自我介绍(公开自己的身份),表明来意(公开采访内容),然后提出具体请求,请求采访对象支持与配合(公开采访方法)。这样,整个采访则成为了公开活动。记者的言行举止、采访作风、职业道德等等,都"展示"在采访对象面前,受到采访对象的监督。我们将在本书第四章对采访的公开性作专门探讨。

(4) 互动性

记者与采访对象的互动性,源自记者向采访对象的要情况和采访对象的给情况而形成的一种行为互动。

采访中,记者的身份公开以后,采访就形成了以记者为一方和以采访对象为另一方的双向信息交流,即:记者向掌握事件情况的采访对象"索要"材料。一般来说,采访对象由于占有材料,处在"被问"的位置,需要记者"发问",引出话题。双方也就因此构成了"一问一答"的信息交流和行为互动。但是,在这"一问一答"行为互动的背后,又隐含着采访对象反作用于记者的可能,表现为双方的心理沟通、行为默契,或形成心理隔膜、回避、排斥和对抗。

二、采访对象的类型

如前所述，采访是以记者为一方和以采访对象为另一方的双向双边的信息交流的行为互动。

由于采访是新闻传播的"第一道工序"，是记者写作新闻的基础，所以记者采访往往是主动的，处在主动的位置，是新闻采访的主体。采访对象是接受记者的采访，处在被动的位置。对于记者来说，只要他"有情况"，便可进入自己的采访视野，并在一定的条件下成为记者的采访对象。

例如，在2008年汶川大地震的采访报道中，记者一般不会介意他是男人还是女人，是年老的长者还是年轻小伙子，也不会问他的政治立场、民族信仰、经济收入、社会地位等个人情况，而只要他有情况，愿意谈自己的"所见"、"所闻"，就可成为记者的采访对象。

从这个意义上说，采访对象这个概念似乎超越了阶级、民族、党派、信仰等方面的界线。但是，面对一个处于一定的社会制度下、有一定政治立场、有一定的社会关系和与事件有一定利益、利害关系的采访对象，记者与采访对象的关系，在一定的条件下，顷刻之间就会变得复杂起来。

从采访对象的作用上看，采访对象大致可分为以下几种类型。

1. 新闻线索的提供者

所谓新闻线索，是已经发生或将要发生的新闻讯息，是新闻记者采访活动开始阶段捕捉的对象。西方新闻学将新闻线索一般称为"消息来源"。记者采访一般分为两个阶段：第一阶段为获取新闻线索阶段，第二阶段为深入采访阶段。

新闻线索来源，主要有以下几种类型：

一是"通知型"的渠道来源。它包括上级机关的各种会议、活动，社会各界、有关部门的邀请；

二是"文件型"的渠道来源。它包括各级党政机关、有关部门的决议、决定和工作总结、汇报材料、计划安排等；

三是"议论型"的渠道来源。它包括群众议论、来信来访和投诉、情况反映等；

四是"爆料型"的渠道来源。主要是指新闻媒体开通新闻热线电话、设立报料奖励等。

需要说明的是，除"文件型"新闻线索外，其他新闻线索具有信息的片断性、不确定和不规则的特点。因为"它们本身并不一定是新闻事实,只是新闻事实的'影子',常常比较简略、破碎"①。

从与事件的关系来看,有的线索"提供者"本身就是事件的目击者、知情者,有的甚至还是事件的策划者、参与者,有的则可能是当事人、受害者。

从新闻实践来看,新闻线索的多寡是衡量记者业务能力强弱的一个重要指标,是记者"耳聪目明"的具体体现。

从业务角度看,新闻线索具有很强的指向性,记者按照新闻线索"按图索骥"即可采写新闻。新闻媒体和记者个人,无不重视"新闻线索"的基础建设,有的设置重奖、开设新闻热线电话,吸引受众的参与,提供新闻线索。为了适应新闻竞争的需要,我国自上个世纪90年代以来,不少地方媒体还推出了"新闻线人"、"新闻报料"等奖励举措,目的就是为了用最短的时间,获取最有价值的新闻线索。

按照国际通行规则,新闻记者对新闻线索的提供者有保守秘密的义务。1954年,国际新闻记者联合会第二届代表大会通过的《记者行为准则宣言》第6条规定:"新闻记者对秘密获得的消息来源,应保守职业秘密"。

例如,发生在20世纪70年代中期,引发美国政坛大地震的"水门事件",就是缘于一个名叫"深喉"的线人向《华盛顿邮报》鲍勃·伍德沃德和卡尔·伯恩斯坦两名记者提供了"水门事件"的黑幕。事件的结果,直接导致了当时的美国总统尼克松下台。事件虽然整整过去了30年,但鲍勃·伍德沃德和卡尔·伯恩斯坦对线人"深喉"的情况一直守口如瓶。直到2005年6月,这个神秘的线人在自己临终前向亲友袒露了这一情况,他的真实身份才浮出水面:原来他就是时任美国联邦调查局二号人物的W.马克·费尔特。

图2—1　1974年8月8日,美国总统尼克松在白宫宣布辞职

图片来源: http://news.sina.com.cn/w/2005-06-02/04096056950s.shtml

2.事件当事人

所谓当事人,就是与新闻事件有直接关系的人,或者说,是新闻事件的实施者、策

---

① 刘建明:《宣传舆论学大辞典》,经济日报出版社1992年版,第219页。

划人等。他们是新闻事实的主体,处于新闻五要素"何人"的位置,因而是记者采访的重点。

当记者获取新闻线索以后,即进入采访的第二阶段:深入采访阶段,即核实、证实新闻线索和发掘新闻事实。记者在这个阶段的采访重点主要是当事人、知情人和目击者。采访的内容,是请当事人介绍事情事件的发生、发展过程,讲述事件的前因后果和影响意义,等等。

新闻当事人有两种情形,需要记者区分性质,分别对待:

一方主体的当事人　即新闻事实不涉及他人的当事人,如"共产党员×××下岗不失志,重走创业路"。这里的当事人就只有"×××"。当事实涉及相关的其他人时,这些人也就成为事件的当事人了。

多方主体的当事人　即新闻事件涉及多方的当事人,如"××警方破获一起特大跨国贩毒案"。这里,警方是破获贩毒案的当事人、打击贩毒犯罪的当事人,贩毒分子是贩毒犯罪的当事人。

需要指出的是,对事件多方当事人的采访有一个主、次之分,即:谁是最主要的采访对象,谁是次要的采访对象。很明显,上述情形的采访,警方是主要的采访对象,贩毒分子是次之的采访对象。

特别是对一些社会问题、社会事件的采访,当事人一般总是由多方构成,因此,尤其应当充分听取各方的意见,才能确保新闻的真实。否则,就有可能陷入偏听偏信的泥潭。

3. 知情人

所谓知情人,就是与新闻事实有着某种联系,知晓事件发生、发展内情的人。知情人,有直接知情人和间接知情人两种情形。

直接知情人　有的知情人,本身可能就是新闻事件的策划人、参与者,或是目击者。直接知情人在事件发生、发展过程中,虽不如当事人、现场目击者直接目击新闻现场,但他们了解事件的内幕,因而是记者的采访重点。

间接知情人　是因为某种原因或某种关系,间接地接触新闻事件,或听他人转述事件某一信息片断的人。有的间接知情人甚至知晓的只是只言片语,但这种"只言片语"却对新闻的本质、事实的定性起着重要的揭示作用。

知情人在新闻采访的作用有三:一是可以帮助记者识别事物的真伪、访明问题的真相;二是可以帮助记者证实新闻事实;三是可以帮助记者明确采访路径,减少采访波折,实现新闻的快采快写,提高新闻的时效性。

4. 目击者

目击者是事件性新闻中重要的采访对象。在事件性新闻中,目击者往往身临新闻现场,耳闻目睹了事件发生,并对事件现场有着强烈的心理感受。

此类采访对象的特点是,与事件没有利害、利益关系,只是事件的旁观者。一般说来,目击者对事实过程的复述和心理感受是真实的和客观的。

例如,2007年9月,美国联邦参议员拉里·克雷格在圣保罗国际机场因"卫生间性丑闻"被警方逮捕,而事发卫生间又竞相成为人们"参观"的景点,请看新华社的报道:

> 新华社2007年9月17日电 "卫生间性丑闻"让美国联邦参议员拉里·克雷格名誉扫地,却让事发卫生间一举成名,引得明尼苏达州明尼阿波利斯——圣保罗国际机场的过往旅客争相一睹为快。
>
> "卫生间成了旅游景点。"美联社16日援引机场工作人员埃文斯的话说,"人们还为它拍照。"埃文斯说,经常有人向她和同事询问,克雷格遭逮捕的卫生间在哪儿,她甚至在15分钟内被问过4次。
>
> 在报摊工作的阿卜杜拉说,自己每天都会回答同样的问题:"(卫生间)在彩票销售点旁边,紧挨着擦鞋店。"擦鞋店老板的孙子罗亚尔·齐诺说:"人们里里外外地拍照,这太疯狂了。"正打算飞赴危地马拉的乔恩·韦斯特比和萨莉·韦斯特比也"慕名而来"。"我们必须要来看看,"萨莉说,"事实上,乔恩上周已经来过一次了,这是他第二次来。"
>
> 克雷格6月11日因在机场一男卫生间向便衣警察发出"猥亵行为信号"遭逮捕。他8月8日承认犯有妨害治安罪。但他随后对认罪表示后悔。法院将于26日听证克雷格撤销认罪的请求。①

很显然,这里的机场工作人员埃文斯、报摊工作人员阿卜杜拉、擦鞋店老板的孙子罗亚尔·齐诺,都是本报道的目击者。

由于事件的发生有突如其来、瞬间发生的特点,目击者的"看"和"听",是在一种"不注意"状态下的"注意",因而可能存在"看错"和"听错"的问题,需要记者冷静分析,反复核实,才能确保新闻素材的真实。

5. 相关人

相关人,是指与新闻事实只有工作关系或间接关系的单位、机关、部门、团体和个

---

① 性丑闻卫生间变机场景点,参见 http://news.sina.com.cn/w/2007-09-18/015812585519s.shtml。

人。一起社会事件的发生,必然引起各级党政领导机关、社会有关部门等方方面面的关注,引起社会各阶层的连锁反应。因此,相关人,通常包括以下几种情形:一是社会的相关职能部门;二是社会相关阶层和人士;三是社会舆论机构。

例如,在某高速公路上发生一起重大交通事故,公路部门、交管部门和车辆监管机构就是事故的相关人。相关人在新闻传播中的作用是代表所在职能部门密切关注事件的发展,发表相关意见,讲授相关知识,介绍相关背景和解决相关问题等。

相关人是新闻参与性的重要内容,记者在写作新闻时往往"巧借他嘴",表达自己的观点。这就是新闻写作所说的"藏舌头"。

6. 嘉宾

新闻报道中的嘉宾,通常是指就某一重大新闻事件,或某一比较复杂的社会现象、社会问题,从专业的角度受邀前来发表意见和看法的专家、学者。

嘉宾在新闻中的作用,一般是对事件释疑解难、点评分析、解读新闻事实和对事件作出预测,等等。近年来,以学识见长的专家学者型嘉宾,频频出现在电视机镜头前。在这些嘉宾当中,有的本身可能就是事件的参与者或知情者。

案例二

2011年7月至8月,我国第一台自行设计研制的"蛟龙号"载人潜水器5000米级海试取得成功。中央电视台新闻频道连续跟踪报道了"蛟龙号"载人潜水器5000米级海试5次下潜科学考察和试验的全过程。为了让观众看懂"蛟龙号"载人潜水器的新闻事实和它的影响意义,一批以学识见长的专家学者嘉宾被邀请到演播室,或接受记者的采访,或向观众介绍"蛟龙号"的有关情况,或解读"蛟龙号"在海底的有关信息。

图2—2 节目的嘉宾张召忠教授

图片来源:http://www.gxnews.com.cn/staticpages/20100114/newgx4b4f1c55－2596891.shtml

在这些嘉宾当中,有的本身就是"蛟龙号"载人潜水器的总设计师,有的则是"蛟龙号"载人潜水器海试领导小组的相关负责人。这些专家学者,走进演播室介绍情况、点评事实、解读新闻,极大地提升了"蛟龙号"载人潜水新闻的可读性和权威性。经嘉宾这么一解说,观众就了解了海底世界大概的模样,对"蛟龙号"载人潜水器新闻的兴趣就更加浓厚了。

三、采访对象的特征

如前所述,采访对象是一个特殊的群体概念,只要他"有情况",便可进入采访的视野,成为记者的采访对象。

采访对象的基本特征,表现为主动性与被动性、繁杂性与代表性、典型性与广泛性、协同性与对立性四点。

1. 主动性与被动性

采访对象的主动性是指采访对象参与新闻传播的主动程度,通常表现为自发参与和热情配合两个方面。

我们知道,人具有传播信息、发表意见的天性。美国传播学创始人施拉姆说,传播与社会的关系,如同血液或神经系统与人体的关系。采访对象主动向新闻记者提供信息,反映情况,参与传播,是现代社会文明进步的标志。

从传播环节上看,采访对象的主动性通常表现在采访的第一阶段,即主动、及时向新闻传媒、新闻记者"通报"已经发生、正在发生或即将发生的新闻信息。如,某地山洪暴发,造成山体滑坡,交通中断。现场的司机、过路的行人可能通过电话等手段,在第一时间向新闻传媒"报告"这一信息。采访对象的这种主动是自发的。

在采访的第二阶段,采访对象的主动性转化为配合性。记者接到采访对象的"报告"后,立刻奔赴新闻现场采访。此时,记者需要什么情况、需要采访谁、或者需要什么支持,采访对象通常会给予一定程度的配合,满足记者的要求。

被动性。这里的被动性,是指采访的第二阶段,采访对象接受记者的采访通常是被动的。这是因为:一是从采访发生的顺序看,一般来说,是记者前来采访,向采访对象提出采访要求,采访对象接受记者的采访;二是从采访的内容看,记者一般是"有备而来",事先拟定了采访提纲和采访计划,要求采访对象予以回答。此时,采访对象是处在被动状态;三是采访对象的被动也包含许多能动因素。如回答或不回答或怎么回答。面对记者的提问,采访对象则可以接过记者的问话,将自己"所见、所闻和所思"如实回答,或是对记者的提问"答非所问",或是"避重就轻",或是借故离开,或是托辞婉拒,等等。

2. 繁杂性与代表性

采访对象是一个超越民族、国家和阶级、党派的特殊群体,只要他"有情况",就是记者的交往对象和认知对象;而从记者具体的采访来说,他同时又是一个个体概念。

采访对象的繁杂性,主要表现为广泛性、多样性两个方面。

按社会地位分　采访对象既可能是各级党政领导,也可能是普通市民、农民、个体工商户。这就是说,上至国家元首、下至普通百姓,都可能成为记者的采访对象。

按社会分工分　既可能是公、检、法、司等司法行政权力部门的工作人员,也可能是工人、农民、教师、医生、文化工作者等。

按社会影响分　既可能是社会名流贤达、学术权威、世界冠军,也可能是鲜为人知的"打工族"、"啃老族"等小人物。

按政治态度分　既有党内同志,也有民主党派,还有敌对势力、敌对分子。

按矛盾关系分　既有人民内部矛盾性质的采访对象,也有敌我矛盾性质的采访对象,还有各种不同性质的犯罪分子。

按文化程度分　既可能是专家、学者、科学家、艺术家等各行各业的社会精英,也可能是文盲、半文盲、科盲等社会下层的普通百姓。

按年龄性别分　既可能是老年人、中年人、青年人、儿童,也可能是妇女和男性。

按关系生熟分　既可能是记者的多次采访的老朋友、老熟人,也可能是生面孔。

按报道性质分　既可能是肯定、表扬的采访对象,也可能是批评、揭露的对象。

按采访关系分　既可能是密切配合的采访对象,也可能是消极应付的采访对象,还有可能是公开阻止的采访对象。

……

总而言之,采访对象的繁杂性通常表现在人类社会错综复杂的社会关系和人际关系上,或明或暗地反映到新闻采访的实践中来,需要记者根据具体情况,适时、适宜、适度,区别对待。

采访对象的代表性,是指记者在采访过程中不可能也不需要同所有了解情况的人打交道,而只要同他们的代表人物或部分人物打交道。新闻采访的这一特性,是由新闻的时效性和信息的满足性两个因素决定的。

新闻的时效性　新闻是对新近发生的事实的报道。新闻传播的第一要义,是千方百计缩短新闻发布与事件发生的"时间差",在第一时间将已经发生或是即将发生的事快速报道给受众。如在采访环节消耗过多的时间,必然加大新闻发布的"时间差"。

信息的满足性　是指新闻内容的满足和新闻真实性的满足。记者对新闻内容满足的基本要求,是满足包括构成新闻"五要素"之后,进而对事件背景材料的满足和对事件可能作出预测分析的满足。对新闻"五要素"的满足是记者采访新闻最基本的满足。

3. 典型性与广泛性

从表面上看,新闻采访是记者同几个代表性人物打交道,但它实质是同这个"有情况"的群体打交道。例如,采访一个县,记者并不需要同这个县所有的人打交道,而只要同他们的代表性人物,即最为了解情况的人打交道即可。

典型性 就是最为了解情况和最具发言资格的人。这里的"最",应当是事件的"目击者"、"知情人"、"当事人",或是权威机关的"专家"、"学者"等。采访对象的典型性,表现在新闻作品中可以增强新闻的权威性和受众对新闻的信赖感。

广泛性 是指采访中要尽可能多层面地听取意见,全面了解、多方印证新闻事实,确保新闻的真实性。

4. 协同性与对立性

协同性 是指采访对象在思想上和行动上密切配合记者采访。记者采访需要采访对象讲述情况,介绍背景,发表看法,更需要采访对象提供各种方便与帮助。从这个意义上讲,记者采写的新闻作品,也是采访对象默默奉献、精诚合作的见证。

对立性 是采访对象排斥记者采访、收集情况的基本属性。面对自己这里发生的新闻事实,采访对象由于隶属于一定的社会集团,受制于一定的利益因素,以及受到事件性质、个人立场、思想情感等综合因素的影响,不一定欢迎记者来访。采访对象的此时的心理,表现为对记者来访的排斥和对立,有时甚至不惜与记者公开发生冲突、对抗,以及收缴记者的采访工具,宣布记者是"不受欢迎的人",等等。

采访对象的对立性,是错综复杂的社会生活在新闻采访中的具体反映。

第二节 采访对象的受访特点

采访对象是记者的朋友。采访对象既要热情地向记者提供新闻线索,又要耐心地向记者讲述自己耳闻目睹的新闻事实,还要中肯地发表自己的意见和看法。

同时,也要客观地看到,采访对象也会不时地和记者发生冲突,或不接受采访,或围攻采访的记者,有的甚至抢夺记者的采访工具,表现出截然不同的受访态度和特点,需要记者区分性质,冷静对待。

艾丰在他的《新闻采访方法论》一书中,从利益的角度,对采访对象进行了分类:一类是记者与采访对象的利益一致;二类是记者与采访对象的利益基本一致;三类是记者与采访对象的利益根本对立;四类是记者与采访对象没有直接的利益关系,但又蕴含某种矛盾的中性关系。

分析二者的关系,表面上看,记者是记者,采访对象是采访对象,记者客观报道事实,二者之间没有什么利益的牵连。但仔细分析,其实不然。记者有记者的利益,采访对象有采访对象的利益。二者利益的不同,就可能对眼前发生的新闻事件有着完全不同的看法。在本章第四节将深入讨论这一问题。

纵观所有新闻采访,采访对象对待记者的态度,即采访对象的受访特点,呈现出以下特征。

一、积极配合,主动传播

采访对象的积极配合,形式是多样的。有的主动为记者反映情况,提供新闻线索;有的为记者带路找人,充当翻译,介绍相关的知识;还有的热情接待,为记者采访提供各种便利,等等。

采访对象主动配合记者采访的原因,也是多方面的。有的出于对新闻传播的热爱,认为新闻记者是上级党和政府派来的检查、指导工作的;有的是出于对新闻记者的信赖,认为新闻记者是公正、客观和正义的化身;有的出于自己的责任,认为自己有责任把事实真相告诉记者;还有的则是出于正常的礼节、礼貌……

新闻事业是人类社会发展到一定历史阶段的产物。随着社会的发展,社会分工就愈细、愈具体,新闻传播对社会的依赖就愈大。新闻事业不可能离开社会分工而孤立存在,也不可能不食人间烟火,孤立地存在,必须依靠和借助社会的条件和方方面面的力量。特别是"行万里路,吃百家饭"的新闻记者,更是表现出对采访对象的依赖,需要采访对象的积极配合。

1. 需要采访对象的默默奉献

记者采访新闻需要热心人士或"业余情报人员"提供新闻来源,更需要采访对象讲述情况、介绍背景、讲解知识、发表意见。这些,都客观影响了采访对象正常的工作和生活,采访对象付出了他们的劳动、心血和智慧,有的甚至为此付出了鲜血和生命。

2. 需要采访对象提供后勤、安全等方面的保障

记者采访,特别是远距离的采访,往往是"单兵作战",常常会遇到交通、食宿、通讯等方面意想不到的困难,需要采访对象及有关部门提供各种有效的保障。

3. 需要各级党政机关及有关部门的协同配合

党政机关、有关部门是记者重要的采访对象。这是因为,一是各级党政机关、有关部门是各类信息的"总汇",记者采访需要党政机关、有关部门的支持与配合;二是记者

采访需要党政机关、有关部门的工作协调。有的新闻采访跨度大,涉及面广,综合性强,需要社会方方面面和各个部门的配合;三是报道后的一些具体"善后事宜",特别是一些批评和舆论监督方面的报道,在社会上广泛传播之后,引起了社会反响,需要党政机关、有关部门作出"善后"处理。

应当指出的是,作为记者,应当珍惜采访对象的这份"厚待"。从根本上说,就是要恪守职业道德,更加客观、公正地采写新闻。然而,有的记者把采访对象的接待态度和接待规格,作为衡量其是否热情的唯一标准,这是极端错误和有害的。从一定意义上讲,记者有时反而应当警惕采访对象的"过分热情"。

二、受到启发,接受采访

在采访实践中,常常会遇到这样一种情形,有的采访对象面对记者刨根究底般的提问,特别是面对电视记者的摄像机,显得不知所措,有的借故回避;还有的甚至干脆拒绝记者的来访。

采访是一种双向双边的对话交流,这种交流是建立在双方平等基础上实现的信息传递。因此,双方的平等是对话交流的前提。

从采访的实践来看,采访对象存在这样两种临访心理:一是"不知型",即愿意接受记者采访,但不知怎样接受采访;二是"紧张型",即面对记者来访过度紧张,不愿接受采访。解决这一问题,需要记者因人而异,区别对待。

"不知型"和"紧张型"的采访对象,在很大程度上是源于他们对记者的工作不了解。由于受文化知识、阅历等方面的影响,采访对象初次接触记者,不免有一种陌生感而表现出不知所措;有的采访对象讲述情况时结结巴巴,语无伦次;有的满脸涨得通红、言不由衷;还有的干脆躲避记者采访。对于这种情形,记者应首先设法缓和紧张的采访气氛,稳定采访对象的情绪。具体做法是:可以通过拉家常、说笑话、侃大山的方法,制造轻松的氛围、然后再切入采访话题。这就是所谓"漏斗式"提问采访,本书第五章将介绍这一采访方法。

对于不愿接受采访的采访对象,要根据采访对象与采访事物的关联程度分别对待:或晓之以理,打消采访对象的心理顾虑;或动之以情,激活采访对象的开放心理;或旁敲侧击,启发打开采访对象的交流话匣。

就社会地位而言,记者面临的采访对象分为两种:一种是高身份的采访对象,如党政领导、专家名流等;一种是社会地位低于记者的采访对象,如普通的工人、农民、工商小贩。按世俗等级观念,人们对于高身份的"大人物",有惧上心理;对于低身份的"小人物",有轻下心理。这种惧上轻下的观念,容易使人产生心理鸿沟。

采访对象的心理鸿沟,表现为对记者的"话不投机",影响记者采访目的的实现。需要记者"调节"自己的身份,来激活采访对象的情绪,变采访对象的闭合心理为开放心理。

人是讲求平等的。记者"到什么山,唱什么歌",能使采访对象产生亲近感,是顺势打开采访对象"话匣"的钥匙。但需要说明的是,这里的"到什么山,唱什么歌",是指记者寻求与采访对象的共同语言,从思想感情上拉近与采访对象的距离。即以平等的态度,尊重他们的风俗习惯,用"心"去了解他们的疾苦,才能走进他们的内心世界。

范长江新闻奖获得者、解放军报社高级记者江永红说:"写稿子的点子固然重要,但关键是要深入采访,不但要用笔和照相机,更要用'心'去采访。"这里的"心"是指记者的思想感情。江永红说:"真正的士兵对记者往往是沉默寡言的,只有你与他滚到一起后,他才会打开话匣,才会无话不谈,才会把未婚妻的情书拿出来给你看。"①

三、受到制约,不愿受访

这里说的"受到制约",是指采访对象由于受各种社会关系的影响,担心接受记者采访后引来不必要的麻烦、影响自己正常的生活而产生的惧怕心理。

其一,人生活在现实社会,而现实社会是相互联系、相互制衡的。一则新闻事件发生以后,必然引起社会方方面面的关注。如前所述,采访对象是事件当事人、知情人,或是事件目击者、有关人。他们与事件有着这样或那样、直接或间接的联系。正因如此,他们才会进入记者的采访视野。记者前来采访他们,无异于在大庭广众面前公开他们的身份,无异于向社会公开他们与事件的关系。特别是那些原本与事件无关的目击者、资料提供者,担心接受记者的采访后,自己的身份就被公开,引来不必要的麻烦,平静的生活有可能因此而被打破。

其二,采访对象在社会生活中,必定处在一定的位置,隶属于一定的集团、一定的组织、一定的社会阶层、一定的社会关系和一定的亲友社交圈,他的行为必然受制于这些因素。一般而言,对不利于自己和集团、组织、阶层需要的人和事,采访对象就不欢迎记者来访。

其三,与新闻事件有着直接利益、利害关系的采访对象,对记者采访会顾虑重重,有着一种本能的排斥心理。意大利记者法拉奇是一位在国际上叱咤风云的著名女记

---

① 孙富忧等:《知名记者谈新闻采写》,中国社科院研究生院新闻系教材,1997年,第169页。

者,曾采访过 30 多个国家的元首、政府首脑、著名政治家。然而,她在采访伊朗宗教领袖霍梅尼时,却屡遭拒绝和戏弄。

20 世纪 80 年代初,霍梅尼在伊朗发动了一场"伊斯兰革命"运动,登上了伊朗伊斯兰宗教领袖的最高宝座。法拉奇为了采访霍梅尼,先后七次提出申请,但都遭到伊朗的拒绝。后来,伊朗迫于压力不得已接受采访申请,却让法拉奇平白无故地在伊朗苦苦等候了几个月。在一次一次的推脱后,霍梅尼终于同意与法拉奇见面,但一拖又是十多天。就在见面的前一刻钟,霍梅尼又提出,法拉奇必须身穿伊斯兰妇女的服装,并且会见时间只有 30 分钟。

霍梅尼最终还是接受了法拉奇的采访,但为什么要如此对待一位外国记者呢?原因很简单,法拉奇是西方世界一位敢于直面国际上最敏感话题的女记者,而霍梅尼却是当时伊朗伊斯兰教的精神领袖。霍梅尼对于这样一位西方女记者的来访,从心眼里是防范的。

四、利益不同,拒绝采访

利益是人们一切行为的出发点和归宿。共同的利益,是联结人与人交往的基础,决定人们的立场和行为。非共同利益的交往,轻则表现为"心理防范",重则拒绝交往。利益的关联性,决定了人们对事物的基本态度。

如前所述,记者有记者的利益,采访对象有采访对象的利益。记者的利益,主要表现为对事实的追求和对真理的发现。采访对象的利益则与新闻事实有着密不可分的联系,他们当中有的可能是事件的当事人、知情人,有的可能是事件的目击者或相关人。此时,记者与采访对象可能表现出利益的差异性,有时甚至是根本对立的利益矛盾,新闻采访中,采访对象对记者的来访可能加以拒绝。

例如,笔者在 20 世纪 80 年代后期采访某地一国企,少数人对国企改革的一些政策有意见,认为是厂领导"作诡",采取大字报、告状信的形式,向政府有关部门施加压力。几天后,大字报迅速蔓延到附近的几个工厂。为了平息事态,当地政府以"稳定"为由,不经调查核实,凭大字报的内容,就撤换了这个厂的领导班子,工厂处于停产混乱状态。记者获悉这一情况,赶到该地区采访,出面接待的地方领导人不待记者说明来意,便粗暴地打断记者:"这件事你们别插手。你们要采访,我们不接待"。记者还获知:这位领导已指示下属,一律谢绝记者来访。

用大字报攻击他人,是一种违法行为。这是一个常识问题。作为一级地方组织,不经调查,仅凭大字报的内容,就撤换了一个厂的领导班子,这本身就是一件荒唐至极之事。这里只说那位地方领导对记者动粗,毫不客气地拒绝记者采访,是因为他觉得,记者与他(们)没有共同利益,因而排斥记者采访,维护自己作出的错误决定。

第三节 采访对象的作用与地位

一、采访对象在新闻采访中的作用

1. 讲述事实

新闻是用事实来说话的,这是新闻报道的基本要求。这句话包含着这样几层含义:一是受众读报纸、看新闻,感兴趣的是具体的事实和事实之间内在的关系,而不是抽象的、空洞的概念;二是新闻事实必须是"新近"发生的事实,而不是"尘封"的事实;三是事实必须经过新闻传播,为人所感知和认同。未被人们感知的,也不能成为新闻事实。

新闻采访也是如此。记者对新闻事实的认同,通常有三种途径:一是亲临,即记者亲临新闻事件的现场,耳闻目睹,感受事实;二是打听,即通过他人讲述和介绍"已经发生、正在发生或即将发生的事实";三是查阅,即通过查阅来收集有关新闻资料。

世界之大,记者无法做到每件事都能亲历亲为,前往现场去感知认同一番,在很大程度上只能通过"打听"的途径,即向采访对象了解已经发生或即将发生的事实。采访对象的作用,就是把他对事物的"所见、所闻和所思"的内容,讲述给记者。对于记者而言,采访的要义,是向采访对象了解事实发生的过程、情节和事件的前因后果,重在回答"何人所为"、"何地、何时发生"、"因何而起",产生了"何种结果",具有"何感受",等等。这是新闻"五要素"的要求。

2. 介绍新闻背景

所谓新闻背景,是指事件发生的历史环境和现实条件。新闻报道的事实是新近发生的事实。但是,任何一件事实的发生都不是孤立的,都有其发生、发展的原因和条件,总是与社会有着这样或那样的联系,或是以一方或几方的存在为事件的发生背景。

新闻背景与新闻事件相比较,新闻事件是显性的,常常一目了然、一看便知。而新闻背景却是隐性的,往往隐含在新闻事实的背后,很难被一般人感觉出来,需要当事人、知情者、内行或是专家学者的提示,才能显示于世。新闻背景在新闻写作中具有极其重要的意义。主要表现在以下几点:

一是可以揭示事件的发生规律,起到释疑解惑的作用,使受众更好地理解新闻事实；

二是新闻背景材料往往是鲜为人知的事实，具有未知性和知识性，可以提升新闻作品的可读性；

三是可以起到扩充新闻写作的范围、丰富新闻写作的内涵的作用，使新闻事实与新闻背景浑然一体；

四是新闻背景与新闻事件的一致性，是现象真实与本质真实的统一的重要内容。

3. 讲解事件知识

所谓事件知识，是指与新闻事件相关联的科学知识。一般来说，一起事件的发生总是可以用相关的科学知识来分析和解释的。

例如，2011年3月，日本发生9.0级强烈地震，并引发核泄漏危机。它涉及相关的专业知识主要有：一是什么是"核泄漏"；二是"核泄漏"对日本的农作物和近海会不会造成污染，污染程度如何，该如何应对解决；三是日本核泄漏对周边国家，特别是对我国的影响有多大，这种影响会持续多久；四是人类怎样才能避免发生核泄漏事故，一旦发生，又怎样把这种灾害的破坏程度控制到最小，等等，这些都是新闻报道所必须回答的。而这些专业知识，又是记者所不具备的，需要作为专家的采访对象才能回答。

采访相关的专业人士，特别是采访那些学有专长的专家、学者，是获取事件知识的主要渠道。记者获取了相关的专业知识，才能对事件有一个正确的认知，才能透过现象抓住事物的本质，也才能正确回答受众关切的问题。此类采访成功的关键是对采访对象的选择。选择条件有二：一是专业对口。任何专家都只是某一领域、某一行业、某一方向的专家，要选择专业对口的专业人士；二是学有专长，具有权威性。

4. 发表意见

我们知道，社会是相互联系的。新闻事件的发生总是和社会有着千丝万缕的联系，必然引起社会方方面面的关注。新闻传播中的发表意见，是人们对新闻事件的看法与评价，是人们表达思想态度的主要方式。受众通过相互接受意见，克服差异，形成社会舆论。

采访对象接受采访，发表自己的意见，是新闻参与性的重要内容。在我国，党和政府历来重视人民群众的意见。大众的参与，使党和政府能够及时听到群众的呼声和要求，促进社会各项工作的和谐发展。

采访对象发表意见，主要有两种形式：一是就某一新闻事件发表自己的看法，分析事件的成因；二是就社会的某一问题、某项工作，提出自己的主张与见解。对于记者而言，重要的是要善于因势利导，把各种不同的意见，导入积极向上的正确轨道。

5. 预测事态发展

预测事态发展表现在新闻作品形态上有两种情形：一是形成预测性新闻。预测性新闻是在已有的事实和已知的条件基础上，经过合理的、科学的判断，报道可能发生的新闻事实作出判断，形成预见。二是在分析、点评新闻事实时，对事物作出前瞻性的分析，即事物可能会朝着哪个或哪几个方向发展。合理性和科学性是预测事态发展的前提。

预测事态发展表现在新闻的作品形态，形成却是在新闻的采访环节，是采访对象运用自己已经掌握的新闻信息和专业知识，对事物发展的趋势、走向作出前瞻性判别。

二、采访对象在新闻传播中的地位

所谓地位，是指人或团体在一定的社会关系中所处的位置。采访对象的地位，是指采访对象在新闻传播中的位置。研究采访对象在新闻传播中的地位，是为了明确记者的"新闻座次"，指导记者的行为。

地位问题，说起来很复杂，涉及诸多的因素，其实就是指人或团体在社会生活中作用的大小和影响程度的高低。简言之，人的作用大，影响大，地位就高；反之，作用小，影响小，人的地位就低。

纵观人类所有新闻活动，无不是从人开始的采访，或是以人为重点的采访，或是以人为中心的采访。这是因为：首先，从新闻的"源"与"流"的关系上看，采访对象掌握着新闻事实的"第一手材料"或"第二手材料"，位处新闻传播的"源"的位置。而记者采访是对已经发生、正在发生的事实作出的一种认知反应，是新闻传播的"流"。其次，从采访过程来看，一般而言，采访是记者主动找上采访对象的"门"，并使出浑身招数，千方百计地让采访对象"开口说话"并实话实说。换言之，记者采访始终是围绕采访对象进行的。最后，采访对象对待事物的"态度"，始终影响记者对待事物的"态度"。

总之，新闻报道是从采访开始的，采访对象在新闻传播过程中处于信息"闸门"的位置，从本质上说是由它的作用决定的。

1. 采访对象是新闻事件的"始传者"

采访对象由于是新闻事件的当事人、目击者和知情者，掌握事实在前，因此，占据了"是否传播"或"传播什么"的"闸门"位置，即具备了与记者交往的主导性。这种主导性表现为"供货方"的角色。

采访对象向记者的"供货"，是向记者讲述事件的来龙去脉、前因后果，介绍事件的相关背景,讲解相关知识,分析事件的走向,预测新闻,等等。与此同时,采访对象的"供货",往往是"无偿"提供。这样,就更增强了"始传者"的分量。正如美国著名记者鲁文·弗兰克所说:"采访是我们这一行的基本手段,没有它我们就无法生存。"①

2. 采访对象是社会舆论的"倡导者"

所谓社会舆论,是指公众意见或大多数人的共同意见。从舆论形成的规律来看,舆论的形成往往与在公众中具有崇高威望和影响的人物,即舆论领袖的意见密切相关。现代社会的舆论传播和舆论领袖的意见,一般来说,首先是通过新闻传媒传播给社会,从而逐步形成社会舆论的。

舆论领袖大至治国方略、执政理念、实施改革举措的舆论,小至更新人们思想观念、改变人们不良的生活习惯的舆论,都需要借助新闻媒体来广为宣传,才能成为社会舆论。舆论领袖往往是具有广博知识和很高社会声望的政治家及社会名流人物,因而是记者尤为关注的采访对象。

3. 采访对象是社会新知识、新观念、新风尚的"推动者"

随着社会文明进步进程的提速,新技术、新材料、新工艺和新学科、新发明、新创造,以及新知识、新观念、新风尚等,如雨后春笋,方兴未艾。以传播新事物为己任的新闻媒体、新闻记者自然是奋力追赶。采访对象是社会物质财富的创造者和社会文明进步的推动者。记者通过采访相关人员和有关专家,学习新知识,了解新成果,然后向社会推广。换句话说,作为人类新成果的创造者,他们也要通过新闻媒体,借助新闻记者推介成果,服务社会,推动人类文明的进步和生活质量的提高。

第四节 记者与采访对象的矛盾

记者与采访对象,既有和谐、相互依存的一面,也有对立、相互排斥的一面,而且矛盾由来已久。

在我国,"新闻事业是党的事业的一部分",记者与采访对象的关系,从整体上看是相互支持、互相配合的"鱼水关系"。然而,在一定条件下,记者与采访对象又时常发生矛盾,出现冲突,甚至酿成纠纷,这是记者在采访中需要认真把握的。

---

① 〔美〕约翰·布雷迪:《采访技巧》,新华出版社1986年版,第3页。

一、矛盾的起源

矛盾是普遍存在的,矛盾存在于各种事物的方方面面。新闻采访也是如此。记者与采访对象的矛盾,是源于记者采访的"要情况"和采访对象的"给情况",即二者关系的"供"与"求"。这是记者与采访对象矛盾的基本表现形态。

如前所述,采访是记者向采访对象"要情况",而采访对象是事件的当事人、知情人、目击者、相关人。采访对象在事件现场,手中占有着事件的"第一手材料"或"第二手材料",以及相关的知识、背景材料。从这个意义上说,采访对象是新闻传播的"源头",占有了新闻事实,也就占据了决定事实是否传播、或传播什么的"闸门"位置。采访对象是新闻事实、新闻材料的"供方",这是第一。

第二,新闻采访不是"商品采购"。采购是一种"买卖关系",而新闻采访通常是无偿的。采访对象无偿地向记者提供事实,介绍情况。采访的这种无偿性,也就加大了采访对象主导新闻传播的分量和控制新闻是否传播的可能性。

第三,一般来说,采访对象与新闻事实有着这样那样的联系,有的还与事件有着直接或者间接的利益、利害关系。面对记者讲述自己的所作所为,介绍事件的过程、结果,无异于向社会"自我展示"与曝光,这是一般人们所忌讳的。因而,表现出对记者来访的排斥性和对抗性。

第四,新闻的时效性,在新闻采访中表现为迅速和快捷,要求用最短的时间迅速完成采访。这种迅速和快捷,集中地表现为"抢",即"抢新闻"。如,摄影记者、电视记者的抢拍和偷拍。记者的抢拍、偷拍,是对新闻现场的突然"闯入",很容易引发与采访对象的矛盾与冲突。

二、记者与采访对象的一般性矛盾

采访是记者思考和分析问题的前提,写作和传播的基础。采访的基本形式主要有:一看、二听、三问、四查(资料)。

问和听,即为"交谈"。记者通过交谈,向采访对象了解事实的发生发展、前因后果、影响意义;通过交谈,获取相关的专业知识、背景材料;通过交谈,启迪自己的思维,了解社会生活的方方面面,等等。正如美国著名记者杰克·海敦所说:"大约百分之九十九的新闻是记者部分或全部以访问——也就是向人提问题——为基础写成的"[①]。

---

① 〔美〕杰克·海敦:《怎样当好新闻记者》,新华出版社1980年版,第35页。

简言之,记者的采访,都是以交谈为基础的采访。离开交谈的采访,不是真正意义的采访。然而,就在"谈"的同时,却孕育着记者与采访对象"取与予"、"说与做"、"当与否"和"专与博"这四对矛盾。

1. "取与予"的矛盾

"取与予"的矛盾,是指由记者的单向"要情况"与采访对象的单向"给情况"而引发的采访对象在心理上的不平衡。也就是说,记者是"取"的一方,采访对象是"给"的一方。记者的"取",包括"索取"和"得到"两个方面。

先谈"索取"。"索取"在行为上表现为主动,从一定意义上说,采访就是记者向采访对象"索要"材料的主动行为。艾丰说:"记者的劳动对象是材料。什么是材料?材料就是事物和事实的各种形态、各种性质、各种来源的表象、表现、反映和记载的总称。"具体说,记者向采访对象"索要"材料,大体包括以下几个方面的内容:

第一,关于事物、事件的发生、发展和结果的材料,如时间、地点、人物、起因、结果、影响等新闻素材。

第二,与事物、事件发生、发展相关的背景材料。所谓背景材料,是指与新闻事件发生有关的历史环境与原因,以及事件发生或人物成长变化的主、客观条件等。背景材料有纵向背景材料(事物、事件发生的来龙去脉)和横向背景材料(事物、事件与周围事物的关系)。

第三,与事物、事件相关的专业知识材料,如农业知识、法律知识、科技知识、证券金融知识以及地域、地区的历史沿革、民俗民情、经济状况、人文环境等社会知识材料。

第四,社会对事物、事件的反应材料。事物、事件的发生,必然引起相应的社会反应和社会效(后)果,产生一定的社会反响,如党政领导机关、政府相关部门以及社会各界、各阶层的看法和意见。

"索取材料"是记者的职业要求和工作性质决定的。正如艾丰所说:"记者在采访中所进行的一切活动,都是为了顺利地把新闻报道所需要的材料'取'到手。"[①]

再看"获得"。记者的获得,指记者在采访中得到采访对象提供的各种帮助。如前所述,记者在采访中需要社会方方面面的支持与帮助,特别是采访对象的帮助。如提供食宿、交通、通讯等方面的便利。从这个意义上讲,记者的"获得",是以采访对象的"付出"为前提条件的。记者事实上是采访的"受惠者"。

采访对象的"予"。记者采访,通常要打断采访对象正常的工作、学习和休息。采

---

① 艾丰:《新闻采访方法论》,人民日报出版社 1982 年版,第 32 页。

访对象既要耗费时间和精力接待记者,讲述情况,又要提供自己的所见所闻、发表自己的看法意见,还要向记者介绍事件背景、专业知识,为记者释疑解难。从这个意义上说,采访对象的"予",事实上是一种付出和牺牲。

从心理学的角度上讲,交往的双方,一方只有"索取",没有付出,则会造成另一方的反感;一方只有付出,没有收获的话,心态就会失去平衡,导致矛盾的产生。因此,在采访中,我们时常可以看到有的采访对象有意回避记者,或者借故离开;也可以听到这样的话:"你们记者采访,可以带给我们什么好处?"这些情况的发生,不能不说是由记者与采访对象"取与予"的矛盾带来的。

2. "说与做"的矛盾

"说与做"的矛盾,是指记者与采访对象二者由看问题的"位差"引出的矛盾。"位",即位置,指人或社会组织在社会生活中充当的"角色"和承担的职责。

在社会生活中,记者的"位"是"说者"的角色;采访对象的"位"是"做者"的角色。"说者"的职责是评论(指肯定、表扬的报道和否定、批评的报道)、对"做者"的工作评头品足;"做者"是具体工作的实践者,也就是"说者"看的对象,评论的"靶子"。

记者的"说",主要有两层含义:一是指在采访中"说",二是指新闻作品的"说"。

采访中的"说",是记者的提问。面对新闻事件的发生,记者在采访中总喜欢用职业的眼光审视眼前的事物,总喜欢"打破砂锅问到底"。纵观记者的提问,方法可能不同,切入点也会大相径庭,但一般说来,提问的内容主要有:

一是问事物、事件发生、时间、发展过程;

二是问事物、事件发生的背景、形成的环境和原因;

三是问事物、事件的特征、细节和"亮点";

四是问事物、事件之间的关联;

五是问事件的结果、影响和意义;

六是问事物、事件的发展走向和趋势。

……

记者如此之"问",主要基于:一是新闻价值的发现、新闻预见的评估和新闻内涵的发掘;二是新闻事实的清楚;三是新闻事实的核实,确保新闻的真实。同时,记者的提问有着很强的指向性和倾向性。采访对象也能从"问"的指向,察觉到记者问话的倾向性。

"说者"的第二层含义,是新闻报道的"用事实说话"。采访的目的,是传播新闻和报道事实。新闻报道的"说",包括"用事实叙说"和"用事实评说"两方面的内容。

用事实叙说　　指的是报道性新闻作品,包括消息、通讯、特写、报告文学等新闻体裁的写作。"用事实叙说",要始终坚持"用事实说话"的报道原则,粗略或是细致地把事件发生的具体时间、地点、何人所为、发生了什么事和事件的结果,直接叙说出来。

　　用事实评说　　指的是评论性新闻作品。如评论员文章、短评、编者的话、编后记等新闻评论作品,以及夹叙夹议的报道作品。"用事实评说",同样也要坚持"用事实说话"的评论原则。

　　应当指出的是,记者的"说",不是在采访中对采访对象说长道短、评头论足,而是在新闻作品中用事实进行叙说或评说。

　　"说者"与"做者"始终是一对矛盾。在实际工作中,"做者"是具体工作的实践者、承担者,看事容易做事难。"做者"始终是"说者"说的对象,评论的"靶子"。"做者"希望得到"说者"的理解、社会的支持。但由于二者的社会分工和所处的"位置"不同、代表利益的不同,因而容易发生矛盾,产生分歧。

　　3."当与否"的矛盾

　　"当与否"的矛盾,是采访中记者与采访对象由于畏惧言行失体、举止不当而产生出来的心理矛盾,也可以理解为是一种心理上的障碍。这种心理障碍,与记者的采访心理、采访激情,与采访对象的临访心理、受访心理密切相关。这就是说,在新闻采访中,记者与采访对象都可能存在"当与否"的心理障碍。

　　采访对象的"当与否"　　如前所述,记者交往的采访对象,从身份上大致可以分为两类:一类是"高身份"的采访对象,如党政领导、专家名流等,人们对"高身份"的人物都有"敬"、"畏"心理。一类是社会地位低于记者本人的采访对象,如普通工人、农民、工商小贩。在新闻报道强调"三贴近"的今天,普通人、平凡事,竞相走进荧屏,见诸报端。

　　但是,由于受知识、文化、人生阅历等因素的制约,这些普通的采访对象很可能不知怎样接受记者采访,普遍存在"三怕"心理。一怕言不及义,让记者失望;二怕举止失态,丢人现眼;三怕引起是非,顾虑重重。采访对象的这种"当与否"的心理,在电视采访中表现得尤为突出。有的面对记者的摄像机满脸涨得通红,激动得说不出话来;有的说话结结巴巴,语无伦次;有的神情紧张,姿势不由自主。

　　记者的"当与否"　　作为记者,采访中同样可能陷入"当与否"的矛盾。面对"高身份"的采访对象,特别是位高权重的采访对象,记者同样产生"畏惧"心理。一怕举止不当,显得没有修养;二怕问话不当,引起对方反感;三怕时机不当,陷入尴尬。

　　以上两种情形的"当与否",都有可能妨碍采访的顺利进行,影响记者采访目的的实现。

4. "专与博"的矛盾

所谓"专与博"的矛盾，是指记者在采访中出于学识的不足，引起采访对象"小视"而产生出的矛盾。

记者是"杂家"，这是新闻界的一句行话。这里的"杂"，是指知识面的"广"，这是记者工作的性质决定的。对于记者来说，采访不仅是采集新闻、了解事实，还是认知生活、了解社会。

社会生活中的所有行业、领域，记者都有可能涉及；所有的人物记者都有可能接触。因此，记者的学识应尽可能的广博。共同的语言，是人与人交谈的基础。美国新闻学家麦克道格尔说："音乐家、科学家、作家、政治家及其他有名望的人，往往鄙视那些对他们活动和名声不甚了解的记者。"

这就是说，记者若是知识贫乏，甚至对采访对象所从事的专业知识全然不知的话，采访对象就会对记者产生鄙视心理，轻则使记者的采访无法深入进行，重则让记者下不了台。

例如，电影《飘》是1936年摄制的一部风靡全球、脍炙人口的美国名片。1961年，影片女主人公费雯丽应邀出席为该片重新发放学院奖的仪式。有一青年记者采访费雯丽，因事先不了解费雯丽在影片中的角色，便脱口而出："请问，您在影片中扮演什么角色？"听到这大煞风景的提问，费雯丽便以牙还牙回击道："我无意同一个如此无知的人交谈。"说罢，便拂袖而去。

无数事实证明，记者知识面不够，采访就无法深入，甚至可能被迫中断，而导致采访中断的人，有可能恰恰就是记者本人。例如，一次笔者应约去湖南采访一位国际杰出稻农。他是我国亩产水稻过吨粮的第一人，被联合国粮农组织授予"国际杰出稻农"称号。随同笔者前往的还一位年轻记者，从小在城里长大，不了解农村，更不了解水稻生产。采访中，这位年青不假思索地问了一句："您亩产粮食有几吨呀？"老人听了顿时一脸青黑，站起来连连说："我不给你讲了，你晓得什么？你以为那么容易，我搞了一辈子才搞到吨把子……"老人越说越激动，采访就这样不欢而散。

总之，采访中"取与予"、"说与做"、"当与否"、"专与博"这四对一般性矛盾，是新闻采访"供与求"矛盾的四种具体形态，贯穿于新闻采访的全过程，具有隐性的特点。

对于采访对象而言，这种矛盾表现在行为上是回避和消极应付，是对记者"获取"行为的抵制和免遭记者"评论"的回应。对于记者来说，采访对象回避的实质，是关闭信息交流的通道。因此，记者应根据实际情况，具体分析，并采取相应的措施，调整采访方法，化解矛盾，确保采访的顺利进行。

三、记者与采访对象的对抗性矛盾

1. 立场的分歧

所谓立场,亦称政治立场,指立足于一定阶级、政党,并反映这个阶级、政党的利益和要求的根本态度。不同的立场,决定人们不同的基本观点、思想方法和政治态度。归根结底,立场问题是一个世界观的问题和政治态度的问题。有什么样的世界观,就有什么样的政治态度和什么样的政治立场。

由于不同的立场和不同的政治态度,对生活中出现的同一件事物,即使是记者,也会因此而出现两种截然不同的看法和评价。立场分歧往往导致记者与采访对象发生摩擦与冲突。

鲁迅曾以《红楼梦》中的林黛玉为例,说过这样一句名言:"贾府里的焦大也不爱林妹妹"。在"富二代"贾宝玉的眼里,多愁善感的林黛玉简直就是"天上掉下"的美女,他对林黛玉可谓是爱得死去活来。但在食不果腹的"下人"焦大的眼里,林黛玉不过是一个体弱多病、弱不禁风、手不能提、肩不能扛的病女。

所谓立场分歧,是指采访中,记者与采访对象由于世界观、政治态度或是利益的不同,表现出对事物的不同看法而产生的分歧。以"客观、公正、真实"为天职的新闻记者,似乎不应有自己的政治立场,而应以"纯客观"的态度记录眼前发生的一切。但是,作为阶级社会里的新闻记者,必定隶属于一定的社会制度、一定的阶级、政党、集团,这样,记者必然以相应的政治立场行使职责,在新闻传播中打上立场的烙印。例如,1949年,我人民解放军解放北平(今北京)。这是一件举世瞩目的重大事件。北平人民欢天喜地迎接人民解放军进城,迎接一个伟大时代的到来。然而,在美联社记者穆萨的笔下,北平市民竟成了这样一群"小人":

> 美联社北平2月3日电　记者穆萨报道:今天,北平给它的共产党征服者一个热闹的欢迎,这只有这个经常被征服的城市才能做到。共产党向拥挤着的成千上万的人显示出一两件东西看看——长达数里的缴来的美国造的各种车辆。排成长队的市民们,在这个热闹的欢迎中,把嗓子都喊哑了。这正如当日本人占领北平,他们欢迎日本人;当美国人回来,他们欢迎美国人;当中国国民党回来,他们欢迎国民党,以及数百年前欢迎蒙古人与鞑靼人一样。北平人在欢迎他们征服者方面是素有盛名的。

看了这篇报道,谁都明白,穆萨是站在与中国人民解放事业对立的立场上,用歪曲的手法、丑化的笔调,恶意攻击中国人民的解放事业。穆萨与黑夜里盼黎明的北平市民没有任何的共同之处,只有对立、对抗与冲突。作为采访对象的北平市民,当年如果看到了穆萨先生的这篇"杰作",能不与他发生冲突吗?结论是显而易见的。

2. 利益的不同

利益是人们一切活动的出发点和归宿。共同的利益是联结人与人交往的基础,决定了人们的政治立场和行为。在人与社会的关系上,利益具体表现为个人利益与集体利益、局部利益与全局利益,以及阶级利益、民族利益、国家利益,等等。在社会主义社会,人们平等的社会地位,决定了人们根本利益的一致性,但还存在利益的差异性和利益的层次性。如整体利益与局部利益、集体利益与个人利益等。民族利益、国家利益,是利益的最高层次,个人利益是利益的最小实体。同时也应看到,由于利益的差异性,人们也会因利益发生矛盾与冲突。这种矛盾与冲突,必然反映到新闻采访的实践中来。因此,利益的不同,是记者与采访对象矛盾冲突的本质原因。

记者的利益 记者的利益,可分为个人利益与从属利益两个方面。从利益关系上看,记者的个人利益必须服从从属利益。所谓从属利益,是指记者的利益从属于一定的阶级、政党和集团的利益,记者是该阶级、该政党和该集团的一员。一定的阶级、政党、集团要求其成员的言行与自身的利益保持一致。例如,我人民解放军占领北平以后,北平人民开始了崭新的生活,这是时代的主流。那么,作为敌视新中国的美联社记者又是怎么报道北平人民的新生活的呢?请看美联社记者的报道:

> 美联社北平 1949 年 2 月 7 日电　记者穆萨报道:今天,一群学生在一条大街上拦住了一位穿皮大衣的中国女郎,一位中国学生指着她的大衣问道:"这是什么皮子?"她回答道:"狐皮。"另一位学生问:"狐狸有几条腿?"她说:"四条。"她的一位讯问者下令道:"那么,你和狐狸一样爬。"女郎开始哭了。人群中若干年长的人代这位女郎从中调停。他们乞求学生不要损害她的人格。学生们同意了,但在走开以前,一学生最后说了一句话。他警告说:"现在我们是新中国,不准任何人穿狐皮。"[①]

很显然,这是一篇站在敌视新中国的立场,迎合美国垄断资产阶级利益需要的报道。

在我国,记者的利益是与党的利益、人民的根本利益紧密联系在一起的,记者必须

---

① http://www.doc88.com/p-1741946096163.html.

从党和人民的利益出发去行使职责,采写和发布符合党和人民根本利益的新闻报道。

采访对象的利益 采访对象的利益也有两个方面:一是作为事件的当事人、知情人、相关人,或与事件有着直接或者间接的利益、利害关系的采访对象的利益;二是具有一定的社会身份,处在一定的社会形态,隶属于一定的阶级、阶层、集团和政治派别的采访对象的利益,其行为必然受到社会因素的影响与制约。采访对象利益的二重性,决定了他们在新闻采访中的立场与态度。新闻采访实践表明,许多新闻冲突、纠纷,是因与采访对象利益、利害关系发生矛盾引起的。如采访对象围攻、殴打采访的记者,抢夺记者的采访工具,等等。

3.违反职业道德

所谓职业道德,是指在一定的职业活动中应当遵循的、具有自身职业特征的道德原则和行为规范。恩格斯说:"实际上,每一个阶级、甚至每一个行业,都各有各的道德。"①

职业道德规范着从业人员的职业行为,又调节着个人与社会的关系。同样,记者的职业道德既规范着新闻从业人员的职业行为,又调节着记者与社会的关系。换言之,记者遵守职业道德,就为社会所认可;反之,就不为社会所认可,甚至发生冲突与对立。例如,新闻职业道德,要求新闻记者必须"真实"和"客观公正",不得"攻击、诽谤和造谣",不得"侵犯个人隐私",等等,都是世界各国公认的新闻职业道德。

1954年4月,国际新闻记者联合会第二届代表大会通过的《记者行为原则宣言》,共9条。主要内容有:"尊重真理和尊重公众获得真实消息的权利","忠实采集和发表新闻及公正评论与批评","记者仅报道知道来源的事实,不得假造材料"等。我国也于1981年拟定了新中国成立以来第一个新闻职业道德规范条例《记者守则》(试行草案),共10条。从而使我国新闻队伍建设有了一个全国统一的职业道德规范准则。1991年通过、1997年再度修订的《中国新闻工作者职业道德准则》,是我国新闻工作者必须共同遵守的一个规范性行为准则。

分析记者与采访对象的矛盾与冲突,人们就会发现,为数不少的冲突是因为记者违反职业道德引起的。美国新闻学家约翰·赫尔顿通过对150多起事例收集与分析,列举了美国新闻界接受贿赂、营私舞弊、歪曲真相等各种违反职业道德的现象,著有《美国新闻道德问题种种》一书。然而,公众把西方新闻界推上道德法庭审判、并引起新闻界重新审视自己职业道德的事件,是发生在1997年8月被公众尊为"人民王妃"

---

① 《马克思恩格斯选集》第4卷,人民出版社1972年版,第236页。

的英国王妃戴安娜之死。

这年的8月31日,年仅36岁的戴安娜与其男友为躲避"狗仔队"的追逐,在法国巴黎塞纳河畔的阿尔玛桥下公路隧道里惨遭车祸,命丧黄泉。据报道,车祸发生后,记者们不顾王妃痛苦的呻吟,围在四周拍照。呻吟中的戴安娜留给世人这样最后一句话:"请别打扰我!"

在此之前,戴安娜在与查尔斯王子离异后的一年多时间里,她成了许多小报记者围追的对象,这类记者肆无忌惮地干扰她的私生活。甚至在她发生车祸后,有个记者趁救护人员未到之际,在现场大拍特拍戴安娜痛苦挣扎的情景。结果,被现场目击者暴打了一顿。

无独有偶。2011年的《世界新闻报》的"窃听门"事件,不仅引发了默多克传媒帝国的大地震,还触动了英国人对"媒体良心何在"的拷问,更引起了新闻界对自己职业道德的重新审视。

2002年3月,英国一位名叫米莉·杜勒的13岁女孩在放学路上失踪。6个月之后,杜勒的遗体在一片树林里被找到。2011年7月有报道称,当时受雇于《世界新闻报》的私人侦探窃听了杜勒的手机语音信箱,给杜勒家人和警方留下了杜勒仍然活着的假象。

《世界新闻报》的窃听事件,引起了世人对新闻界侵犯他人隐私权的强烈愤怒,公众纷纷谴责传媒和记者不顾操守、缺乏社会公德的行为。在英国检方和警方的调查下,很快就有伦敦警察局的高官落马。伴随事件的发酵,美国和澳大利亚也先后开始了对新闻集团在本国的调查。公众的愤怒情绪,直接拷问着媒体的职业道德,使肆无忌惮的新闻集团和传媒大王默多克本人处于尴尬之中。

在我国,因为新闻媒体、新闻记者违反职业道德引起的纠纷也时有发生,主要表现在违反新闻的真实性原则、有偿新闻、侵害公民的隐私权,等等。

总之,排他性、对抗性和冲突性,是记者与采访对象对抗性矛盾的外显特征。对于记者来说,对抗性矛盾的发生意味着采访环境的恶化,轻则表现为采访的失败,严重的可能危及记者的人身安全。鉴于此,记者在履行职责的过程中,一定要恪守职业道德,并尽量避免与采访对象发生冲突,减少摩擦,为顺利完成采访任务创造条件。

四、实现记者与采访对象的统一

记者与采访对象是相互依存的,因而构成了既对立又统一的矛盾关系。同时,从采访的目的来看,记者采访是了解事物、认知社会的职业行为,是为了从采访对象那里

"要情况",产生矛盾往往是难以避免的。但是发生的矛盾多了,对抗多了,终究不是好事,会影响记者采访任务的顺利完成。

新闻是讲求时效的,采访更应分秒必争。采访对象与记者发生矛盾冲突,轻则影响采访,重则可能导致采访的失败,"抢新闻"就是一句空话。美国新闻学家麦尔文·曼切尔说:有时,记者制服了一个盛气凌人、不服从引导的采访对象,但访问活动本身却失败了。因此,作为记者,选择与其适应的采访方法,减少与采访对象的矛盾,努力避免与采访对象发生冲突,实现与采访对象的对话交流,具有极其重要的实践意义。

实现记者与采访对象的统一,应当依据以下原则进行:

1. 沟通原则

所谓沟通,也称"意见沟通"、"意见交流"等,是人与人传递思想和交流信息的行为和过程。一般来说,沟通分为三步进行:

发出信息　即记者向采访对象表明来意,希望采访什么,或请求什么、请教什么,等等。记者在发出信息之前,应确定具体的请求事项。

信息到达　理想的信息到达,是接收方接收信息并正确理解信息。只有接收信息并正确理解信息,沟通才算发生。没有正确理解信息,称为"误解"。

信息反馈　采访对象从记者那里获得信息后,理解了信息的内涵和记者的具体请求事项,再向记者作出信息反馈。如此循环往复。

需要注意的是,在沟通过程中,语言的歧义和"噪音"对于信息发送方来说,是言不达意;对于接收方来说,则可能产生信息的误解。

记者的沟通方式主要有:

口头沟通　口头沟通包括口头交谈和电话交谈。口头交谈是一种双向沟通,其特点是直接,信息发送方能立即得到接收方的信息反馈,能及时了解所表达的信息是否被正确理解。口头沟通应尽量避免使用方言和同音词。

书面沟通　记者使用书面沟通,主要适合于工作比较繁忙的采访对象,如党政领导、专家学者等。在正式采访前,记者可列出采访提纲,罗列要采访的主要内容和具体要求,请他们事先思考。书面沟通的好处是清晰、准确、不易误解。

非语言沟通　有研究表明,人们大量的沟通是通过非语言沟通实现的。非语言沟通包括音调沟通(声调、音量等)、体语沟通(如面部表情、身体姿态、手势等)和非语言沟通(如沉默、实物、颜色等)。非语言沟通具有不确定性。如沉默,既可表示认可、又可表示不同意。对于非语言沟通的理解,需要置于一定的沟通环境才能避免误解。

记者与采访对象的沟通,是为了了解对方,促进双方的信任与默契,化采访对象的

"闭合心理"为"开放心理"、"激扬心理",为采访顺利进行创造条件。记者与采访对象的沟通,应按照真诚、甘当听者和求同存异的原则进行。

真诚使人产生坦诚相待的感觉。对于采访对象来说,记者的以诚相待,给人以亲近感,形成"开放心理"。记者的真诚,不仅要体现在交谈的内容、语气、声调上,还应体现在面部表情、身体姿态等细微的动作上。

2. 甘当听者原则

所谓甘当听者,是指记者与采访对象交谈时的"角色"定位。采访中,记者是提问者,更应是一个"听者",而不是一个夸夸其谈的"说者"。采访时,记者提问,是为了"听",以获得自己需要的事实信息。

甘当听者,既表示记者对采访对象的尊重,又能认真接收并仔细思索采访对象发出的各种信息,形成与采访对象的信息反馈。

求同存异是实现记者与采访对象统一的前提。记者通过与采访对象的沟通,对采访对象的思想、对事件的看法有了一个大致的了解。辩证法告诉我们,由于社会生活的纷繁复杂和千变万化,人们对事物的认识只能是相近或相似,而没有绝对的一致。因而,只能要求人们求同存异,和谐共生。记者与采访对象的求同存异,是求大同存小异。只有这样,才能实现与采访对象的统一。

3. 维系谈话原则

维系谈话是实现记者与采访对象统一的核心。谈话是记者采访的主要方式。记者通过与采访对象交谈,了解事物、事件的来龙去脉、前因后果;了解相关的知识背景、影响意义;了解采访对象的意见、主张。一句话,采访是建立在"谈"的基础上进行或完成的。离开"谈",采访就无从谈起。

维系谈话的另一层含义是,记者要做"合格"的对话者。一般而言,谈话的双方都希望对方是一个"合格"的对话者。"合格"的对话者的内涵有二:一是有话可谈;二是谈得来。前者是指交谈的内容,后者是指交谈的气氛。

所谓"有话可谈",是指采访时交谈的双方能够就问题作比较深入的探讨。学识是人深入交谈的基础和本钱。新华社著名记者孙世恺在他的《在群众中扎根——广交朋友》一文中回忆自己一次不成功的采访,语重心长地告诫我们:由于知识的不够,"彼此交谈就搭不上腔,很是尴尬,采访就无法深入了。这使我深深感到,采访时要摆脱这种窘境,只有勤学苦练,力求知识的广博,才能和人家谈得拢,也才有交朋友的'本钱'。"①

所谓"谈得来",是指采访时交谈双方对话题作深入讨论的兴趣程度。共同的话题是人与人联结的基础,"谈得来",意味着交谈双方的心理大门是彼此敞开的,此时的采访对象,对记者是信任和毫无保留、无所不谈的。

4. 着眼协同原则

着眼协同是记者与采访对象统一的追求目标。如前所述,采访需要采访对象的配合。采访的协同,是指采访对象与记者在行为上的能动配合。采访对象的协同是记者顺利完成采访任务的重要保障。对于记者来说,要着眼采访对象的协同,紧紧围绕营造和谐的交流气氛,"以心换心"地站在采访对象的基点上,尊重采访对象的思想感情,领悟采访对象的生活、工作、性格环境、事业成就等。

综上所述,成功的采访,优秀的新闻作品,是记者与采访对象共同智慧、共同努力的结果。记者与采访对象要实现统一,从根本上说,作为采访任务承担者的新闻记者,应当注意以下几点:

第一,学会平等与尊重。

在我国,新闻事业是党的事业的一部分,新闻记者有着较高的社会地位。但平等与尊重,是人与人交往的基础。缺乏平等就没有和谐,必然导致矛盾的产生。

作为记者,当然要尊重"高身份"的采访对象,但更应该尊重"低身份"的采访对象,以平等的态度与他们交往。美国新闻学家阿伦森说:"作为一个有自尊心的记者,我认为,记者与采访对象之间应当是平等的,等级观念应当扫除。"无数事实证明,采访对象决不会自觉自愿地向神气十足、傲慢无礼的人诉说自己的心里话。记者尊重采访对象,也就是尊重自己,赢得采访对象的支持。

从心理学的角度看,获得平等与尊重的采访对象,就会对记者产生一种认同感,变"沉闷心理"为"激扬心理",让采访变成"一种愉快的交流"。中央电视台主持人敬一丹说:愉快的交流,不是简单的一问一答,而是真正意义上的对话。实现真正意义的对话,需要一种资格,一种被采访对象从心里接受的资格。这种资格,来自于对采访对象的了解和理解,来自于记者本人的见地,来自于记者着意营造的交流气氛,来自于记者对采访对象的把握。敬一丹进而指出:"实现真正意义的对话,是一个好记者应当达到的境界。"

第二,学会给予与付出。

如前所述,记者采访从一定意义上说是向采访对象的"索取",采访对象与记者交

---

① 孙世恺:《在群众中扎根——广交朋友》,原载 1980 年 3 月《光明日报通讯》,第 225 页。

往是一种"给予",而这种"索取"和"给予"都是无偿的。从这个意义上说,采访对象既是永不枯竭的新闻源泉,又是向记者释疑解难的良师益友。

古人云:"欲取之,先予之。"因此,记者在与采访对象交往时,也要学会"给予与付出"。记者的"给予",主要是精神方面的。可以这样说,在一定的条件下,人的精神需求超过对物质的需求。以传播精神产品为己任的新闻记者,要不遗余力地采写满足包括采访对象在内的新闻受众需要的精品力作,以回报采访对象对自己工作的支持。要知道,采访对象对自己亲自参与的新闻报道是十分关注的。采访对象本身也是信息的受众,在他们眼里,记者是行万里路、读万卷书、见多识广的"化身",他们渴望与记者交心、诉说衷肠,他们渴望与记者交往以拓宽自己的视野,启迪自己的思维;渴望记者了解他们的疾苦困难,为他们"鼓与呼"。如果记者能够真正把他们摆在平等的位置,给他们提供帮助,采访就会由单向"索取"变成双向的"给予",二者之间的关系就会"如鱼得水",难舍难分。

第三,学会斗争与妥协。

唯物辩证法告诉我们,矛盾是事物发展的动力,斗争性可以使旧的矛盾统一体分解,达到新的对立双方的"融合"。新闻采访实践表明,一定程度的斗争是思想的交锋,产生思想的火花,使采访话题得以深化。所谓"理不辩不明"就是这个道理。通过一定程度的"辩理",记者能够明了事件的真相、前因后果以及采访对象的观点、立场,等等。采访中的适当"交锋",是一种采访艺术,是有理智、有节制的艺术行为,是智勇双全的"战斗",而不是冲动,更不是莽撞。重要的是需要把握好交锋的"度",而这个"度"的把握是以谈话不破裂为标准的。

妥协,即让步,是人们作出的防止矛盾激化的行为调整。要明白,记者的任务,是从采访对象那里获得真实的情况,而不是去和采访对象作斗争,"争"个高低,"论"个输赢。因此,在坚持必要的"斗争"时,也要学会必要的"让步"。记者通过让步,可能获得"海阔天高"的采访效果。

第四,坚持操守与自律。

同社会其他职业一样,新闻记者的职业道德,是调节记者与社会关系的行为准则。记者遵守职业道德,就为社会所承认。反之,就为社会所不承认,并不可避免地要和社会发生矛盾与冲突,甚至还可能酿成纠纷。

在我国,新闻事业是"党的事业的一部分",新闻记者是为人师表的"灵魂工程师"。坚持操守自律,是传媒的力量所在,就能获得党和政府的支持,也才能赢得广大人民群众的拥护。坚持操守自律,对于记者来就,不仅是个职业道德问题,也是一个关系到记者人格的问题。

名词解释

新闻当事人、知情人、嘉宾、立场分歧、口头沟通、维系谈话

思考题

1. 何谓采访？新闻采访的内涵是什么？
2. 新闻线索大致有几种来源？
3. 采访对象可分为哪几种类型？采访对象的受访特征是什么？
4. 采访与采购有何不同？你是怎样看待采访对象在新闻传播中的作用的？
5. 记者与采访对象的矛盾起源于什么？记者与采访对象的一般性矛盾有哪几种情形？
6. 怎样理解记者与采访对象的对抗性矛盾？记者应当怎样化解与采访对象的矛盾？

延伸阅读

1. 彭菊华：《新闻发现学引论》，人民出版社2002年版。
2. 刘海贵：《中国新闻采访与写作学》，复旦大学出版社2011年版。

第三章　新闻采访准备

- **本章要点：**
  1. 领会记者访前准备工作的内涵和具体事项。
  2. 掌握新闻策划的定义、新闻策划的内涵。
  3. 掌握采访提纲的设计要领。
  4. 了解时政新闻、推介性新闻、突发性新闻的定义、特点。

方法是入门的"钥匙"。采访固然是向采访对象"要情况",但采访是讲究方法的。

采访方法是记者获得新闻线索、产生敏感、寻找新闻材料、判别新闻价值和评估新闻预见的"钥匙"。采访又是一项系统工程,是记者调动眼、耳、鼻等感觉器官和大脑思维,综合运用专业知识、社会知识,发现新闻和认知事物的系统工程。对于记者而言,在正式进入采访之前,就应当充分做好各项准备工作,理顺采访思路,明确报道思想,不打无准备之仗,不打无把握之仗。

第一节　采访前的准备

"不打无准备之仗,不打无把握之仗,每战都应力求有准备,力求在敌我条件对比下有胜利的把握。"[①]这是毛泽东在1947年底为人民解放军夺取全国胜利制定的"军事原则"之一。

记者在采访之前,也应当做好各方面的准备工作。作好采访前的准备工作,在新闻实践中具有极其重要的意义。这是因为:

第一,新闻的时效性要求记者作好采访前的准备。"今日新闻是'宝',隔日消息是

---

① 《毛泽东选集》第4卷,人民出版社1966年版,第1143页。

'草'",这是新闻界的一句行话。新闻的时效性,要求记者对"已经发生、正在发生或即将发生"的新闻事实迅速、敏捷地作出反应。作好必要的访前准备,可以帮助记者避免或减少采访时走弯路,为实现新闻"快"的要求赢得时间,创造条件。

第二,新闻传播效果要求记者作好采访前的准备。新闻是讲求传播效果的。作好采访前的准备工作,就可以帮助记者熟悉报道领域,明确报道思想,理顺报道思路,确定采访方向,制定采访计划,为实现新闻传播效果的最大化提供保障。

第三,新闻真实性的原则要求作好采访前的准备。真实是新闻的生命,真实的内涵,应当是现象真实和本质真实、宏观真实与微观真实(包括细节真实)的统一。相对而言,事物的现象真实比较容易掌握,而本质真实和细节真实则是隐性的,难以发掘和把握。作好访前的准备工作,就能帮助记者提前思考现象真实、本质真实和细节真实的问题,为确保新闻的真实提供保障。

对于记者来说,作好采访前的准备,主要是围绕明确报道思想、熟悉报道领域、熟悉采访对象、分析受众需求等几个方面展开的。

一、明确报道思想

从宏观层面上说,报道思想是指新闻传媒在一定时期内组织报道的指导思想。它包括报道的内容、报道的范围、报道的重点和报道的具体要求。报道思想是记者新闻采访的依据和出发点。

从微观的层面上理解,报道思想是记者依据党和政府的方针、政策,寻找新闻"亮点"、发掘宣传价值、选择报道材料、明确报道方向的工作思路。时期性、指导性和典型性是构成报道思想的三要素。

1. 报道思想的时期性

是指新闻报道在社会不同的历史时期、不同的工作阶段,应当具有的与之相适应的报道重心。

随着历史进程的推进,社会的工作重心也会有所调整,人们的思想观念也会有所变化。党和政府在每个历史时期都会调整政策,及时地制定一系列有利于促进社会经济发展的方针、政策。作为反映生活的新闻报道,也要与之相适应。

2. 报道思想的指导性

是新闻指导性的具体表现。新闻舆论对社会具有引导功能,潜移默化地影响着广大人民群众的思想和行为。新闻的指导性是我国新闻工作的一项基本职能。

具体来说,新闻报道提倡什么、反对什么,是社会主义国家新闻工作落实新闻指导性、"用正确的舆论引导人"的具体要求。在我国,新闻媒体是党和政府的"喉舌",具有很高的权威性和很强的公信力。受众一般认为,新闻报道所肯定的,就是党和政府倡导的;新闻媒体所批评的,就是党和政府所反对的。因此,记者只有"吃透两头",即认真学习、深刻领会党和政府的方针、政策;密切联系实际,联系群众,才能真正做到"用正确的舆论引导人"。

3. 报道思想的典型性

"典型"一词的本义,为"模型"。古人"以木为之曰模,以竹曰范,以土曰型",引申为"典型"。

"典型"一词,原是美学的概念,亦指文艺作品中的典型形象,是矛盾的共性与个性、普遍性与特殊性的统一。新闻学引入典型性,意指新闻作品报道的事物应当是能够体现时代精神风貌、反映时代本质特征、对推动全局工作与引领社会进步具有指导意义,具有广泛代表性和说服力的人和事。在具体的采访报道中,典型性可分为典型人物、典型事例、典型经验、典型事件和典型细节五种情形。

对于记者而言,采访报道具有典型性的人和事,增强新闻作品的感染力和说服力,是"用优秀的作品鼓舞人"的前提。记者选择"典型"的要求,主要有三:一是要从全局着眼,"吃透政策",选择具有强烈时代气息和时代精神的重要典型;二是要从实际出发,实事求是,选择具有群众基础和公信力的典型;三是要从细节入手,深入挖掘,选择能够揭示事物本质规律的典型。

二、熟悉报道领域

所谓报道领域,是指新闻报道的内容所涉及的范围。包括这样两层意思,一是指地域地区的概念;二是指社会工作、行业的范围,如思想领域、文化领域、经济领域、金融领域、科技领域,等等。

社会是由人构成的。无论是作为"地域"的领域,还是作为"范围"、"行业"的领域,也无不是由人和事构成。记者采访接触的对象并不一定都是为记者所熟悉的人和事,所以要事先熟悉,做到心中有数。

记者采访的内容是多方面的、丰富多彩的。既有区域性的,如国家、地区,以及这些国家、地区所包含的历史、民族、文化、宗教、信仰,等等;又有工作范围性的,如工作部门、战线、行业、产业,等等。

除此之外,由于社会生活的丰富多彩,新的知识、新的成果如雨后春笋,层出不穷。

由于时间和精力有限,要求记者上知天文、下知地理,天下之事无所不知,既不现实,也不可能。因此,在采访之前,记者有必要作好访前的准备工作来熟悉报道领域的人和事。

从根本上说,记者博览百科,点滴积累,是认知生活,发现新闻,获得与采访对象对话资格的前提;从方法上讲,临阵磨枪,突击掌握一些报道领域的相关知识,常常会收到事半功倍的效果。因此,要求记者在采访之前,对即将采访的领域有一个大致的了解。

以采访地区新闻为例 记者的访前准备工作是从整体上了解该地区的历史沿革、地理特征、民族信仰、风俗人情、经济结构、名胜特产、文化方言等。

以采访行业新闻为例 记者的访前准备工作是从整体上了解这个行业、部门的特点、专业水平、优势特色等,并注意与国内外同行业进行比较,同时了解这个行业、专业相关的历史事件,分析行业的发展趋势和走向等。

以采访事件性新闻为例 记者的访前准备工作应千方百计地了解事件的大致经过、前因后果、突出特点和相关知识、背景材料,以及由事件可能产生的影响、结果(后果)等。

以采访人物新闻为例 记者的访前准备工作是尽可能掌握人物的人生经历、专业业绩、思想信仰、家庭状况、个人爱好、社会影响,等等。

……

除此之外,记者采访前还要尽可能地学习、掌握党和政府有关的政策,如民族政策、地区政策、产业政策以及新闻政策、宣传口径等。

由此可见,熟悉报道领域,是记者采访前的"笨鸟先飞"和认知的前移。我国知名记者、首届范长江新闻奖得主郭梅尼总结她50余年的记者采写生涯时,对清华大学新闻学的学生们说:"我每次采访前,必须做充分的准备。有文字的,我一定尽可能找到所有的资料;没有文字材料的,也要先找了解他的情况的人,做一些调查。这样,对这个采访对象,就有了初步的了解。根据这些材料,我先反复思考,提出问题。"[①]

三、熟悉采访对象

本书第二章对采访对象作了比较详细的介绍。从采访的性质来看,我们把采访对象分为"以事为本"的采访对象和"以人为本"的采访对象两大类。这里的"本",是指采

[①] 方芳、乔旱颖:《名记者清华演讲录》,人民日报出版社2003年版,第271页。

访的重心或重点。

"以事为本"的采访,采访的重心是"事",包括事的新闻性、事的知识性和事的趣味性,等等。例如,中央电视台的《焦点访谈》节目,多是以"事"为报道对象的电视栏目。采访对象在报道中的作用,是充当一个讲述事实的"角色"。从这个意义上理解,"以事为本"的采访,是通过采访对象来叙说"事"。仔细思考,报道"事"又分为"一事一报"和"多事一报"两种情形。一事一报构成事件性新闻,多事一报则构成非事件性新闻。

在这一类采访报道当中,有一种情形是"人事两写",即:虽然是报道事,但是通过详尽、细致地搜集现场中的主要人物,如人的神态、神情,人的动作表情以及一些细小的情节等来报道"事"。例如,《日本签字投降》是一件重大事件的报道,记者是通过日本外相重光葵这个人在投降签字现场的表情、拐杖、服饰(包括礼帽、手套)等人物细节的大量描写来报道这一重大历史事件的。读罢令人记忆深刻。本书第五章将作较为详细的介绍。

"以事为本"和"以人为本"的采访,由于二者的采访"重心"不同,记者与采访对象的交往程度也就有所不同。在"以事为本"的采访当中,记者与采访对象的关系相对要"疏远"一些;在"以人为本"的采访当中,记者与采访对象的关系要"密切"得多。

下面以"以人为本"采访为例,来分析记者采访前对采访对象熟悉的重要性。

"人上一百,形形色色",说的是人与人的差异性。然而,正是这种差异性,构成了社会生活的五彩缤纷。同时,人作为社会生活的主体,创造了世间的万事万物。例如:

> 1985年6月5日。北京机场风和日丽。飞往马尼拉的波音737客机舒展着双翅跃上蓝天。一位两鬓斑白的老人,不时向同机旅伴点头微笑,不时拨开窗帘,俯视白云下的大地、田野和庄稼,流露出激动的神情。
>
> 他叫瞿永寿,是我省著名的农业劳动模范,他耕种的水稻单产先后跨越了四个台阶,达到2400斤,创造了水稻复种单产的最高纪录。
>
> 他的高产栽培法,曾在北京农业展览馆展出,并经人整理出版成书,向全国公开发行推广,引起了国际上一些专家学者的重视,称之为"瞿式栽培法"。
>
> 他的种田弟子,遍及三湘四水,大多成了高产能手,有的成了专家被派往国外传授技艺,还有的走上了领导岗位。
>
> 前不久,联合国粮农组织授予他"杰出稻农"荣誉称号。今天,他就是专程赴联合国粮农组织的所在地马尼拉参加明天的授奖大会。①

---

① 李海珍主编:《楚天科星》,湖南科学技术出版社1989年版,第154页。

这是一篇关于"人"的报道的开头部分。很明显，是通过一件一件具体的"事"来表现瞿永寿这个"人"的。如，瞿永寿此刻的神情、他的成就（单产水稻达 2400 斤）、他的做法（瞿式栽培法）、他的影响（种田弟子）、他的荣誉（国际杰出稻农），等等。

我们大致可以把"以人为本"的采访对象分为这样三大类型：一是"大家类"采访对象；二是"精英类"采访对象；三是"先进类"采访对象。

所谓"大家"　是指那些在某个领域、某个专业学有专长并产生重大影响的专家学者。例如，中央电视台开办的专题栏目《东方之子》《大家》，就是反映这一类人物突出事迹的专访性节目。

所谓"精英"　是指那些推动社会物质文明、精神文明和政治文明进步，引领时代潮流的杰出人物。例如，中央电视台的《高端访问》，采访的对象就是世界级的政界人物、科技英才、金融大亨。需要指出的是，"精英"与"大家"有的是交叉重合的。

所谓"先进"　一般是指那些在各条战线和各自岗位作出了较大贡献的先进工作者、劳动模范等。先进具有集团性、地区性和行业性的特点。

以上三种类型的人物，无疑应当是记者采访的重点。在采访这些人物时，记者要对他们的基本情况、专业领域和社会贡献及影响，有一个大致的了解，才能获得与他们"对话"交流的资格。

四、分析受众需求

所谓受众，是指接受和使用大众传播媒介信息的人。也就是说，受众这个概念，从数量上讲，它是一个模糊而广泛的概念，具有人不分男女老幼，地不分东南西北的性质，只要他接收新闻信息，就是新闻传播的受众。

从构成上分析，受众这个特殊的群体，具有人数众多、地域广泛、兴趣多样等特点；从心理上讲，受众具有求新厌旧、求真厌假、求奇厌平和获取知识、接受教育等心理特点；从传播效果上分析，受众是新闻传播的"终端"，所有新闻传播都是围绕受众进行，新闻采访也是如此。

对于记者而言，所谓受众意识，最为重要的一条就是分析受众的需求，以受众为本位，新闻"产品"才能适销对路，实现新闻传播效果的最大化。

首先，在报道内容上，要选择受众共同感兴趣的题材。新闻传播要获得好的传播效果，首要是在传播内容上下功夫，选择那些事关受众切身利益、事关人民群众共同利益、事关国家民族根本利益的报道题材，满足受众对国家大事信息的需求。满足的要义是"应知"，受众的"应知"就是新闻事实与受众的关联程度。记者要紧紧围绕受众的

"应知",研究受众的需求心理,把握时代的主旋律,从林林总总的社会生活中,大胆地捕捉、挖掘和选取"能够引起大多数人兴趣"的新闻事实。

其次,要根据受众的年龄、职业、性别和文化层次的不同等特点,选择报道题材,满足他们不同层面的需求。一般而言,新闻的接近性是指新闻事实与受众在地理距离、思想感情、利益利害等方面的关联程度,即新闻事实发生地点距离受众愈近,新闻人物的年龄、经历、职业与受众愈接近,性别与受众相同,受众关心的程度愈高。

最后,是要以对社会高度负责的态度,选择积极健康的题材,满足受众的精神需求。新闻传播既要讲求传播效果,更应注重社会效益。记者只有以认真负责的传播态度,才能赢得社会的尊重和受众的信任,也才能获得好的和可持续发展的传播效果。那些夸大其辞、危言耸听等"煽情"的报道,除了能够满足个别人的"猎奇心理"和感观刺激外,并不为社会广大受众所接受。这是一条颠扑不破的"自然法则"。

第二节 采访前的新闻策划

"策划",在古代称为"策画"。"策划"原是军事用语。"策",谋也,是计策、谋略的意思;"画"是"划"的通假字,指计划、打算。"策、画"即谋划、筹划的意思。

"策划"一词见于报端、进入荧屏,是 20 世纪 90 年代的事。随着经济的发展,各式各样的"策划"活动,如广告策划、公关策划、市场策划、项目策划、创意策划、战略策划,等等,名目繁多、无处不在。其中,"新闻策划"是新闻从业人员使用频率最高的专业词汇之一。

一、策划与新闻策划

关于策划的定义,学术界表述众多。其中,以舒咏平的定义影响最大。舒咏平是我国较早专门研究策划学的学者之一。他认为,所谓策划,是"为实现特定的目标,提出新颖的思路对策、并制定出具体实施计划的思维活动"。

除此之外,另有"创意说"、"目的说"、"规划说"和"程序说",等等。

创意说认为:策划是通过激发创意,有效配置和运用自身有效的资源,选定可行方案,达成预定目标或解决某一问题。

目的说认为:策划是为了达成目标,组合一些因素而付诸实行的计划,是效率、智慧综合的结晶。

规划说认为:策划,与其说它是一种设计、一种安排、一种选择,或是一种决定,不如说它是一种改变现状的规划蓝图。

程序说认为,策划是一种程序,在本质上是一种运用脑力的理性行为,是找出事物因果关系、衡量未来事情作当前的决策。即预先决定做什么、何时做、如何做和谁来做。

策划的特点主要有:

1. 目标性

任何策划都不是盲目的,而是有着很强的目的性,即是为了实现一定的目的和达到一定的目标。追求最佳、获得最大,是策划追求的终极目的。离开目标,策划就无从谈起。

2. 科学性

策划目标的提出,不是凭空想象、异想天开,而是建立在科学、可行基础上的目标。策划的科学性是指通过科学论证的目标,它包括目标的合理性和可行性两个方面。科学性是实现策划预期目标的基础,离开科学性谈策划,则是纸上谈兵。

3. 整合性

实现策划目标需要一定的条件,如思想基础、物质条件、技术保障和社会条件等各种资源要素。任何一个单位,都有着一定的资源与条件。一般来说,这些资源与条件分布在各个部门或各个环节之中,为了达到预期目标,需要对这些分散的资源进行集中与整合,有效地进行资源的配置与重组,才能使之发挥效益。这就是资源的整合性。

4. 创新性

思路决定出路,创新是策划的灵魂。策划是一项智力活动,策划的创新性,包括理念创新、形式创新、方法创新、技术创新、机制创新等。

二、新闻策划的原则

艾丰认为,新闻策划是采编人员以新闻业务活动进行有创意的谋划与设计,目的是更好地配置运用新闻资源,办出特色,取得最佳社会效益。

蒙南生认为,新闻策划是"新闻传媒和新闻传播工作者运用科学方法和理性思维,对自己具体负责的工作进行统筹规划,通过激发创意,完善构思,以求取得最佳效果的活动"。他把新闻策划分为三个层次:一是宏观策划。它包括媒体定位策划、办报办台的思路、发展目标等方面的策划。二是中观策划。它事关报纸的版面、电视频道的设立、栏目风格、内容的确定。三是微观策划,主要是指新闻报道、具体内容和具体问题的策划。很明显,采访策划属于微观策划。

水均益谈《高端访问》栏目策划时说:"我们的策划小组有一个长期的人物访谈计划。我们很早之前就对安南、西哈努克等做好了采访文案,只等时机成熟,把最新的新闻要素融合进来就可进行采访;而对于临时来的、并不是长期跟踪的人物,我们必须在最短的时间内组织最好的策划力量。"[①]水均益在这里谈的策划,实际上就是报道的微观策划。

新闻策划要遵循以下原则:

1. 导向原则

我国实行的是社会主义制度,用"正确的舆论引导人"是社会主义新闻宣传的一个基本原则和要求。新闻界有句名言,叫做"导向金不换","导向错了,一了百了"。因此,无论是报道主题策划,还是报道内容策划,首先都要遵循舆论导向正确的原则。

2. 事实原则

新闻策划不是策划新闻。新闻策划是建立在事实的基础上,以事实为依据,完全按照新闻发生、发展的规律,通过激活思维、整合资源,努力实现新闻传播效果最大化的基础上的策划。策划新闻则是社会组织或个人,为引起社会关注,通过预设(定)事实,达到诱导社会舆论的策划。这样,也就可以把策划新闻,理解为制造事实的策划。二者的不同之处在于:前者是建立在事实基础上的策划,后者是建立在没有事实、为报道新闻而制造事实的策划。

3. 创新原则

创新是策划的核心。所谓策划,简单地说,就是创新。没有创新,走前人的老路、使用前人的老办法,便不是策划。创新的实质是通过想象、联想、逆向思维,大胆地打破常规,达到激活思维、诱发灵感、出奇制胜的目的。它包括方法创新、技术创新、理念创新、内容创新、形式创新、手段创新、体制创新和机制创新等。

4. 整合原则

要实现目标,就需要一些有利条件,以及可以加以利用的各种有利因素。所谓整合,是把这些可以利用的一切内外部各种因素加以综合,使之成为一种可以充分利用的条件,为实现预期目标服务。

---

① 《湖南广播电视报》第1342期。

据此理解，记者访前的新闻策划，是报道新闻的策划。它包括报道题材、报道主题、报道规格、报道方法和报道步骤的安排与确定。从这个意义上说，记者采访是新闻策划已定方案的具体实施。

三、报道题材与主题的策划

题材，原指文艺作品的基本素材。新闻学借用，意指新闻报道作品（消息、通讯、特写、评论、报告文学等）所涉及的人、事、物。

报道题材，实际上是关于"报道什么"的问题，如，工业题材、农业题材、军事题材、科技题材，等等。所谓报道题材的确定，简单地说，是指新闻报道对"已经发生、正在发生或即将发生"的人、事、物等报道题材的选择。这是因为，新闻的发生是客观存在的，并且无时不有，天天发生。而报道则不同，报道不可能就发生的事逢事必报、有闻必录。换句话说，新闻报道是一种对"已经发生、正在发生或即将发生的事实"进行了选择、加工后的新闻作品。从这个意义上讲，所谓新闻题材策划，实际上就是报道题材的选择。

真实性、新颖性和针对性，是进行报道题材策划的三项基本原则。

新闻必须真实和新颖，这是任何新闻传播必须遵守的两个"铁定法则"。新闻报道不真实，意味着对受众的欺骗；新闻报道的不新颖，意味着受众的不欢迎，也意味着报道这种信息产品的"积压滞销"。毫无疑问，报道题材的策划也必须遵守这个法则。

报道的针对性，也就是在进行题材策划时，策划者应当回答的理由是什么，即选择这个题材、而不选择那个题材报道的理由是什么？简单地说，报道题材的针对性，实际上是一种"有的放矢"。"有的放矢"是建立在对大局的把握、对政策的掌握、对社会生活的熟悉和对受众需求的了解的基础上的。

报道主题策划。所谓报道主题，即是新闻报道作品的中心思想或是新闻报道中蕴含的基本思想、主要观点以及报道题材人、事、物等诸要素组合的灵魂。立意高远、思想深刻是对报道主题的基本要求。

题材与主题的关系。主要表现在这样四个方面：一是报道题材是报道主题的基础，报道主题是对报道题材的升华；二是报道题材反映报道主题，报道主题揭示报道题材的意义；三是报道题材是客观的人、事、物的具体材料，报道主题则是客观事实与主观认识的统一。四是获得报道题材的途径是靠发掘，报道主题则是对报道题材的理解与提炼，是作者世界观、价值观和人生观，以及思想情趣、认知事物的能力等诸要素的集中体现。

新闻报道是对客观事物的反映。但反映事物，总是要说明一定的问题。一般而言，报道题材确定后，记者即进入了这个题材能说明什么，表现什么，或能揭示什么，反映什么的思考阶段。通常来说，一个新闻事实，总是具有多个、多层的意义，即是主要意义和次要意义、本质意义和表象意义的混合体。对于记者来说，报道的主题就是要揭示反映时代本质、反映社会精神风貌的主题意义。那么，怎么才能揭示和反映这些主题呢？基本方法就是甄别和筛选。这就需要记者去粗取精、去伪存真、由表及里的分析和研究，才能揭示事物的本质。报道主题策划的成功与否，关键取决于对报道题材理解和对新闻素材挖掘的深刻与否。

反映时代本质，揭示时代精神，推动社会进步，是报道主题策划的"大手笔"。因此，成功的主题策划，常常是"天合地作"之作。这里的"天合"，是指符合党和国家的政策精神，"地作"，是指报道的接地气、贴近生活、贴近实际，引领群众，推进社会的进步与繁荣。

简言之，报道题材与报道主题的关系是：报道主题是一篇报道的主旨与灵魂，位处一篇报道的统领地位。报道题材可以说是一篇报道的具体材料，报道材料要服从报道主题的需要。

四、报道规格与规模的策划

报道的规格与规模，无疑是新闻策划的内容。

规模，是一个空间概念，指事物所包括的范围的大小。《现代汉语词典》第6版对于"规格"的解释是："产品质量的大小、轻重、性能等"，也泛指"规定的要求和条件"。生活中，"规格"一词通常只与"大小"、"高低"等形容词搭配使用。其中，与"高低"搭配使用频率较高，如"高规格"，或"规格不高、比较低"，等等。

新闻报道是对社会生活的反映。但是，这种反映本身就包含着"反映"的规格与规模，即：事件重大，反映就大；事件小，反映就小。这是新闻报道与社会事件的一般规律。我们称这为"报道适中律"。

为了说明这个规律，我们打个比方，把生活比喻为人的"脑袋"，把报道比喻为人的"帽子"。帽子太大或太小，戴在人的头上都是不合适的，既起不到保暖的作用，又不雅观。

新闻报道也是如此。实践表明，报道规格过高、规格过大，会给人一种"炒作"之嫌，效果也适得其反；报道规格过低、规模过小，势必造成信息的"流失"，不能满足受众的"新闻欲"，达不到应有的报道效果。

"报道适中律",是指在新闻报道的规格、规模上要与事件性质、大小相匹配、相适应,才能获得好的传播效果的规律。它的内涵包括报道篇幅的适中、报道力度的适中和报道文体的适中三个方面。

报道篇幅的适中　篇幅是指报道容量的大小。在报刊媒体表现为版面篇幅的大小,在广播电视等电子媒体表现为时间的长短。

篇幅的适中,从根本上说,是由报道的信息量和关联性决定的,即信息量越大、与受众的关联程度越高,所占篇幅就越大。反之,信息越小和与受众的关联程度越小,所占篇幅就越小。

报道力度的适中　力度,原是一个音乐术语,指"音乐表演时音响的强度"[①]。我们借用音乐的"力度",来指报道的密集度与强度,即:在一段时间内某一报道题材的出现频率。由此可见,报道力度实际上是一个报道数量的概念。

现代传播学有两种著名的传播理论,二者都涉及传播力度与传播效果,一是"枪弹论";二是"有限效果论"。

"枪弹论",又称"注射论"或"魔弹论",是流行于20世纪40年代的关于大众传播的一种理论。"枪弹论"认为,在大众传播过程中,传播媒介的力量是不可抗拒的,它好比操纵人们思想和行为的万能机器,可以像子弹射中靶子、注射器把液体注入人体那样,迅速有效地将各种思想灌输到人的头脑中去。

由于"枪弹论"夸大了大众传媒效果,因而遭到霍夫兰、拉扎斯菲尔德等传播学者的否定,提出了"有限效果论"。"有限效果论"认为,大众传媒的力量是有限的。传播不是单方面的行为,受众也不是被动、孤立的个体,每个人都与社会的其他人有着联系,并且相互影响。

由此看来,新闻报道作为对社会的反映,的确有一个报道力度适中的问题,主要表现在这样三个方面:一是重大新闻,新闻报道的规格高,规模大;二是重要新闻,规格高,规模却不一定大;三是一般新闻,报道的规格、规模,就比较小。

因此,报道规格与规模的内涵,主要涵盖以下三个方面:一是报道数量。一般来说,事件大、报道的数量就多,事件小、报道的数量就少。如2008年我国汶川发生8级大地震,在相当长的一段时间内,新闻媒体高密度、全方位地报道这次地震的损失、抢险救灾和灾后重建等情况。二是报道文体,如消息、特写、专访、通讯、评论、照片等。一般来说,事件大,使用的报道文体就多;事件小,使用的报道文体就少,有时甚至只有一种报道文体。三是编排手段,如报纸的版次、位置、字体、字号、框边、套红等。运用

---

① 《辞海》,上海辞书出版社1980年版,第463页。

编辑手段,既是一种报道规格,又是新闻媒体"无声的发言",表明新闻媒体对此事件的一种态度。

由此可见,报道规格与规模,是报道"量"的概念、报道"种类概念"和报道编排手段概念的综合运用。例如,每年全国人大、政协"两会"报道,是云集中外新闻媒体的"高规格"和"大规模"的报道。就参与采访报道的中外媒体记者的数量而言,每年参会报道的记者就达上千人之多;发表消息、通讯、专题、特写、评论、侧记等各种体裁的新闻,各显其能,而且标题显眼,位置醒目。

报道力度的"适中"是社会存在和社会需要决定的,需要从实际出发,具体问题,具体分析,才能作出比较切合实际的报道策划。

报道文体的适中　内容决定形式。一般来说,报道文体的适中,是指不同的报道内容,需要使用不同的文体来表达。

从新闻的文体来看,主要有消息、通讯、特写、侧记、报告文学、新闻散文、新闻评论等。这些报道文体,具有不同的报道功能,因此,在进行新闻策划时,要从报道内容入手,不同的报道内容采用不同的报道文体。

五、采访方法与采访路径策划

《现代汉语词典》第 6 版对"方法"的解释是"门路"。新闻策划的目标已经制定,报道的题材和报道的主题已经形成,余下的问题是记者选择适当的方法来"收集、获取"新闻事实。采访方法有广狭两义。

广义的采访方法,包括采访的策略、采访题材、采访路径、采访步骤和采访手段等。这里主要论述采访路径。采访路径,一般来说有现场采访、自上而下和由下而上三种。

1. 现场采访

现场采访,是指记者直接奔赴事件发生现场的采访。直赴现场采访的好处是迅速、快捷和直观,是事件性新闻的常规采访。现场发生的一切,都可进入记者的眼睛和摄像机镜头,形成电视新闻画面。现场采访还是形成现场报道的前提,现场采访与直接播出结合起来,还可形成现场直播。

2. 自上而下采访

自上而下采访,是指先从上层、后到基层的采访。自上而下的好处是,上层是领导机关、综合部门,既有情况的汇总性和综合性,又有看待事物的全局性和高度性。不足是,上层的情况,由于经过层层的综合,具有概括性、抽象性的特点,同时,由于信息几经筛选,往往容易变形,需要记者反复核实,或实地考查,才能把握事实,确保新闻的真实。例如,有一次记者在某山区采访,县长告诉他:某村群众建立山上银行,自发向荒山野地投工投劳,开垦了 100 多亩杜仲药材林,现已郁郁葱葱,几年后这片杜仲林的年收入将超过 100 万元。第二天清早,记者陪着这位县长驱车 60 多公里,经过 3 个多小时的翻山越岭,终于到达了目的地。结果一看,哪是郁郁葱葱?仔细一问,才获知这是去年才栽种的,要到 20 年后才能采剥杜仲。县长的介绍和实际情况差距如此之大。

3. 由下而上采访

由下而上采访,是指先从基层开始,再到上层的采访。由下至上采访的好处是,情况具体、真实、可靠,记者获得的是第一手资料,对于启迪记者的形象思维和由感性思维到理性思考,具有积极作用。不足是,由下至上的采访,得到的是材料的"个案",缺乏宏观的比较和全局性的高度。

狭义的采访方法,是围绕采访目标进行定位和选择达到目的的手段,既包括显性采访、隐性采访和体验式采访等三种采访方法,又包括看、听、问、查等具体的采访手段。本书第四章将作具体的介绍。

六、采访步骤策划

步骤,是策划的一个重要内容。所谓步骤,就是事情进行的先后次序。

工作的步骤性要求我们:一是作为整体安排的步骤要讲求次序,只能是按部就班、一步一步地进行。违反了次序,就意味着打乱整体的部署与安排。二是作为策划内容规定的具体事项,不得任意增删。任意增加,意味着"画蛇添足";任意删减,意味着"偷工减料",二者都可能影响策划目标的实现。

采访步骤的内涵,也有两层意思:一是指时序。所谓时序,是指任何事物发生、形成都有一定的时间次序。二是指程序,即在策划方案规定的时间内,完成规定的具体事项。俗话说心急吃不得热豆腐,说的就是事物的步骤性。

采访的步骤性是由社会生活的阶段性和新闻报道的时宜性决定的。

新闻报道是对当前社会生活的反应,而社会生活的形成有一个酝酿、产生的过程。这就是事物发生、发展的阶段性。新闻报道反映生活,也就只能是分阶段地反映,既不能提前反映,也不能滞后反映。即便是记者根据已有的知识和已知的条件,对事物作出了正确的预见,或准确的判断,也只能遵循这个规律来采写"即将发生"的报道,而不能写成"已经发生"的新闻。

例如,2005 年 8 月底,飓风"卡特里娜"袭击美国南部地区,造成了新奥尔良市上万人的死亡和几十万人的大逃亡。作为美国媒体,根据气象部门提供的情况,应当说对"卡特里娜"飓风的形成、飓风的风力等级和飓风可能造成的严重后果,都做过相关的预报,敦促人们采取相应的措施。但是,作为媒介,它也只能按照飓风形成、飓风登陆、飓风造成的可能后果这样一个规律分阶段地报道,而不能把预见的"可能发生"的事实,当作"已经发生"的事实进行报道。

新闻报道的时宜性,包括采访的时宜和报道发布的时宜两个方面。新闻是以"时新"为标准的,但从传播效果看,时宜性是获取新闻传播效果最大化的重要因素。主要原因有:

报道需要"火候"的适宜 所谓"火候",原指烧窑打铁炉火温度的大小与时间的长短,后引申为"适合的时机"。

任何事物的形成都有一个酝酿、发生和发展的过程,新闻报道是以事实结果为依据的报道,违反了这个规律,就可能闹出笑话。

例如,2000年美国大选结束,共和党候选人小布什的选票略高于民主党候选人戈尔。但戈尔对某个州的选票尚有争议,一时间难分胜负,需要对这个州的选票进行重新清点统计,才能最终确认大选的胜负。而美国有的新闻传媒把小布什此时的领先,当作已经当选的事实(比实际提前36天)进行报道,简直就是开了一个天大的国际玩笑。

政治需要报道的时宜 政治需要新闻报道保持同步是显而易见的。我们在本书的第一章谈到了政治处在中心地位,对新闻具有控制作用,新闻服从政治。

政治需要新闻报道的时宜,是指政党、政府为完成某一时期的任务或根据目前形势的需要,要求新闻报道保持同步或予以配合的特性。在我国,新闻媒体是党和政府的"喉舌",新闻宣传必须在党的领导下,遵守新闻政策、宣传纪律、宣传口径等方面的规定。也就是说,在当前,我国新闻报道的适宜性,是以"团结、稳定、鼓劲"为前提条件的,主要表现在这样几个方面:一是新闻报道要符合新闻政策的规定;二是新闻报道要符合宣传纪律的规定;三是新闻报道要符合当前形势的需要。

与受众的当前需要相适宜 民俗既是一种文化,又是一种行为规范。例如,包括越南、朝鲜、日本及东南亚等地区的受众,农历的大年三十就喜爱热热闹闹,而忌讳不吉利。新闻媒体此时的报道题材和报道主题,要以喜庆、祥和为主要内容。此时的时宜,就是报道的趋顺避禁。

采访的时机性,是与报道的时宜性相关联的一个概念,意指事物有一个酝酿、发生、发展的过程,采访有一个条件成熟与否的问题。这是因为,一是记者"过早"地介入,事情还没有发生,或者说还在酝酿之中,不是"已经发生",也就不是新闻事实;二是

"介入"晚了,则可能会是"水过三丘",成了"旧闻";三是受到发布时机的制约。记者选择适当的时机,介入采访,就能收到"恰到好处"的采访效果。

第三节　四种特殊报道的策划

本节所说的四种特殊报道的策划,是指对深度报道、推介性报道、重大事件报道和突发事件报道四种情形的报道策划。

一、深度报道策划

深度报道是一种旨在深刻和全面揭示社会某一普遍问题、热点问题、重大问题的事实真相,或是详尽揭示事件发生、发展过程,展示人物或事物本质的报道。

深度报道要求阐明事件的因果关系,或是对事件进行分析与预测,或是预测事件的发展趋向等。在新闻要素上,重心主要集中在"为什么"(Why)和"怎么样"(How)两个要素上。

1.重在选题,展开策划

深度报道重在选题。蒙南生认为"普遍性和显著性是深度报道选题的第一要素,是深度报道的价值所在。普遍性是指这种现象、这个问题、这个事件是广大群众普遍关注的,对推动社会类似现象、问题、事件的解决,具有普遍意义。显著性是指这些问题对人民群众、对社会具有重要意义,是必须解决、必须弄明白的。这样的选题,才有展开、深入的价值"[①]。

深度报道选题策划,通常围绕以下几个方面进行:一是围绕党和国家的中心工作策划选题;二是围绕党和国家最近的重要决定策划选题;三是围绕人民群众关注的问题策划选题;四是围绕社会生活出现的新情况、发生的新问题策划选题。前两个方面的选题,是社会主义新闻事业开通"天线"、履行职能的问题。后两个方面的选题,是社会主义新闻事业连接地线,反映实情的问题。

深度报道的选题策划,只有开通天线、连接地线,才能把党和国家的工作与人民群众关切的问题统一起来,抓住这些具有普遍性、显著性的现象、问题、事件,摸清其发展规律,研究清楚造成其产生、发展、变化的矛盾因素,策划才具有针对性,报道才有深度,才能揭示问题的本质。

---

① 蒙南生:《新闻传播策划学》,广西人民出版社2005年版,第177页。

3. 聚焦热点,展开策划

热点,俗称"热门话题",意指多数社会成员关注的、并可能形成社会舆论的,或是敏锐地意识到可能唤起受众兴趣的人和事。

热点是具有积极因素的话题,是受众关心时事、关心政治、关心国家大事的具体表现。关联性、重要性与敏感性是构成热点问题的"三要素"。同时,"热点"话题又是敏感话题,很容易"擦枪走火",走向事物的另一端。因此,学习政策,领会精神,理性地看待和分析当前的"热点",把准"热点"导向,才能准确报道,确保舆论导向的正确。

二、推介性报道策划

推介性报道,又称"经验性报道"或"典型报道"。

"实践出真知"。党和国家某项工作的方针、政策确定之后,具体工作要由广大人民群众去实践,去探索,去创造。推介性报道就是依据党和国家的政策,向社会推广介绍某个单位、某个部门,或某个地区某项工作的新经验、新做法,或是推介出现的新气象和产生的新成果。意在给人以借鉴、给人以示范和给人以榜样。

1. 推介性新闻的特征

推介新经验、新做法、新气象、新成果,本是社会工作、部门工作的内容,不是新闻的范畴。而新闻的要义是满足广大受众共同感兴趣的"欲知、未知和应知"的新近发生的人和事。这样,对于推介性报道就要求把社会生活的工作经验与新闻的特点结合在一起,融为一个整体,才能构成推介性新闻。

因此,政策性、指导性和新闻性,是推介性新闻的特点。三者结合得越紧密,新闻价值就越高,产生的社会影响就越大。

(1)推介的政策性

是指采写这类新闻报道要符合政策的有关规定。政策,是人们进行各种社会活动的依据和行为规范。推介性报道是向社会宣传人民群众在进行伟大的社会主义实践中涌现的新经验、新做法,即向社会提倡什么、肯定什么、引导什么或宣传什么的一种舆论导向。推介的政策性的另一层含义是,政策是讲究策略和区别的,如政策倾斜、特殊政策等。有一些新做法、新成果虽然也符合党和国家的总政策和基本政策,但是建立在一定的特殊条件下(如特殊政策)的典型"个案",不具备社会的普适性,面向社会推广则可能产生"负面效应"。推介的政策性,要求记者准确地把握政策的内涵,正确区分什么是政策的普适性,什么是政策"个别性",在采访典型的时候,要发掘什么是社会的主流,什么是事物的本质。这样,推介性新闻才具有推广的普适意义。

(2)推介的指导性

是社会主义国家新闻报道宣传党的路线、方针、政策,以及宣传典型工作经验而产生的指导实际工作的特质。新闻传播通过报道新闻和评价现实生活中出现的新情况、新问题,使群众受到启迪,受到教育,增长知识,并引导群众投身于伟大的社会主义实践活动。

(3)推介的新闻性

是指这类新闻报道要符合新闻价值的特性。从报道的事实来说,一是推介的事实必须符合"新近发生的事实"的要求;二是要严格遵循真实性的原则,不能任意拔高事实;三是要选择既符合时代潮流,又符合现象真实和本质真实的、具有较高新闻价值的事实;四是推介的事实要能够唤起受众兴趣,发掘出与众不同的事实"亮点"。

2.推介性报道策划

(1)选好典型,展开策划

好中选好,优中选优和选择典型环境中的典型人物、典型事例,是进行推介性报道的一个基本原则。

策划推介性报道,要充分考虑政策性、指导性和新闻性。这三个方面结合得越紧密,新闻价值就越高,产生的社会影响就越大。政策是人们进行各种社会活动的依据和行为规范。推介性报道是向社会宣传人民群众在进行伟大的社会主义实践中涌现的新经验、新做法,即向社会提倡什么、肯定什么。在我国,一般来说,新闻媒体报道的正面典型是党和政府所提倡的;所批评和揭露的是党和政府不赞成和反对的。即使是对错误的、反面的批评揭露性的事物报道,也应当是典型的,要符合有关政策规定。

(2)围绕价值,展开策划

这里的"价值"有两层含义,一是推介价值,二是新闻价值。推介性报道应当是这两种价值的结合。这是因为,有些事物具有推介价值,但不一定具有新闻价值。如一些部门、行业的工作经验等。有些事物具有新闻价值,但不一定具有推广价值。这就是说,推介性报道是既有推广价值,又有新闻价值的报道,它包括以下几层含义:一是推介的事实必须符合"新近发生的事实"的要求;二是推介的事实要严格遵循真实性原则,不能拔高事实;三是推介的事实要符合时代潮流,是具有较高新闻价值的事实;四是推介的事实要能够唤起受众兴趣,发掘出与众不同的事实"亮点"。

(3)重在指导,展开策划

新闻的指导性,是社会主义国家新闻事业宣传党的路线、方针、政策,以及宣传典型工作经验,指导实际工作的特质。新闻传播通过报道新闻和评价现实生活出现的新情况、新问题,有倡导,有批判,使群众从中受到启迪,受到教育,增长知识。推介性报道的指导性,不是说教、灌输式的指导,而是通过选取广大群众共同关心并感兴趣的、新鲜生动的、具有说服力和普遍意义的具体事例,潜移默化地影响和指导人民群众投身社会主义实践活动。

推介性报道的策划要义,主要有以下几个方面:

吃透政策,胸有全局 对全局工作的总体情况、总体趋势和总体水平有一个宏观的了解,看问题就能高屋建瓴,总揽全局,就可以克服"一叶障目"的片面性。

发掘线索,发现典型 典型是人民群众学习的榜样。典型引路,是社会主义新闻工作的一个重要原则。典型是报道的支撑材料,新闻的"亮点"。要善于从一般中发现典型,即典型具有社会性和特殊性。典型的社会性是指典型都是在一定的社会条件下的典型;典型的特殊性是指典型在一般的社会生活中表现出"与众不同"的性质。

确定主题,掌握分寸 新闻报道虽然不能主题先行,但也不是盲目报道,总得有一个方向,达到一定的目标。确定主题是指确定揭示时代本质,反映时代本质的事物。推介性报道主题的确定,是建立在对事实基础上的"提炼"。换句话说,事实决定主题。

所谓"分寸",是指说话、做事的适当限度。策划推介性报道的"分寸"有三层含义:一是指对党和国家有关政策的把握、理解程度;二是指对要推介事物探究的程度分寸的把握;三是指对推介性报道力度强弱的把握。

三、重大事件报道策划

重大事件是指某一时期事关全局或是国计民生,影响重大的新闻事件。例如,2001年北京成功申办奥运会,2001年美国发生"9·11"事件,2003年我国的抗击"非典",2004年底印度洋发生大海啸,2005年连战、宋楚瑜两位台湾国民党、亲民党领导人访问大陆,以及2008年我国汶川发生8级大地震、成功举办奥运会、成功发射"神七"及宇航员太空行走等,无不是重大新闻事件。重大事件是人们关注的重点,因而是报道的重点,也就是重大事件报道策划的重点。

1. 围绕大事,展开策划

重大事件分为预知性重大事件和突发性新闻事件两种情形。预知性重大事件是人类政治生活、经济生活等事先设定的一种活动。它的预知,包括在事件发生前知晓事件发生的时间、地点以及大致的内容等。从结果来看，又可分为"预知结果"和"非预知结果"两种情形。

(1)"预知结果"事件报道的策划

"预知结果"是指事先知晓事件的发生时间、发生地点和结果。例如，2008年12月15日，隔绝了60多年的台海两岸第一次实现海空直接通航和直接通邮。对于海峡两岸的新闻媒体来说，这就是一件典型的"预知结果"的重大事件。这是因为，在此前的11月3日至7日，大陆海协会与台湾海基会已经达成了台海两岸"大三通"协议。此次的直接通航和通邮只不过是对双方达成协议的正式履行。相对来说，这种情形的报道策划比较容易一些。

(2)"非预知结果"事件报道的策划

"非预知结果"是指事先只知晓事件的发生时间、发生地点，而无法预测事件的结果。此类事件由于结果充满变数，报道策划也因此变得复杂。对于此类事件的报道，一般有两套或多套策划方案。例如，2000年和2008年奥运会举办城市的最终确定，就是结果难以预料的事件。当年，各媒体在策划国际奥委会确定举办城市这个事件的报道方案时，都是有两套以上的方案：北京申办成功，有一套宣传报道方案；申办不成功又有另外一套宣传报道方案。这样，新闻报道才不会失控、失绪。

(3)整合资源，展开策划

对于重大事件报道的策划方案，还应包括技术保障、传输方式等策划内容。例如，1997年7月1日香港回归报道，中央电视台从6月30日6时开始进行了长达72小时的电视直播报道。为了保证直播的顺利进行，中央电视台分别在北京和香港设置了报道中心，其中北京报道中心设置了3个播出、制作系统，香港报道中心是集演播室、控制室、编辑机房、后期合成系统、配音间和办公信息服务于一体的综合报道中心。为此，中央电视台共动用了近1800人参与报道，其中赴港人员达289人，派往全国8个重点城市和海外15个大城市采访记者近百人。在技术保障方面，中央电视台通过5个卫星的6个转发器向全世界播出，1套和4套节目共播出各种新闻687条、播出各类专题115部(集)。[①]

3.统一口径，展开策划

口径，原指器物圆口的直径，后泛指产品的规格、性能等。社会科学借用"口径"，意指对问题的看法和处理问题的原则。

---

① 刘习良：《中国电视史》，中国广播电视出版社2007年版，第325页。

新闻报道口径，亦称"宣传口径"，指新闻宣传中为了说明某个事件、解释某些方针政策、评价某个人物所规定的统一用语的分寸。宣传口径具有统一人们思想、协调人们行为的作用。报道口径最直接的体现是报道用词的规范。

我国是一个拥有13亿人口和56个民族的社会主义国家，如果对重大问题、重大事件没有统一的用语，势必发生思想的混乱。重大问题、重大事件和敏感问题的统一口径，是指新闻报道要按照中央解释有关方针政策和重大政治外交问题统一用语的要求，与中央保持一致，不得各行其是、乱提口号。主要表现在以下几个方面：

(1) 对少数民族的称呼，不得随意使用简称

由于历史的原因，对某些少数民族的称呼形成了一些带有污辱性的字眼，如称"回族"为"回回"等。此外，对少数民族也不能随意使用简称，如"蒙古族"，就不能简称为"蒙族"；"维吾尔族"，就不能简称为"维族"；"哈萨克族"就不能简称为"哈萨"等等。对于少数民族的支系、部落不能称为民族，只能称为"XX人"，如"摩梭人"，就不能称为"摩梭族""撒尼族"等。

(2) 涉及领土、主权的报道必须遵守中央的统一规定

它分为三种情形：一是涉及香港、澳门的报道。香港、澳门是中国的特别行政区。对内报道应使用"香港特别行政区"或"澳门特别行政区"，对外报道或有其他国际组织参加会议时则应称为"中国香港"、"中国澳门"。二是涉及台湾的报道。台湾是中国的一个省，在任何情况下都不能称其为"国家"，也不得将台湾称为"福摩萨"；对台湾当局"政权"组织和及其机构的名称，应遵守中央的统一规定，如台湾"立法院"、台湾"行政院"、台湾"监察院"、台湾"选委会"等，不得出现"中央"、"国立"等字样；称呼台湾地区领导人不得使用"中华民国总统(副总统)"，而只能称其为"台湾地区领导人"。三是涉及我领土的报道，不能称南沙群岛称为"斯普拉特利群岛"，而只能称为"南沙群岛"；也不能称钓鱼岛为"尖阁群岛"，更不能将新疆称为"斯坦"等。

(3) 涉及国际关系的新闻报道必须遵守中央的宣传口径

国际关系是一个十分敏感的话题，新闻报道遵守中央的统一规定，尤为重要。主要包括以下几种情形：一是涉及国际组织。有的国际组织成员中，既包括国家，也包括一些地区。如我国的香港、澳门、台湾就分别加入了某些国际组织。因此，在报道此类国际组织时，不得使用"成员国"，而只能使用"成员"或"成员方"。如"世界贸易组织成员"或"世界贸易组织成员方"，"亚太经合组织成员"或"亚太经合组织成员方"。二是涉及宗教。不能使用"穆斯林国家"或"穆斯林世界"，而只能使用"伊斯兰国家"或"伊斯兰世界"。三是涉及犯罪和武装冲突时，要避免突出犯罪嫌疑人和冲突参与者的宗教、肤色、种族等特征。不能使用"伊斯兰原教旨主义"、"伊斯兰原教旨主义者"等说

法,可用"伊斯兰激进派"和"伊斯兰激进组织"等。

重大问题、重大事件和敏感问题的统一口径,是新闻服从政治、新闻为政治服务的"硬性规定",也是社会主义新闻事业的一项重要纪律,是新闻报道坚持正确舆论导向的重要内容,在策划重大事件报道时,必须始终如一地遵循这一规定。

四、突发事件报道策划

突发事件,顾名思义,就是突然发生的事件。它分为自然灾害事件和社会问题事件两种类型。

自然灾害事件,如山洪、地震、海啸、雪灾等。例如,1998年我国长江流域和松花江、嫩江流域的特大洪灾,2003年我国及东南亚部分国家的"非典",2004年我国和东南亚部分国家的禽流感,2005年印度洋大海啸,2007年我国南方的雪灾和2008年四川发生8级大地震等,均属于突发的自然灾害。

社会问题事件,如车祸、空难、矿难、恐怖事件、各种危机,以及群体斗殴、群体闹事等,例如,2001年美国发生的"9·11"恐怖事件,2008年我国发生"三鹿牌"等有毒奶粉事件、山西临汾发生特大溃坝事故和美国金融海啸等,均属于突发性社会问题事件。

1. 突发事件的特点

(1)事件的突发性

突发性事件的发生,往往是突如其来。由于事先没有预兆,思想没有准备,结果难以预料。例如,2008年5月12日14时28分,我国四川汶川发生8级大地震,一时间天崩地裂,房屋倒塌、交通中断,造成9万多人死亡和数百万人无家可归。

(2)突发的震撼性

突发性事件、特别是重大突发事件发生以后,给人心灵的撞击是震撼的。这种震撼性,既可以转换为激励人的斗志,坚定人的信心,也可以重创人的心灵、削弱人的士气。此外,突发事件对国家的政治、经济和人民群众的生产、生活均可产生重大的影响。

(3)受众的关注性

由于突发事件多为天灾人祸,对受众而言,这种关注性,一方面表现为急切地关心事件的进展和结果,另一方面深深地关怀受灾地区人民的生活生产。例如,四川大地震发生以后,引发了全国人民万众一心抗震救灾,以及包括美国、俄罗斯、日本等国在内的全世界人民的同情与关爱。

(4)影响的负面性

突发事件发生以后,伴随而来的是它的负面性,主要表现在:一是对正常生活、正常秩序的破坏;二是容易导致次生灾害的发生,加大灾情损失;三是容易引起人们的恐慌;四是容易诱发社会矛盾的激化,形成新一轮社会问题。

2. 突发事件报道的策划

报道突发事件需要进行策划是显而易见的。这是因为,从业务层面上说,突发事件是受众"欲知、应知而未知"的大事,事关受众的知情权和党"重大事情让人民群众知道"的政策。这是其一。其二,从政治层面上说,突发事件往往是涉及面广、群众关注度高,事关大局、事关社会的稳定。其三,由于突发事件往往是天灾人祸,需要报道唤起广大人民群众同心同德,战胜困难,共渡难关。

(1)分清性质选好"点"

一起突发事件发生以后,首先要弄清事件是天灾(自然灾害事件)还是人祸(社会人为事件),这是两个不同的概念。如是人为的社会事件,则还需要区分是对抗性的事件,还是非对抗性的事件,是过失性事件,还是恶意性事件,是犯罪行为所致,还是非犯罪行为所致,等等。只有分清了事件的性质,才能采取不同的报道方式。

这里的"点",是指报道的"切入点",即从哪个角度来切入报道。一起事件的发生往往可以从不同角度来报道。不同的报道角度,产生不同的报道效果。报道角度的实现,首先是通过选取某一事实进入展开报道的。

(2)依据政策把握"度"

这里的"度",是尺度、分寸的意思。突发事件涉及面广、敏感性强、矛盾性大,又有很强的政策性,往往容易成为社会舆论的焦点、热点问题。因此,策划突发事件报道必须把握好"度"。

从全局高度上把握"度" 策划突发事件报道要大局意识。所谓大局意识,就是要站在"中南海"的高度,用党的基本路线、总任务,分析审视事件的性质、特点和事件可能带来的社会影响。

面对变化莫测的突发事件,一定要按照"团结、稳定、鼓劲"的要求,以国家利益、民族利益与人民利益为出发点和落脚点,审视眼前发生的事件,"密切注视前方来往的船只,天上的风云和水下的暗礁",应对与策划突发事件报道。

从具体选材上把握"度" 这里的"材",是指事实素材。材料支撑观点。从具体选材上把握"度",就是选取反映时代精神风貌,反映党和人民意志和根本利益,维护社会稳定,促进问题解决的素材。

从新闻实践上看,把握好选材的"度",是要特别选择"群众关心、领导关注、普遍存在"的问题进行报道。因此,选取什么素材,不仅反映策划者的理论政策水平,而且也关系到受众接受、认同报道内容和报道效果的问题。

从报道口径上把握"度" 策划突发事件报道尤其要重视报道口径与中央有关政策保持一致,不得乱提说法,各执一词,避免因为宣传报道口径的不一致,导致人们思想的混乱。

(3)抓住时机行动快

突发事件的特点是突如其来、瞬间发生。抓住时机,快速行动,是策划突发事件报道至关重要的前提条件。否则,后果不堪设想。它包括思想快速反应、迅速策划方案和火速实施报道三个方面。

◎思想快速反应。思维决定行为。思维的迟缓,必然导致行动的迟缓。对于突发事件只有思想上快速反应,追赶并报道突发事件才成为一种可能。

◎迅速策划方案。思路决定出路。策划报道突发事件行动不能迟缓。特别是那些自然灾害事件,要发动群众和组织群众迅速行动起来,奋起抗灾。这样,宣传报道的策划就更要及时。否则,就会造成更大的损失。

◎火速实施报道。心动不如行动。所谓火速实施报道,就是快速调兵遣将,采写制作报道。在"5·12"汶川大地震报道中,中央电视台记者随温家宝总理在第一时间赶赴灾区,当天就发回了报道。此后的第二天,中央电视台就调整了节目安排,抽调精兵强将,全力以赴组织以"众志成城、抗震救灾"为主题的特别报道,先后组织了上百名记者深入灾区采访,全方位、多层面、多环节地系统报道了人民子弟兵和灾区各级党政组织、人民群众,以及全国各族人民同心同德,奋起抗灾的英雄事迹和中华民族不屈不挠的伟大精神。

第四节 分类新闻的访前准备

一、时政性新闻的访前准备

时政,原是一种政令,是我国古代按农时节气制定的有关农事的政令。现代意义的时政,是指事关国家政治、军事、外交、经济等重大的事项。时政性新闻是事关国家政治生活大事的报道。

(一)时政性新闻的特征

对于普通受众来说,了解时政就是了解国家大事。重要性、政策性和权威性,是构成时政性新闻的三大特征。

1. 重要性

重要性是时政性新闻的显著特征。时政性新闻是事关"天下大事"的新闻,它包括重大的党务活动、政务活动、国事活动、重大的经济活动和重大的国际时事以及重大科技发明、自然灾害,等等。

早在新中国成立之初的1949年12月,中央人民政府政务院及有关部门就颁发了一系列有关重大政务新闻发布的规范性文件,确立了重大政务新闻由新华社统一发布的制度。1950年,中央人民政府政务院为进一步加强新闻发布的效果及其准确性,又颁发了《关于中央人民政府所属各机关发表公报及公告性文件的办法》,规定:"凡中央人民政府及其所属各机关的一切公告及公告性新闻,均应交由新华社发布,并由《人民日报》负责刊载。"

1987年,中宣部等部门对重大政务新闻进行了明确的界定。所谓重大政务新闻,主要有:

(1)党和政府的重大政策、决定;

(2)重要文件;

(3)重要会议;

(4)中央领导人的重要活动;

(5)中央领导人会见外宾时发表的涉及国内国际重大问题的谈话;

(6)重要人事任免等。

同时规定:为了充分发挥广播电视的作用,新华社在发布重大新闻时,还采取措施保证中央人民广播电台、中国国际广播电台、中央电视台同时播发。这些"天下大事",新闻术语称之为"重要新闻",或简称为"要闻"。

重要性是构成新闻价值的要素之一。一般而言,新闻报道包含的内容重要性越大,新闻价值就越大。反之,新闻价值就小。时政性报道的重要性,还包括报道的内容与受众的政治利益及利害关系、对实际工作的指导性等方面。时政性新闻无疑具有很高的新闻价值。

2. 政策性

如前所述,时政性是事关党和国家方针政策,事关社会稳定与发展,事关人民群众福祉的重大事宜,因而具有很强的政策性。

因此,时政性报道的政策性,一方面体现在报道的具体内容上,即时政性报道要及时、准确、完整地报道时政新闻的内容;另一方面体现在报道的宣传纪律上,即报道时政性新闻要严格遵守党和政府的新闻政策、宣传纪律和宣传口径,要准确地解读政策精神。

简言之,时政性新闻的政策性要注意把握"不能多说"、"不可少说"、"说到位"这三点。

多说 是指新闻报道超出时政性新闻的宣传口径、内容范围规定,违反宣传纪律的"多说"。报道时政活动人员的"排名"、电视画面的"出镜",宣传口径都有着严格的规定,如排名的前后顺序、画面的时长、大小等。记者如违反"排名"或"出镜"的规定,就是违反"宣传口径"、违反宣传纪律。

原国务院新闻办公室主任赵启正说,面对"我们不了解的情况、不知道的问题或是涉及国家机密的问题,那么可以说'下次告诉你',或'这个问题我不能回答',要记住宁可少说、不说,也不可以说假话或胡乱应付,否则会削弱新闻发布的权威性"[①]。赵启正的这番话虽然说的是新闻发言人,但同样也适合于新闻记者。

少说 是指新闻报道应当报道而没有报道或没有充分报道的"少说"。简单地说,所谓"少说",是该"说"的没有"说"。仍以"点名"和"出镜"为例,按照宣传口径规定,应当"点名"和"出镜"的对象,就"一个也不能少",少了就是"少说"。这是时政性报道的"规定动作"。

说到位 是指时政活动,特别是重大政务活动的主题、主要内容必须说好、说够。如全国人大、政协的"两会",重大政策的出台,重大的外事活动等,新闻媒体必须围绕活动主要内容,紧扣活动主题,正确报道和充分反映。

3. 权威性

时政性新闻的权威性,主要体现在新闻内容的严肃性和发布机构的权威性两个方面。一般而言,党务活动、国务活动、政务活动,都是事关社会的稳定与进步,事关国家的繁荣与发展的严肃话题,对国家、民族和社会的工作具有指导性意义。发布的权威性,是指党和国家,以及地方各级党政组织,对政务性新闻的发布的规范。

我国自 1949 年 12 月中央人民政府政务院颁布《关于统一发布中央人民政府及其所属各机关重要新闻的暂行办法》以来,就对重大政务新闻的发布进行了统一规范,指定新华社统一发布,《人民日报》负责转载。各级地方党政组织,也分别对各类重大时政性新闻,按照分类管理的原则,指定主管部门和党委机关报统一发布。

(二)时政性新闻的采前准备

由于时政性新闻的这些特点,对于记者来说,在采访之前就应当充分作好访前的准备工作,主要有:

---

① 赵启正:《高度重视新闻发布工作,造就高素质新闻发言人队伍》。参见 http://www.cqvip.com/qk/91403X/200501/20207470.html。

1. 了解程序，把握特点

一般而言，时政性新闻具有事先告知的特点。重大的政务新闻，活动的举办者和组织者会提前通知新闻媒体，通知的内容包括活动（会议）时间、活动内容、活动主题、规格规模、与会人员和具体要求，等等；有的还采取事前召开记者招待会、新闻发布会、战前动员会等方式，介绍本次活动的主要内容、重要事项及影响意义等。对于记者来说，访前的准备，主要表现在这样两个方面：

一是要在事前千方百计地了解活动的程序、活动的主要内容、活动的具体安排，做到心中有数。活动的程序，主要有活动时间、活动内容、活动主角、活动方式。记者了解了活动的程序，就意味着对本次活动有了一个大致的了解，赢得了采访的主动，在完成"规定动作"的同时，还为采写"自选动作"创造了条件。

二是要了解本次活动的特点特色，即本次活动的"与众不同"和"与以前不同"之处。活动的特点特色，具有隐性的特点，需要记者发掘才能显现出来。记者把握了活动的特点特色，意味着发现了新闻的新"亮点"，采写的新闻报道就"与众不同"，是"见人所未见，说人所未说"的具体表现。

2. 学习政策，把握要点

如前所述，时政性新闻具有很强的政策性，遵守政策规定是记者讲政治、讲党性、守纪律的具体表现。"内外有别"，是时政性报道有别于其他报道的最大特点。这里的"外"，有两层含义，一是指境外媒体；二是指记者本人以外的人。

在我国，新闻事业是"党的事业的一部分"，是党和政府的喉舌。新闻记者有着很高的政治地位。活动的组织者，往往把新闻记者看成自己人。记者接触到的各种信息和情况，自然要比境外记者多。同时，由于新闻事业是"党的事业的一部分"，国内记者受到的纪律约束自然也比境外记者要多。因此，记者在参与时政性报道时应当树立"内外有别"的观念。具体说，在报道时政性新闻时要严格遵守"不能多说"、"不可少说"和"说到位"的要求。

对于记者来说，访前学习和掌握有关政策，是严格遵守"不能多说"、"不可少说"和"说到位"的前提条件。同时，还应当主动向活动的举办方、组织者以及相关部门请教，哪些是必须报道的，哪些是可以报道的，哪些是不能报道的。

所谓把握要点，简单地说，是时政性新闻应当报道的"规定动作"，它包括这样几个方面的内容，一是时政活动的程序性要点；二是报道对象的要点，如活动举办者、组织者安排的报道对象；三是报道内容的要点。如引用领导人讲话"摘要"。报道由于受版面、篇幅的影响，很难全文引用，而只能"摘要"。记者就应当主动与有关部门沟通，说明情况,争取理解,并请教哪些是必须报道的内容。

3. 领会精神,关注热点

热点,俗称"热门话题"。热点,原指物体产生或释放热感的温度。新闻学借用为指多数社会成员关注的、并可能形成社会舆论的,或是大众传媒敏锐地意识到可能唤起社会成员兴趣的人和事。

一般而言,热点是具有积极因素的话题,是受众关心时事、关心政治、关心国家大事的具体表现。关联性、重要性与敏感性是构成热点的"三要素"。

图 3—1　习近平会见台湾地区领导人马英九

图片来源:http://pic.sogou.com/d?query=%CF%B0%BD%FC%C6%BD%BB%E1%BC%FB%C2%ED%D8%A2%BE%C5&pid=sogou-site-664dd858db942cad&duppid=1&mood=0&picformat=0&mode=1&di=0&did=31#did30(会见马英九)。

例如,2015 年 11 月 7 日,中共中央总书记、国家主席习近平同台湾地区领导人马英九在新加坡香格里拉大酒店会面,就进一步推进两岸关系、和平发展交换意见。这是自 1949 年以来,时隔 66 年,海峡两岸领导人第一次会面。这无疑又是一个能够引起海峡两岸中国人及国际社会共同关注的"热门话题",吸引了来自全球的 600 多家媒体①。

从关联性来看,习近平与马英九到新加坡会面,就两岸关系、和平发展交换意见,事关中华民族统一,事关每一个中国人的利益;从重要性来看,海峡两岸自 1949 年以来,虽然民间和政治领袖之间交往频繁,但在任最高领导人的交往中断了 66 年之久。为了中华民族的福祉,两岸领导人又一次握手,共商民族发展大计,其政治意义无疑是重大的。

"热点"话题,同时又是一个敏感话题。这里说的"敏感",有三层意思,一是高度的关注性;二是关注的联想性;三是联想的丰富性。从思维方式上说,人的思维分为发散性思维和聚合性思维两种。发散性思维的特点,是调动各种信息,解放思想,展开想象的翅膀。对于记者来说,发散性思维是必要的和有益的,是思维上的活跃。但同时也要看到,记者如仅有发散性思维,又是不够的,需要态度严谨。因为"热点"话题,毕竟是一个政治、政策性都很强的问题,需要严谨的思维和实事求是的态度,才能准确报道

---

① 资料来源:http://www.ce.cn/xwzx/gnsz/szyw/201511/08/t

时政,确保舆论导向的正确。二者的结合,是学习政策,领会精神。

记者学习政策,领会精神,就是学习党和国家的基本政策、具体政策和宣传口径,掌握政策的精神实质。

基本政策 是指党和政府在社会生活的某一领域、某一方面,如政治、经济、文化、外交、军事等领域或方面,为实现总路线而制定的重大决策和基本原则。基本政策具有很大的权威性和稳定性。

具体政策 指在总政策和基本政策的指导下,党和国家为了解决某一类或某一个具体问题,或者为了完成某一项具体工作所规定的具体行为准则。具体政策具有及时性和灵活性的特点。

宣传口径 所谓宣传口径,是有关部门根据党和国家的基本政策和具体政策,对新闻宣传部门就当前社会的某一具体事项、某一社会现象对新闻舆论部门下达的行为准则。宣传口径具有当前性和统一性的特点,是具体政策的当前化。它要求新闻媒体统一"说法",不得自行解读政策,防止曲解政策现象的发生。

记者掌握了政策,领会了政策的精神,就能理性地看待和分析当前的"热点",把握"热点",把正"热点"的导向。

二、人物性新闻的访前准备

人物性新闻,又称典型人物报道。所谓典型人物,是指那些具有强烈时代精神、引领时代潮流、推动社会进步的杰出人物和先进人物。同文学作品中的典型人物一样,新闻作品中的典型人物也具有很高的审美价值。采访人物性新闻,是通过一件件具体的"事"来报道具体的"人"。本章的第一节对"以事为本"的采访对象作过分类,即"大家类"、"精英类"和"先进类"三种。

按照西方公认的"凡是有新闻价值的事件都包含有不同寻常的因素"的新闻理论,"三种类型"的人物是人类的财富,社会的精英,他们的"人",无不具有传奇色彩;他们的"事",无不引起受众的关注而具有很高的新闻价值,因此,他们无疑是记者采访报道的重点。自上世纪90年代以来,我国的新闻媒体、特别是广播电视传媒,根据自己的特点,分别开设了反映本地区代表人物的"访谈"类节目。《东方之子》就是一档以反映我国各个行业、各条战线、各个领域出类拔萃的杰出人物为题材的"访谈"节目。2003年中央电视台又以"着眼于世界政要和国际知名人士"为对象,开设《高端访问》专题节目。采访的人当中有联合国秘书长安南、俄罗斯总统普京、英国首相布莱尔、法国总统希拉克、美国总统克林顿、韩国总统卢武铉、约旦国王阿卜杜拉、巴基斯坦总统穆沙拉夫、印度总理瓦杰帕伊以及世界首富比尔·盖茨、新闻业大亨默多克、魔幻大师科波菲尔、金融"大鳄"索罗斯等 200 多位世界政要和国际知名人士。

记者采访这"三种类型"的典型人物，尤其要做好访前准备。"采访是报道成败的关键，也是记者成败的关键。"①人民日报著名记者纪希晨也说："采访前的准备是十分重要的，它关系到采访的成败。采访前除了请有关同志讲政策、讲情况，阅读有关地区的报纸和材料外，还要了解这个地区的历史、经济、地理和资源状况，知道它的昨天与今天，熟悉事物的来龙去脉。"②

记者在采访前，可从"了解"入手，有的放矢地拟定出相应的采访话题。具体来说，主要有以下两个方面：

一是要了解典型人物的个人和家庭背景资料。它包括本人的具体资料，如出生年月、籍贯、性格志向、家庭环境、生活习性、成长经历，以及家庭配偶、父母兄弟、子女亲属等家庭背景。例如，意大利女记者法拉奇为采访邓小平，采访前，收集掌握邓小平的个人资料和中国革命的资料，就多达 10 多公斤。

二是要了解典型人物的专业专长、业绩贡献、社会评价等。记者由于事先掌握了解了这些材料，"采访面谈时，他谈到的事，我已不是那样的陌生，使他感到我和他熟悉、亲近，愿意和我谈。他没谈到的我需要了解的问题，由于事前有准备，我可以向他提出，引导采访步步深入，这样的采访就是主动采访"③。

郭梅尼还以当年采访我国著名桥梁专家茅以升为例，告诫清华的新闻学子一定要做好采访前的准备工作。她说：刚到科技日报工作的那一年，正好赶上茅以升九十寿辰，我想去采访他。头一天，我跟别人一起先去看看这位九十岁的老人还能不能接受采访，没想到茅以升精神非常好，他的秘书说你明天就来，只能谈一个半小时，多谈他年纪大了要发烧。明天怎么采访，采访什么？晚上我认真看了有关他的资料，准备采访中要提的问题，哪些东西可以通过资料解决，哪些一定要采访他本人。一个半小时的时间采访，由于事先准备得好，收获很大。后来，我又找了他的秘书、女儿采访。稿子写好后，我送给茅老看，我刚念了个题目——《人生当架几座桥》，茅老就一连说了三个'好！'他是桥梁专家，他感到这个题目概括了他一生的追求。④

由此可见，访前准备，对于记者来说是何等重要。美国新闻学家麦克道格尔曾经用这样的语言告诫记者：音乐家、科学家、作家、政治家及其他有名望的人，往往鄙视那

---

①③ 郭梅尼：《记者要有时代的慧眼》，原载《名记者清华演讲录》，人民日报出版社 2003 年版，第 271 页。
② 彭正普：《中国当代名记者研究》，郑州大学新闻系教材 1985 年版，第 140 页。
④ 《科技日报著名记者郭梅尼谈人物通讯的采访与写作》，参见 blog.sina.com.cn/s/blog.3ce7bb660102/ma.html。

些对他们活动和名声不甚了解的记者。因此,记者在采访他们之前,对他们的基本情况,对他们的专业领域和他们的贡献影响,一定要有一个大致的了解,才能获得与他们"对话"的资格。

三、突发性新闻的访前准备

所谓突发性新闻,是报道突发事件的新闻。突发性新闻的内涵,既包括山洪、飓风、地震、冰雹等自然灾害,也包括车祸、火灾、空难等社会灾祸,还包括凶杀、爆炸、中毒等社会问题。

1. 突发性新闻的特点

对于记者来说,突发性新闻具有发生的突然性、影响的震撼性和反应的快捷性、采访的危险性等特点。

(1) 发生的突然性

所谓突发,就是突如其来,突然发生。随着人类对客观世界的逐步认知,一般来说,自然灾害在发生前是可以预报的,但从发生特点来分析,却是瞬间的和突如其来的。

从一定意义上说,突发性新闻,也可以理解为灾祸性新闻。从社会学角度上说,灾祸是对人们正常生活的非正常中断。

如2005年8月,"卡特里娜"飓风袭击美国,一夜之间造成新奥尔良市上万人死亡,上十万人无家可归,引起全世界的共同关注,上百个国家向新奥尔良市伸出了援助之手。

(2) 影响的震撼性

所谓影响的震撼性,是指突发性事件对人们心理产生的影响是巨大的。由于灾祸的特点是突如其来,对人们心理产生的影响是震撼的。这种心理的震撼,在一定条件下表现为刺激或恐惧、恐怖,也可以表现为唤起、唤醒、激活。

美国马里兰大学研究中心对受众心理调查表明,受众特别关注"惊人的消息的真实性及其潜在的影响性和危险性",以及"与人类自身'利害攸关'的新闻"。

(3) 反应的快捷性

这是指社会对突发性事件的反应是迅速的。不迅速或反应迟缓,必然是"水过三丘",黄花菜都凉了。一般而言,一则突发性事件发生以后,社会的职能部门和方方面面都会在最短的时间内作出相应的反应。以报道信息为职业的新闻媒体,更是走在社会其他职能部门的前列,获得信息,不用扬鞭,闻风而动,迅速而快捷地奔赴事件现场采访。

图片来源:http://news.sina.com.cn/z/jfxjmg.

图 3-2　被"卡特里娜"飓风洪水淹没的新奥尔良市

(4)采访的危险性

记者采访突发性新闻具有一定的危险。记者因为要亲历事件现场采访新闻,用"耳闻目睹"感受现场。如在地震过后,余波未尽的"第一时间"赶赴现场,其危险性就可想而知了。1998 年,我国东北发生特大洪水,两名采访的电视记者就被无情的洪水吞没,殉职岗位。

2. 突发性新闻的访前准备

由于突发性新闻具有以上特点,记者在采访前更应做好相应的准备,才能在事件发生后的一瞬间迅速地作出反应。

(1)加强学习,增加知识

突发性事件的发生,往往涉及天文、地理、气象、水利、卫生、消防等自然科学知识和人口、救助、法律等社会科学知识。对于记者而言,需要用科学知识,对当前发生的事件迅速地作出正确的判断,即"可能发生了什么"和"我应该做什么"。

(2)增加阅历,培养能力

阅历,就是人的亲身经历、听过或做过的事情。记者"吃百家饭,行万里路",只有见多识广才能增加才干,培养自己处事不惊、当机立断的处事能力。

(3)广交朋友,拓宽信源

信源是传播学的一个概念,意指信息发生的源头,它包括信息的始发地和信息的始传者。突发性事件事关人们的共同利益,利害攸关,能够引发受众的共同兴趣,因而有着很高的新闻价值。人需要交际。记者离开交际,就等于耳不聪,目不明,信息就不灵。记者广交朋友,各种信息包括突发性事件信息就源源不断。我国著名记者范长江的交际"几乎是没有人可以与之相比的"。范长江交朋友是"什么人都要交,朋友越多,新闻来源越多,越能写出有分量的报道","某个部队打了胜仗,某个将军升了级,他都要打电报向他们祝贺"。

四、访前的其他准备

访前的其他准备,主要是指采访事务准备和"角色状态"准备。

1. 采访事务准备

采访事务准备,是指完成采访任务所必备的工具和必备的条件的准备。它包括采访用的笔、本、包、证件的准备,也包括广播电视记者采访用的录音机、摄像机以及电源、录音(像)带、充电机、电源线、灯光等采访工具的准备。

这种准备,似乎是多余的话,但工作中如电视记者忘了带磁带,或者电池忘了充电等,而影响采访顺利进行的现象时有发生。仔细分析,这是采访前的准备工作不充分、或是对准备工作的认识不足所致。

2. 采访的"角色状态"

社会是一个无限广阔的舞台,在这个舞台上表演的都是活生生的形形色色的社会角色。"角色",原指戏剧、电影中演员扮演的戏中人,如"主角"、"配角"、"丑角"等。社会学借指"角色"一词,为社会承认的综合性行为模式,即一个人同时分属几个可能彼此和谐或不和谐的地位。如一个人可能既是儿子、同时又是父亲;既可能是老师、同时又是学生;既可能是领导、同时又是部下,等等。这里,每一个"角色"都被赋予了相应的权利、义务和职责。

记者的"角色"问题,有两层含义,一是新闻记者本身就是一种"社会角色",即为社会承认的、以采写和传播新闻信息为基本职责的行为模式;二是指记者在一定的采访环境下所处的"角色状态",即由于采访对象分布在社会的各个阶层、各个领域和各行各业,记者不可能用一个语调、一种态度、一种方法、一种姿态同所有的采访对象交往,而必须根据不同的对象、不同的环境,因人而异地确定其与被采访者的关系,定位其采访的"角色"。如表 3—1 所示。

表 3—1

采访对象	角色定位			
	态度定位	语调定位	姿态定位	方法定位
领导	尊重	虚心	衣着整齐有教养	直接求教
专家学者	尊重	虚心	有教养	直接求教
农民、工人	平等	热情诚恳	入乡随俗	启发、直接
老人	尊重	亲切	有教养	直接求教
熟人	平等	热情	得体	开门见山
生人	平等	随和	随和	试探、含蓄
犯罪嫌疑人	平等	平和	庄重	直接、激问、追问

记者采访"角色"的定位,归根结底,是地位的定位。在我国,新闻事业是党和人民的"喉舌",新闻记者无疑具有很高的社会地位。但是,记者在履行职责、与采访对象交往时,往往不是以"高地位"的面孔出现,而是因事而异,或因人而异地选定自己的"角色"。

所谓"角色状态",就是记者在采访前根据采访的题材,选准自己相应的"角色"位置,尽快实现自己的"角色"转换,并按"角色"的要求进入相应的工作状态。如以衣着服饰为例,参加新闻发布会,记者的衣着服饰可以是西装革履潇洒一些;但如果是去参加抗洪抢险的采访,西装革履潇洒的服饰恐怕会招来非议,造成采访的失败。

关于记者的服饰外表,美国著名记者约翰·布雷迪向同行们发出过这样的忠告,他说:"记者的外表应尽可能朴素些,既不要太时髦,也不要太简朴。请记住,要点在于不直接与采访对象争奇斗艳。"[①]

五、采访提纲的设计

如前所述,记者采访大致分为前后两个阶段:获得新闻线索阶段、深入采访阶段。在两个采访阶段之间,记者就要着手设计采访提纲了。换言之,设计采访提纲是记者前承获得新闻线索、后启深入发掘新闻材料的一个重要采访步骤。

1. 采访提纲的概念与内容

所谓采访提纲,是记者获得新闻线索之后,在进入采访的第二阶段之前,为正确还

---

① 〔美〕约翰·布雷迪:《采访技艺》,新华出版社 1985 年版,第 65 页。

原新闻事实、确保新闻真实性而制订的具体采访计划。因此,采访提纲包括记者向采访对象提问的具体内容,也包括记者深入事件的现场察看、亲自感受、查阅相关资料等方面的工作。

采访提纲的内容,应当包括以下几个方面:

(1)采访目标;

(2)采访方法;

(3)采访路径;

(4)现场察看;

(5)查阅资料;

(6)提问方式;

(7)提问要点;

……

鉴于本章的第一节已经对"采访目标"、"采访路径"、"采访对象"等作过比较详细的介绍,并且还将在本书第五章对"提问方式"、"现场察看"、"查阅资料"作系统的介绍,故不在此赘述或展开,仅对"提问要点"设计,作如下介绍。

2.提问要点的设计

到达现场之后,记者面对现场情景可能产生或是兴奋、震撼,或是悲痛、同情等心理感受,在这种感受的作用下,记者的心绪可能是无绪的、情绪可能是不稳定的。在这种情形下的作用下,如没有采访提纲,采访很可能就是一种"无头苍蝇"的盲目行为,既理不清事件的头绪、抓不着要领,又可能是丢三落四、问东忘西,最终导致报道时效的后滞,或是报道的不客观、不公正、不全面、不深刻。

采访提纲的这种"备忘"性,能有效帮助记者走出现场带来的困境,临阵不乱、保持应有的采访心态,掌握采访的主动权,顺速进入到正常的采访状态。

所谓提问要点,就是记者根据已知但存在疑点,或是不明之处的新闻事实,需要采访对象加以证实、解释、介绍,或是加以说明,发表看法、表明意见的采访提问的要点。提问要点的设计,主要有这样几个方面:

一是基于有疑点事实的提问;

二是基于含有不明白,或不是很确定、很清楚事实的提问;

三是基于可能有隐含的事实的提问,如事实背景、两个事实之间的关系等;

四是基于揭示事件影响、意义和发展走向的提问,等等。

提问要点设计的内容主要有:问疑点、问起因、问结果、问关联、问背景、问拐点和证实问、解释问,等等。

总之,采访提纲的设计,是建立在新闻线索基础上,对事实有一个大致的了解、对采访对象有一个大概的熟悉、对事件性质有一个基本的评判,为揭示事件真相、正确还原事实、客观报道事件所进行的访前准备工作。

3.采访提纲的作用

在采访的第一阶段,记者获得的新闻线索只是一种大致性的、指引性的和碎片化的信息,具有信息的不完整性和未知性,并且还充满信息的疑义性。这样,记者在新闻线索的指引和指向下,需要进入到采访的第二阶段,即经过求证、核实之后,才能写作新闻。

以某地发生的一起重大矿难事故为例,分析采访提纲的作用。有新闻线索告知:某煤矿近日因瓦斯爆炸,发生一起重大矿难事故,大约已有××人在这次矿难事故死亡、大约有××人受伤。

从信息确定上说,这里的新闻线索是"某煤矿近日瓦斯爆炸发生的重大矿难事故"。这里信息的不确定,主要有:一是事故发生的具体时间在什么时候?二是导致事故的直接原因是瓦斯爆炸,但瓦斯爆炸是人为因素,还是渎职所致?三是死亡人数是否还在上升?伤者及时救治情况怎样?四是井下还有多少人员,如有井下人员,有没有生还的希望?五是有关部门领导是否到达现场、抢救情况、现场处置情况?……

如此多的不确定性和如此多的事件"疑团",需要记者一一调查、通盘采访,才能还原事件的真相。应当说,有些新闻事件、特别是一些社会问题的新闻事件,本身还具有假象性和复杂性,被层层迷雾和现象所笼罩、所掩盖着。

从这个意义上说,所谓采访提纲,实质上就是采访事项内容的一种提示,是记者采访的"心中有数"。记者有了这种"提示",就能深入到事件的内部,逐一解开自己的"心中谜团",还原事件的真相。因此,采访提纲制定的正确与否,直接关系到采访的成败和对事件深入了解的程度。

名词解释

报道领域、访前策划、报道主题、热点、角色状态、采访提纲、

思考题

1.什么是报道思想?构成报道思想的要素有哪些?
2.试比较"以人为本"与"以事为本"采访的异同。

3. 试分析报道题材与报道主题的关系。

4. 什么是时政性新闻？怎样作好时政性新闻的访前准备。

5. 什么是突发性新闻？怎样作好突发性新闻的访前准备。

延伸阅读

1. 〔美〕杰克·海敦:《怎样当好新闻记者》,新华出版社1980年版。

2. 《中国名记者传略与名篇赏析》,新华出版社2003年版。

3. 彭正普:《中国当代名记者研究》,郑州大学新闻系教材,1985年。

第四章 新闻采访方法

● 本章要点：
1. 把握显性采访的定义、特点和适用范围。
2. 把握隐性采访的定义、特点和适用范围。
3. 把握体验式采访的定义、特点和适用范围。

采访方法，有广义和狭义两种情形。

广义的采访方法，包括采访策略、采访计划、采访步骤和采访手段等。

狭义的采访方法，专指发现新闻线索、获取新闻材料的手段和围绕采访目标进行定位，选择达到目的的手段。

从这一认识出发，在借鉴以往新闻采访学成果的基础上，以是否公开记者自己身份、表明采访目的为前提，可以将采访分为显性采访、隐性采访和体验式采访三种基本方式。这是因为：公开与不公开记者的身份，采访的手段就大不一样，采访效果也可能大相径庭。

根据这一思考，可以把记者向采访对象公开自己身份和表明采访目的的采访，叫做"显性采访"；把不向采访对象公开记者身份的采访，叫做"隐性采访"；把以体验生活感受或情感为主的采访，叫做"体验式采访"。

第一节 显性采访

一、显性采访的要素与作用

显性采访，是相对"隐性采访"而言的一个概念，指记者在采访中向采访对象公开自己的身份和表明采访目的的采访方法。因此，公开记者身份和表明采访目的，是构成显性采访的要素，缺一不可。

公开记者身份 人的身份是由一定的权利和一定的义务确定的。在社会生活中，维护治安是警察的权利和义务；治病救人是医生的权利和义务。

人的身份还包括这样两层含义，一是职业身份。在社会生活中，记者是一个职业，人们提到记者，则马上想起记者的职责是采访新闻和报道新闻。二是身份的从属。作为记者，必定从属于一定的传媒机构，如人们听到记者二字，便随即会问：是哪里的记者？或哪个报社（电台、电视台）的记者？

表明采访目的 是指记者向采访对象介绍自己希望采访的题材、内容和采访具体事项，等等。

显性采访是一种常规采访。所谓常规采访，包括使用频率高和适用范围广两层意思。从使用频率来看，显性采访是记者经常使用的采访方法。有的记者从事新闻采访几十年，始终未能超出显性采访的范围。

显性采访之所以成为记者获取新闻事实的主要手段，主要原因有两个方面，即记者身份的职业性和新闻传播的公开性。

记者身份的职业性 在社会生活中表现为社会成员的认可性，即社会对记者采访的认可。这种认可，与社会成员认可医生治病救人、警察维护治安是一个道理。记者凭着这种认可，要求他人为自己提供对"已经发生、正在发生或即将发生"的事实的所见、所闻和所思。

新闻传播的公开性 是指新闻活动是在宪法和法律的保障下进行的公开活动，社会必然要求大众传媒通过公开的方法而不是秘密获取的方法来获取新闻事实。基于此，以公开记者身份和表明采访目的为主要特征的显性采访方法，理所当然地成为记者获取新闻的主要手段。

二、显性采访的特点

显性采访的基本特征是记者要求采访对象配合并提供情况。因此，显性采访的特点突出表现为：行为的公开性；"主体"的依赖性；对象的制约性；矛盾的凸现性。

1. 行为的公开性

记者向采访对象公开了自己的身份和表明了采访目的后，整个采访则成为了公开的活动。

首先，表现为记者与采访对象二者身份的公开。通常说，记者先作自我介绍，表明来意后,同样也会要求采访对象公开自己的身份,如姓名、单位、职务及与事物的关系(如当事人、目击者、知情人),等等。

其次,记者的行为,受到采访对象的监督。采访过程中,记者的言行举止、工作作风、职业道德等,都"展现"在采访对象面前,受到采访对象的监督。

最后,采访对象的配合性。记者向采访对象提出问题,采访对象向记者回答自己的所见、所闻和所思,并为记者采访提供各种便利。

2."主体"的依赖性

记者是采访主体,记者采访是在采访对象的帮助下完成采访任务的。

所谓主体的依赖性,是指在新闻采访中,记者向采访对象"要情况"和采访对象向记者"给情况",记者依靠采访对象提供信息。首先,记者要依靠采访对象获得消息来源,没有消息来源的记者,是获得信息的"聋子"、"瞎子"。其次,记者要依靠采访对象了解情况,请采访对象介绍情况,讲解事件发生的背景和可能产生的影响,发表对事件的看法等;最后,记者要依靠采访对象的帮助。如领路找人、帮助记者寻查资料,等等。特别是异地采访,记者人生地不熟,离开采访对象的帮助,则可能两眼"一摸黑",很难想象,记者完成采访任务的艰难性。

3.对象的制约性

对象的制约性,是指采访对象对记者采访的影响与制约。人民日报著名记者田流曾在《采访与写作》一文中指出:"采访的成功与失败,稿件质量的高或低,除了记者的政策思想水平等因素外,很重要的原因是采访对象选择得是否正确。"[①]采访对象对记者的影响与制约,主要表现在这样几个方面:(1)采访对象愿不愿意接受记者的采访;(2)采访对象对事物事件的观点、立场;(3)采访对象的情绪变化,等等,都可能直接或间接反映到采访,从而影响与制约记者对客观事物的认识。

以上这些都可能直接或间接影响到采访能否顺利进行,从而影响与制约对客观事物的认识。

4.矛盾的凸现性

记者与采访对象既有同一的关系,又有对立的矛盾。记者与采访对象的矛盾,是源于记者的"要情况"和采访对象的"给情况"。同时,由于二者所处的"角色"的不同,代表的利益也就不同,在一定的条件下,记者与采访对象的矛盾就凸现出来,表现出二

[①] 蓝鸿文:《新闻采访学》,中国人民大学出版社1982年版,第171页。

者之间的相互对立、相互排斥,采访对象回避或拒绝记者的采访,宣布记者是"不受欢迎的人"。

三、显性采访的使用

从适用范围来看,显性采访适用的题材和内容是非常广泛的:既适用于对人物新闻的采访,也适用于对事件性新闻的采访;既适用于对会议新闻、时政新闻、社会新闻、军事新闻的采访,也适用于经济新闻、科技新闻、政法新闻的采访;既适用表扬报道的采访,又适用于批评、揭露性报道的采访,等等。

简言之,显性采访是记者获取新闻事实的主要手段。它包括必须使用和选择使用两种情况。

1. 必须使用

显性采访的必须使用,是指下列情形之一的采访,记者只能采用显性采访获取新闻信息,若使用包括偷拍、偷录等方法在内的隐性采访,则被视为非法行为。

(1)国事新闻与重大事件新闻,必须使用显性采访

例如,采访每年一次的全国人大、政协会议,根据有关规定,国内记者事先必须向有关部门提交采访申请并经批准后,方可获得采访资格;境外记者须向我驻在国的使(领)馆提交申请,经批准后,办理有关手续,方可入境采访。又比如,2008年,我国举办北京奥运会,云集的中外注册记者就多达近万人,就是事先经过申请和批准后,佩戴统一的记者证,方可进入指定的采访区域采访。

(2)军事题材与科技成果,必须使用显性采访

1999年的春夏之交,以美国为首的北约对南斯拉夫进行了长达70多天的空袭。南斯拉夫政府宣布进入战争状态,要求外国驻南的新闻记者重新办理申请采访手续,并规定记者采访必须佩戴统一颁发的记者证。试想,记者如果违反这一规定,使用隐性采访的话,其后果恐怕会有间谍的嫌疑。采访科技成果题材也是如此。

(3)会议新闻与政法新闻,必须使用显性采访

会议蕴藏着大量的新闻信息和报道线索。无论是政务性质的会议,还是业务性质的会议,会议的组织者、发言人和与会者往往是具有较高身份或从事实际工作的人。记者采访会议也都必须使用显性采访,否则,会议的组织者将有权将记者拒之门外。采访政法新闻也是如此。例如,以采访法庭为例,最高人民法院颁发《中华人民共和国人民法院法庭规则》第十条就是为新闻记者采访设置的专门条款:"新闻记者旁听应遵守本规则,未经审判长或者独任审判员许可不得在庭审过程中录音、录像、摄影。"换言

之,记者采访法庭不但要公开自己的身份,表明采访的目的,还必须在采访前征得审判长的许可,才能进行采访。

(4)采访人物,必须使用显性采访

新闻中的人物是"新闻人物"和"人物新闻"的总称。所谓新闻人物是指历史变动和社会生活中涌现出的风云人物;对某一新闻事件有举足轻重影响的人物,如政治家、科学家、文学艺术家和其他知名人物;有重大发明创造、对社会有突出贡献、获得各种荣誉称号的先进人物;或对某一问题有发言权的权威人士等。有些人物虽然不知名,但因与新闻事件有关联,如目击者、知情人等,也可以成为记者的采访对象。记者在采访人物,尤其是采访新闻人物时,其身份是公开的。记者如不公开自己的身份,采访对象就不可能接受其采访。即使是采访批评报道的人物,记者也应同采访对象见面,并"尊重被采访者的声明与要求"。

2. 选择使用

显性采访的选择使用,是指下列情形的采访,记者可以选择使用显性采访。

(1)采访经济新闻

经济新闻,是指关于国民经济、生产建设和人民群众日常经济生活的报道。经济新闻包括工业、农业、财贸、金融、交通运输、基本建设以及有关人民衣食住行等方面。采访经济新闻,记者可首选显性采访,也可选择其他的采访方法。

(2)采访社会新闻

所谓社会新闻,是指"关于个人品行,以及同个人日常生活更为接近的社会活动、社会事件、社会问题和自然现象的新闻。"① 社会新闻的内容有日常生活中的新人新事、新道德新风尚、婚恋家庭生活、风土人情、风俗习惯,以及案例的批评揭露等方面。记者采访这类新闻,可重点选择显性采访。

(3)采访批评报道

批评报道,是指揭露现实生活和实际工作中的缺点、错误或问题的报道,其目的是扫除消极因素,发扬积极因素,促进社会进步。记者采访批评报道,可选择使用显性采访,也可以选择使用包括隐性采访在内的其他采访方法,这需要记者区别不同情况,选择采访方法。从采访实践看,选用显性方法采访批评报道,也是一种有效的采访方法。显性采访比隐性采访更易于采访对象接受,有助于被批评者自查自纠,促进问题的解决。

---

① 刘建明:《宣传舆论学大词典》,经济日报出版社1992年版,第152页。

四、显性采访的基本形式

1. 个别访问

个别访问是记者使用最普遍的一种采访形式,是记者获取新闻材料的主要途径。个别访问的适用范围,包括人物专访(如人物的思想活动、经历成长)、事件新闻(如事件的来龙去脉、影响意义)、典型报道(如发生发展、背景材料)、批评报道(现象、假相、真相),等等。这些采访,往往需要通过个别交谈的方式,对情况作深入了解、内涵发掘、综合核实。

个别访问的特点是无他性,即没有他人在场,也就没有其他的干扰,交谈双方可以敞开思想,无拘无束。这样,交流的双方就可以深入而广泛地进行交谈。对于记者而言,要特别注意对采访话题的引导,可以采取"一张一弛"的谈话方式。所谓"张",就是紧扣采访话题,循循善诱,层层推进,不断地把

图 4—1 采访中的记者
图片来源:http://p1.so.qhimg.com/t0165255732fd9d5946.jpg

采访话题引向深入。所谓"弛",就是记者有意地停顿一下采访话题,中间插入一点似乎与采访内容关系不大,但又显得轻松活泼的交谈内容。个别访问的不足是封闭性,由于交谈没有他人在场,采访对象所谈的内容无法当场印证,需要记者根据情况进一步核实。

选择采访对象,是个别访问的关键。记者选择采访对象的基本条件是:

典型性 以新闻人物为例,采访对象应当是社会上知名的、有影响的,在某方面有专长或在当地有突出贡献的人物等;

代表性 选择的采访对象应代表社会的某一层面,如青年代表、妇女代表、专家代表、农民代表,以及不同意见的代表等;

关联性 选择的采访对象应与事件有一定的关系,它包括与事件有直接关系的当事人、参与者、目击者,也包括与事件有间接关系的,如当事人的亲友、领导、同事以及有关部门的权威人士等;

此外,采访对象的配合性和善意表达,也是至关重要的。

个别访问的关键,一是在访前,要对采访对象本人的基本情况,或对"已经发生、即

将发生"的事件发生发展的过程,作尽可能全的"访前了解",胸中有数,理出头绪,并拟定采访要点;二是在访中,应努力寻找双方感兴趣的话题,来激活采访对象的"谈话兴趣",并努力营造和谐的采访环境;三是在访后,要与采访对象及时核实谈话的内容。

2. 蹲点采访

蹲点访问,是指记者在一段时间或较长时间内通过深入一个"点",解剖麻雀,反复调查研究,进行专题采访或跟踪采访。蹲点采访适合于时效性不强而新闻容量较大的报道,它分为一次性蹲点和跟踪性蹲点两种情形。

(1) 一次性蹲点

通常用作大容量体裁的报道,如新闻调查、系列报道、长篇通讯、报告文学等。这种蹲点采访,对记者来说,能够从不同侧面、不同层面、不同角度较为详细地大量收集新闻材料,"通过几个反复过程,即由此及彼、由表及里、去粗取精、去伪存真的加工制作过程,进而抓取典型的材料和事物的规律,写出有深度、有力度的报道。"[①]

(2) 跟踪性蹲点

是指记者通过对"点"的解剖和了解,与"点"建立较长时间的采访关系,跟踪报道"点"的发展变化。这种情形的蹲点对记者来说是着眼于对"点"的情况的了解,常常可以收到"事半功倍"的采访效果。如湖南人民广播电台记者曾瑞华,曾在洞庭湖某乡村采访到一农户"四胞胎"的新闻,便与这家农户建立了长达20多年的采访联系。曾瑞华围绕这"四胞胎",从出生、上学,到参军、参加工作,全过程地跟踪采访,从不同的侧面和角度,采写了上百条"四胞胎"姐弟的消息、通讯和特写。

由此可见,蹲点采访的最大好处是"熟",它包括"人熟"和"事熟"两个方面。蹲点之后,人熟了,记者熟悉了采访对象,采访对象也熟悉了记者,二者由此便可建立起一种比较稳固的联系。所谓"事熟",是指记者对"点"上情况的了解,如自然情况、经济状况、行业情况、人员情况、物产特点等等。记者应对"点"上情况分门别类地建立资料库。

"点",是蹲点采访的关键。记者使用蹲点法采访的具体要求有:一是对"点"的选择。记者选择的"点",应当具有典型性。这种"典型性",必须是具有或是可能蕴藏着重大新闻价值,或是具有跟踪连续报道价值的人或单位;二是要摆正"点"与"面"的关系。记者蹲点采写的典型报道、先进经验,或是持续较长时间过程的新闻事件,必须与全局工作结合起来,服从于全局的需要。

---

① 周胜林:《新闻采访写作新编》,复旦大学出版社1988年版,第49页。

3. 问卷采访

问卷采访，也称"问卷调查"，是记者通过书面调查的形式征求采访对象意见、获取新闻报道素材的采访方法。一般来说，问卷调查是对一定人群的"面"的调查，是记者在访前设置、提供调查事项、由采访对象自己填写回答问卷事项，而进行调查采访。问卷采访的最大特点，是能用较短的时间，收集到较多的采访对象对某一特定人物、某一社会现象、某一社会事件和某一社会问题的评价、意见和看法，从而帮助记者对这一人物、这一现象、这一事件和这一问题得出总体性的评价和意见。

记者根据调查总体设计的要求，向采访对象提出若干问题，请他们给以回答，从而了解公众对所调查问题的总体态度。问卷法采访的要义主要有二，一是问卷内容的设置，即：设置的问题与具体的调查内容要"妥当"；二是调查的对象应具有代表性。设置问卷的内容，可分为开放式回答、封闭式回答二种。

开放式回答 就是在调查同一事项时，考虑到社会的需求，或社会成员对某一事物的认可程度的不一，设置两个以上的调查方向和多个内容档级，供被调查者选择回答。开放式回答的好处是，回答者可根据问卷的要求，选择回答自己认可的事项。例如，2010年以来，国家先后出台了一系列限制房价措施后，部分城市的房价出现松动。2012年2月，搜狐网与零点研究咨询集团联合进行的"全国两会民生系列调查"对北京、上海、广州三地居民进行房价调查：调查的内容为4个调查方向、每个调查方向有3个方面的具体内容供被调查者选择回答，如表6—1所示①：

图4—2 采访中的记者

图片来源：http://p3.so.qhimg.com/t01a0d86c50137bf643.jpg。

表6—1 全国"两会"社会热点系列房价调查

（一）你对限购效果的评价认可			（二）你对限购的态度		
房价控制在了合理范围	提高了外来人口的成本	房价控制在了合理范围	支持	不支持	无所谓

---

① 资料来源：news.sohu.com/s2012/3473/s3357951795795179。

续表

(三)你对2012年房价变化的预期			(四)你的购房态度		
看跌	看涨	持平	想买房	买不起	观望

答卷要求:一人一卷,同意者打"√"

闭合式回答 是指设置调查事项的单一和回答事项的单选。如,被调查者的性别、婚姻、职业等事项的回答,就只能是男或女,是已婚或未婚,是一种"是"或"否"、"同意"或"不同意"、"认可"或"不认可"的回答,等等。

简言之,"闭合式回答"是要求被调查人对同一事项的"二选一"的回答。

4. 座谈采访

开座谈会,是记者就某个专门问题邀集有关人员进行座谈获取情况的采访方法。座谈采访,是"面"的采访,规模不宜过大,三五人即可、七八人也行。座谈会宜轻松,或从轻松的话题切入,解除采访对象的拘谨心理。

座谈采访的特点主要有三:一是能够节省采访时间,提高采访效率。我们知道,新闻的"快",首先是要快速采写,才能快编快发。如果采访的主题是一条综合性的报道的话,势必涉及"面"的采访。由于"面"是分散的,这就势必加大记者快采的难度,影响采访的效率。座谈会就是把几个相关的采访对象集中到一起来共谈一个话题,各自座谈他们熟悉的相关情况。这样,记者就能用较短的时间收集到较多的、分散的新闻材料。二是信息广泛。由于与会的采访对象相对较多,提供的情况具有各自的特点,分散的信息集中之后,可供记者选择的余地就大。三是采访对象能够相互启发、互相补充、验证事实、纠正偏差,有利于记者把握事实。

座谈采访的注意事项主要有:一是会前要发"安民告示"。在会前要事先告知与会人员座谈的主题、内容、目的,以及具体要求等,以便与会者理清思路,有的放矢。二是在会中,要甘当学生、善于引导。三是在会上多问多听少讲,不下结论,不作评论。

记者在座谈时的"角色",应当是"节目主持人",而不宜以"会议主持人"自居,切不可把座谈会开成"公事公办"的会议和联欢性质的会议。座谈会应有张有弛,并紧紧围绕采访对象的"开放式心理"进行。

5. 上下结合法

上下结合法采访,是把对上级机关、综合部门的采访和对基层单位、个人的采访有机结合的一种采访形式。这种采访的最大特点是能够有效地把群众的智慧与领导的智慧、基层单位的实际与上级机关的权威融于一体,有效地帮助记者减少采访的盲目性,提高采访的效率和确保新闻的真实。上下结合法采访可分为"先上后下法"和"由下而上法"两种。

先上后下法 是记者在"下"之前,先采访上级机关或有关部门,了解一个地区、一个行业全面的情况,了解上级机关的有关方针政策和工作意图,并对全局的工作有一个总体性的了解之后,再下到基层,作深入的采访。这是因为,上级机关、有关部门是一个地区、一个行业各种信息的"总汇",对基层的工作和具体问题比较了解,有总揽全局的工作特点。上级机关、有关部门是记者消息来源之一。然而,从上层获得的材料,往往经过了几次过滤或加工,因而会存在材料的过粗和变形的问题,与基层的实际情况有一定的差异,需要记者到基层、到群众中去作深入采访。从这个意义上说,先上后下,是记者带着从上级机关获悉的新闻线索下到基层单位按图索骥和证实扩展。从采访探究性的角度上说,先上后下,能在下面了解到群众的情绪与要求,以及对上级机关政策、做法的意见与要求,从而检验上级机关的精神、政策是否正确。

由下而上法 是指记者将下面采访的情况返至上级机关或有关部门。由下而上的原因有两种:一是源于记者对下面的情况把握不准,需要上级机关从政策上、宏观上、导向上把握下面的情况,以确保新闻报道的真实性、典型性和导向性;二是需要上级机关对下面的情况发表权威性的评价意见和看法,以增强新闻的权威性。

总之,"上下结合法"采访,能够有效地帮助记者树立全局意识、宏观意识,使情况清、目标明,从而减少采访的盲目性、片面性。但在采访中,记者要注意防止和克服"重上轻下"、"以上代下"的现象。如某些记者热衷于"跑衙门、要材料",等等。这种现象虽然是个别人的问题,但却影响到新闻记者的形象和新闻的真实性。

6. 点面结合法

点面结合在新闻传播中有两层含义,一是指采访方法;二是指写作方法。二者之间相互关联,互为所用。采访方法的点面结合,是把对个别人的采访与一般人的采访,把对典型事例、典型单位的采访与一般情况、一般单位的采访,把重点采访与一般采访有机结合的采访方法。由此可见,"点"是个别的和典型的,因而是采访的重点;"面"是一般的、综合的或全局性的,因而是采访的非重点。

点面结合法,首先要突出"点"。面是由点组成的,社会生活也是由一个一个鲜活的人物、一件一件具体的事构成的。作为反映生活的新闻报道,不可能像描绘平面那样去报道生活,而只能通过选择那些反映时代气息、精神风貌的典型人物、典型事例和典型经验来反映丰富多彩、波澜壮阔的社会生活。因此,采访中的"点",就是记者"花力气、用功夫"的重点,要求记者深入细致,解剖"麻雀",进行系统而周密的采访。

其次，是如何选择"点"。前面在介绍显性采访的基本形式时谈到了蹲点法，这当然是记者深入了解社会情况、认识社会的好方法。同时还应该花费一些力气建立一个至几个采访的基点。这些基点，可以是记者蹲点调查的点，可以是记者经常报道的点，也可以是记者参加实际工作的点，或经常了解群众思想情况，研究实际问题的点。

如何建立采访基点？一是要选择好点，点要有一定的典型性、代表性；二是要"下本钱"，指对基点要花力气、用功夫，作系统周密的调查研究，积累材料；三是要经常和基点保持联系。

点面结合法，不能忽视"面"。写作中"面"是指反映全局、全貌的概括材料。没有或缺乏"面"上的情况，新闻报道就显得单薄而缺乏力度。因此，采访中的"面"，虽然不是采访的重点，但也应重视"面"的作用。记者可以通过以下两种方法解决对"面"的采访：一是通过采访有关领导，达到了解面上情况的目的。这种做法比较省事，缺点是得来的材料以第二手的居多。二是亲自跑一些地方，作"走马观花"式的采访。这种采访费时间，好处是能增加感性认识。

7. 现场观察

亦称"现场采访"，是记者对新闻事件直接进行耳闻目睹的体验采访，以及由此展开的感受和思考。现场观察是记者获得第一手新闻材料的重要手段。我们将在本书的第五章深入讨论现场观察。对于广播电视记者而言，现场观察，通常表现为现场采访。所谓现场采访，是指广播电视记者利用电子记录手段，在新闻发生现场对包括采访对象在内的有关新闻事件发生的环境与现场的即时采访。现场采访的要素包括：

- 在事件现场对"人"的采访。如对目击者、当事人、知情人和相关人的现场采访；
- 通过现场观察，实现对新闻现场"物"的采访；
- 对新闻事件现场"环境"的采访；
- 对事件现场的感受和思考。即时性是构成现场采访的前提条件，从这个意义上说，记者的现场采访与新闻事件的发生、发展，实际上是同步进行的。

与现场采访相关的另一个概念是"现场报道"。现场采访与现场报道，二者既有联系又有区别。现场采访是记者获取新闻、占有材料的一种手段。现场报道则是广播电视记者的一种重要报道形式，同期声是构成现场报道的主要内容，它包括：

- 拍摄采访与现场实况的同期声；
- 记者解说与现场的同期声；
- 采访对象介绍情况、讲述事实、发表意见的声音与现场实况的同期声等。

五、显性采访的重点

新闻贵"新"。新闻的"新",不仅是指时间上的"新近",还包括内容上的"新颖",如新事物、新成就、新经验、新风尚、新动向、新问题,等等。然而,在通常情况下,除时间要素是与"新"俱来、明眼辨知以外,其事实本身并未贴上"新"的标签,需要记者在采访过程中加以体验和发掘,才能赋予内容上的"新鲜"。如泰山是客观存在的事实,但生活中却偏偏有人"有眼不识泰山"。从这个意义上说,新闻首先是主体(记者)对客体(事物)的主观感受和判别,然后才有新闻的传播。要解决采访"识货"(辨别新闻)的问题,既有提高记者自身的素养问题,如知识素养、专业素养、理论素养,也有调整采访行为,把"功夫"往哪里"下"的问题,即什么是采访的重点问题。从行为与效果的角度出发,提出"抓挖并举"的采访方法,发掘新闻内涵。

1. 抓什么

(1) 抓新闻"要素"

所谓新闻"要素",是指蕴含在新闻事实中的基本内容,它包括何时(when)、何地(where)、何人(who)、何事(what)、何因(why)和怎么样(how)这样六个要素。由于这六个方面的要素,有五个的英文字母是以"W"开头,故简称"五W+H"。

在新闻事实当中,这六个要素是一个有机的整体,不可割裂,互相牵制,缺一不可。表现在新闻报道当中,由于受版面、时间、编辑手段,以及时效性、事件正在进行当中等诸因素的影响,并不是说所有的报道都要素俱全,有的报道只有部分要素,如新闻简讯、新闻集锦、新闻集装箱等。

在采访当中,记者应竭尽全力,掌握新闻事实的全部要素,以及要素之间的内在关系。如在何地何时发生了何种事情?此事系何人所为?是什么原因造成了何种结果?一般来说,在新闻诸要素中,时间、地点和人物三个要素具有显性的特征,而原因、结果和怎么样三个要素具有外显和内隐并存的特点,需要深入发掘。

(2) 抓"亮点"

所谓"亮点",是新闻事实中富于思想哲理、产生思想火花或反映事物本质特征的"兴奋点"。"亮点"在众多的新闻事实中很可能是一个不起眼的小事实、小故事,或是一段小插曲,也可能是一句很平常、很普通,但孕育哲理、闪烁思想火花的话等。

"亮点"通常孕育于事实之中,需要记者发掘和提炼,才能"吹糠见米"。然而,反映在新闻作品中的"亮点"犹如耀眼的光束,吸引着大众的"眼球",产生强烈的视觉冲击效果。如《我三十万大军胜利南渡长江》报道了我军"百万雄师"中路军率先突破长江

天险的事实,全文不到两百字,却是由一个个"亮点"描绘出的一幅雄伟壮阔的战斗场面:

我三十万大军胜利南渡长江①

新华社长江前线 1949 年 4 月 22 日 2 时电　英勇的人民解放军 21 日已有大约 30 万人渡过长江。渡江战斗于 20 日午夜开始,地点在芜湖、安庆之间。国民党反动派经营了三个半月的长江防线,遇着人民解放军好似摧枯拉朽,军无斗志,纷纷溃退。长江风平浪静,我军万船齐放,直取对岸,不到 24 小时,30 万人民解放军即已突破敌阵,占领南岸广大地区,现正向繁昌、铜陵、青阳、荻港诸城进击中。人民解放军正以自己的英雄式的战斗,坚决地执行毛主席朱总司令的命令。

这里的"我军万船齐放、直取对岸"、"不到 24 小时,30 万人民解放军即已突破敌阵,占领南岸广大地区"、"现正向繁昌、铜陵、青阳、荻港诸城进击中"等等。这些神来之笔的事实,犹如一束束耀眼的"亮点",无论何党派,也无论何政见,读来无不令人注目思考。

"亮点"在新闻作品中,有时也是富有哲理的一句话。如长篇通讯《县委书记的榜样——焦裕禄》一文中"吃别人嚼过的馍没味道"、"榜样的力量是无穷的"、"当群众最困难的时候,共产党员要出现在群众面前"、"他心里装着人民,唯独没有他自己"、"活着我没有治好沙丘,死了也要看着你们把沙丘治好"、"他没死,他还活着"等,都是焦裕禄或他的战友们以及兰考群众说出的"原汁原味"的语言,作者在采访中独具慧眼,捕捉到这些"亮点",支撑"榜样"的观点,为我们塑造出了一个闪烁着时代光辉的党的领导干部形象。

(3)抓比较

俗话说:"不比不知道,一比吓一跳。"所谓比较,就是把两个或两个以上同类事物或现象进行对比,从中找出共同点或差异点,借以达到认知事物的目的。记者从职业的角度,通过对事实、效果、做法,以及数据等方面进行分析比较,发现事物的好坏与优劣、先进与落后,从而鉴别事物,给事实赋予"新"的内涵。如记者采访某一即将竣工的桥梁工程,如果从工程设计、工程规模、工程造价、工程进度、工程难度、资金来源等方面与其他同类桥梁进行比较,则可能得出"最长"、"最宽"、"最省"、"最快"以及"施工

---

① 胥亚主编:《新闻名作三百篇》,湖南人民出版社 2003 年版,第 6 页。

难度最大"、"施工技术最新"等"与众不同"的事实。记者抓比较,则可能比出事物的水平,抓住事物的要领,使淹没在众多事实中又最能说明问题、最精彩和最本质的事实"浮出水面"。换句话说,比较的要领有二:一是只有同类、同质的事物才具有可比性;二是比较的目的,是凸显新闻价值,把隐藏在事物后面的新闻价值显现出来。比较,有"纵向比较"和"横向比较"两种方法。

纵向比较　就是把事物置于同类事物的历史进行比较的方法。纵向比较,通常是自己与自己"比",即拿自己的现实事实与自己的历史事实"比"。例如,2005年10月12日上午9时整,我国神舟六号载人飞船搭载着费俊龙和聂海胜两位航天员出征太空,在环绕地球133个小时之后,安全返回地面。那么,神六与神五、神四、神三究竟有什么不同呢?请看2005年10月14日新华社记者的报道——

"神六"刷新我国载人航天的多项纪录[①]

新华社北京10月14日电(记者:吴登峰 陈辉):据航天科技专家介绍,神舟六号飞船在众多科学领域内创造了我国航天史上的第一次。

第一次进行多人多天太空飞行试验。神舟一号到四号是无人驾驶太空飞行试验,神舟五号是一人一天的太空飞行试验,神舟六号是两人多天的太空飞行试验,为未来航天员在空间站生活和工作奠定了基础。

第一次进入轨道舱。航天员首次往返轨道舱,进行了失重状态下的关闭返回舱门及检漏试验。"生命之门"连接返回舱与轨道舱,一旦两个舱室气压不同,舱门就无法开启,要么会被弹开,一旦撞到航天员身上可能造成伤害;同时,它的密封性至关重要,飞船返回前两舱分离,这个舱门必须严丝合缝地关闭,一旦舱门漏气,返回舱就会在几秒钟内变成真空,因此航天员进入轨道舱科学意义重大。

第一次进行真正有人参与的空间科学试验。杨利伟在神舟五号上没有进行真正意义上的空间科学试验。这次费俊龙、聂海胜参与的空间科学试验包括:实施对地观测、海洋污染监测、大气状况监测、植被状况监测以及生物科学和材料科学的研究。

第一次在太空生活中的创新:航天员完成压力服穿脱试验、吃上热食和复水食品、在"太空马桶"解手、喝上采自地下1700米的矿泉水、自测血压、在

[①] 参见 www.oeeee.com/a/20080924/645551.html。

睡袋里睡眠、拍摄到首次在轨干扰力试验。

这里的第一次"多人多天的太空飞行试验"、第一次"航天员进入轨道舱"、第一次"进行真正有人参与的空间科学试验"和第一次"在太空生活中的创新"……都是自己和自己比,即:神六与神五、神四……的比较,并没有去和别人比。这是因为,美国和俄罗斯的航天科技水平要比我们先进得多。

横向比较 如果说,纵向比较,是一个历史的概念、时间的概念,那么横向比较,就是一个空间的概念,是把事物置于一个更大、更宽、更远的空间范围对同类事物进行对比的方法。如把一个事物或置于与国内同类事物比较,或置于与国外同类事物水平比较,或置于与世界先进水平进行比较,等等。请看——

青藏铁路改写世界铁路历史,创造中国奇迹①

新华社拉萨10月15日电(记者尕玛、吴宇、拉巴):10月15日10时,青藏铁路全线贯通庆祝大会在拉萨火车站举行,宣告青藏铁路西宁至拉萨全长1956公里的路轨全线贯通。

……

刚刚建成的青藏铁路格尔木至拉萨段跨越昆仑山、唐古拉山,通过550公里长的多年冻土层,蜿蜒1142公里,其间经过海拔4000米以上地段960公里、最高点海拔5072米,是世界上海拔最高、线路最长、穿越冻土区最长的高原铁路。据介绍,青藏铁路建设采用热棒、片石通风路基、铺设保温板和以桥代路等世界领先技术来解决冻土层问题,创造了世界海拔最高的车站、世界海拔最高、最长的高原永久冻土隧道等多项世界新纪录。

图4—3 修建中的青藏铁路

图片来源:http://www.cphoto.net/files/Remoteupfile/2011—6/12/rdn_4deeb0282c128.jpg

以上比较是中国和世界的比较,是中国"改写世界铁路历史"的比较和中国创造"世界奇迹"的比较。

(4)抓环境发掘

这里的"环境",亦称客观环境、社会环

---

① 2005.10.17 新华网西藏频道《青藏铁路改写世界铁路历史,创造中国奇迹》。参见www.xz.xinhua.net.com/waxgqux/2005—10/17/content_5366513.htm。

境,是指与生活主体发生联系的外部世界,既包括个人、群体,还包括人们赖以从事活动的场所以及物质条件和社会意识。事物事件是在一定的环境下发生、发展的,人是在一定环境中成长、变化的。环境不仅可以锻炼人,也可以改造人。新闻作品如有环境的事实,不仅可以起到刻画人物和烘托事物的作用,还可以有效地增强新闻作品的可信度。请看新华社记者为报道青藏铁路全线贯通消息配发的一篇介绍青藏铁路环境的资料——

青藏铁路中国奇迹[1]

我曾经驱车走过青藏公路,对于沿途忽而烈日当空,忽又风狂雪骤的极端恶劣气候,对于那种因空气稀薄而腿脚灌铅般沉重的感觉,心中久久难以忘却。而英雄的筑路大军,既要在"生命禁区"生存,又要让钢铁大动脉穿山过涧,跨越世界屋脊,其中极度艰难困苦,的确非一般人能够承受。若不是做到了"艰苦不怕吃苦,风暴强意志更强;缺氧不缺精神,海拔高追求更高",是无法完成人类建设史上前所未有的伟大穿越的。他们身上表现出的那种特别能吃苦,特别能忍耐,特别能奉献,特别能战斗的精神,正是百折不挠、坚忍顽强的中华民族伟大精神的具体体现。

读罢,无不令人为在环境如此恶劣的"生命禁区"修筑起跨越世界屋脊的高原铁路感到自豪,倍感中华民族特别能吃苦,特别能忍耐,特别能奉献的伟大民族精神!

(5)抓背景材料

所谓背景,是指对新闻事件发生的历史环境与原因的说明性材料。背景材料在新闻报道中的作用是释疑解难、提示主题和突出新闻的价值,更好地让受众读懂、看懂或听懂新闻,理解新闻的内涵。记者抓住背景材料,就能解释事件发生、人物成长的主客观条件,就能说明新闻的意义,交代事物的来龙去脉,与周边事物之间的关系,赋予新闻的知识性和趣味性。新华社记者报道青藏铁路全线贯通时,就引用了大量的背景材料,大大增强了新闻的可读性。请看——

钢铁天路挺进拉萨,青藏铁路全线贯通[2]

铁路修进被称为"世界屋脊"的西藏,这是人类铁路建设史上的伟大创

---

[1] 参见 www.cctv.com/news/china/20051015/101369/shtml。
[2] 参见 http://finance.sina.com.cn/chanjing/b/20051017/12122038878.shtml。

举。美国现代火车旅行家保罗·泰鲁在《游历中国》一书中写道:"有昆仑山脉在,铁路就永远到不了拉萨。"但中国科学家经过多次实地勘察和反复研究,建立冻土观测站,连续测取 1200 多万个数据,铁道部先后投入上亿元资金进行冻土研究,最终克服了多年冻土、生态脆弱、高寒缺氧这三大"世界性难题"。2001 年 6 月,国家总投资 330.9 亿元再次动工修建青藏铁路。

这里的背景材料不仅有美国人"铁路永远不到了拉萨"的结论材料,也有"多年冻土、生态脆弱、高寒缺氧"三大世界性难题的背景材料,还有国家为修青藏铁路的巨额投资和我国科学家攻克"世界性难题"的科研成果材料。这些背景材料无疑为受众读懂新闻、理解新闻的内涵起到了积极作用。

(6)抓新闻由头

所谓新闻由头,是指非事件新闻得以成为新闻的缘由或引子。新闻的新颖性是由"时新"和"事新"构成的。没有时新,再新颖不过的事实也都是"旧闻",而非新闻。因此,作为非事件性新闻,必须找到"新近"的事实,才有成为报道的理由。由此可见,由头的概念实际上是一个新近发生的事实的概念。由头的作用是通过一个新近发生的事实,以新带旧、由近溯远地引出已经发生的事实。例如,报道国企改革,记者在采访中如能通过抓住国企最近发生的某一件事、某一个变化,或某些个数据作为新闻的由头,就能把国企改革的作法、措施、经验等已经发生的事实牵引出来,给已经发生的"旧闻"赋予新闻的内涵。记者可以通过发掘最新的数据、新近发生的事实,或现场亲眼所见的事实等途径,来获得新闻由头。对由头的选择,总的要求是:

- 由头必须是内含最新而明确的时间;
- 由头必须与新闻主体事实有内在的、必然的逻辑关系;
- 由于由头在新闻作品中往往处在开头的位置,因而也必须是精彩的、最能反映事物本质特征的和能吸引受众兴趣的事实。

(7)抓"翻译"

"翻译"一词,原是指把一种语言文字的意义用另一种语言文字表达出来。新闻采访学借用语言文字学"翻译"的意义,意指记者通过采访把已经掌握的一些专业术语、地方用语,或隐含在新闻背后的事实和意义,运用计算、折算或通过打比方等方法,"翻译"成受众易懂、易于理解的新闻信息。

记者在采访中要抓"翻译"是由事实的隐含性和地方用语、行业术语的难懂性决定的。

◎事实的隐含性。一般而言,作为事实,通常有两重属性,即显性事实和隐性事实。所谓显性事实,是事实的表象性,即事实的明眼便知、一目了然的表面现象。所谓隐性事实,则是由显性事实延伸、或隐含在显性事实之中需要揭示才能显现出来的事实。例如,"神六"航天员费俊龙在飞船返回舱失重状态下连续作了数次翻筋斗,他的战友聂海胜用相机在旁边拍下了他翻筋斗的镜头。那么,费俊龙在太空上翻个筋斗与在地面翻个筋斗究竟有何不同?究竟意味着什么?作为一般受众恐怕很难读得懂、看得明白。请看新华社的报道:

图4—4 "神六"航天员费俊龙、聂海胜

图片来源:http://p0.so.qhimg.com/t013ecd1e39c9457550.jpg

新华社北京10月14日电 (记者黄明 田兆运)16点30分,更精彩的一幕出现了:费俊龙半蹲在地上,用双手撑住船舱地上的两个固定物,然后突然向前,完成了一个前滚翻!之后,费俊龙似乎意犹未尽,又翻了一个。翻完之后,费俊龙笑着看了看正在给他拍照的聂海胜,好像在说"你不想也来玩一玩吗?"

聂海胜报以腼腆的微笑。接下来,费俊龙又接连翻了两个筋斗,而且动作一个比一个熟练。太空之旅真是乐趣无穷!记者粗略算了一下,费俊龙翻这4个筋斗大约用了3分钟,以神舟六号每秒7.8公里的速度,他一个筋斗就"翻"了大约351公里。①

费俊龙在太空里翻了四个筋斗,这是显性事实,一般人可以从电视画面里看得明白。但这四个跟斗,一翻就是地面的1400多公里,每个筋斗为351公里,这可是一般受众不易看懂的,需要记者运用自己积累的知识,或者通过采访对象的讲解、介绍之后,用通俗的语言,或以计算、折算、或用形象的比喻等方法,"翻译"成大众易懂的新闻信息。

◎行业术语、地方用语的难懂性。地域不同,语言也就千差万别。职业不同,也就存在"隔行如隔山"的问题,特别是一些难懂的行业术语、职业用语、名词概念,以及社会生活中出现的新气象、新技术、新工艺、新材料等。这些既可能是新闻传播的"亮点",但又因陌生难懂,不易被受众接受。新闻传播是要让"普通人"看得懂、听得明白。

---

① 《费俊龙一个筋斗351公里》。参见http://news.sina.com.cn/c/2005-10-15/09347174327s.shtml。

这就需要新闻记者用"翻译"的手段,把难懂的术语译成大众易懂的语言,让受众读懂、看懂新闻背后的事实。

2. 挖什么

"挖",是挖掘。一般来说,采访对象对眼前发生的事看得比较清楚,乐于向记者讲解、介绍,而对一些隐含在事实之中的细微情况或内在的、相互关联的事实,则不易引起他们注意,被人疏忽。这些隐含的事实,可能恰恰是"最有代表性、最能说明事物本质特征或最能反映事物内在关系"的材料,因此需要记者进行一番艰苦的挖掘,才能把隐存易漏的事实显示于世。对于记者来说,挖掘比捕捉工作难度更大、更艰苦和更细致。

(1)挖细节

所谓细节,即细小的环节或情节。生活中的细节,可以是人行为的细微变化、内心世界的心理活动,或具有区别于他人的特色的语言,还可以是人周围的环境,等等。新闻作品中的细节往往给人留下不可磨灭的印象。例如《经济学家赶集》一文中,薛暮桥买"挖耳勺"的细节,就给读者留下了深刻的记忆。

经济学家赶集①

本报讯(冯国熙)3月4日下午,经济学家薛暮桥到北京北太平庄农副产品市场赶集。

这位75岁高龄的老人,兴致勃勃地挤进人群东瞧西看,问这问那。见到卖鲜鱼的,便问是怎么运进城里来的。有几个顾客正和卖主讨价还价,最后达成协议:1.2元一斤。薛暮桥同志高兴地说:"好,我也买一条。"卖鱼的拣了一条又大又肥的活胖头鱼,一称,5斤重。薛暮桥一边付钱,一边说:"看来还是两个市场好。"

买完鱼,又买了一条擀面杖。这时,一个老头在叫卖挖耳勺。他赶忙过去,花了3分钱买下一个,说:"我很早就想买这么个小东西,总买不着,今天算是盼着了。"

赶完集,来到市场管理所。薛暮桥对管理所同志说:"这样的市场多开辟几个,分散一些就方便了。是不是可以让那些较富裕的社队自己投资建市场呢?"管理所同志说,也有个别人搞投机倒把。他说:"我看进行教育,做到公

---

① 颜雄主编,《新闻经典》,湖南大学出版社2000年版,第71页。

买公卖。我们以国营市场为主,农贸市场作为补充,提倡社队集体卖货,也保留少数商贩"。

一个大学者在考察市场时买鱼、买擀面杖、买"挖耳勺"的细节,还喃喃自语:"很早就想买这么个小东西,总买不着,今天算是盼着了。"读来有趣,令人亲切难忘。

记者在采访中挖到了细节,往往能够有效地表现人物性格、描绘人物形象、升华主题思想、推动情节发展、增强作品的真实感。穆青在他的《谈谈人物通讯采写中的几个问题》一文中说:"获得细节、处理好细节,这是记者的思想水平、新闻敏感、采访经验、写作技巧等能力的综合反映。"①

(2)挖"三特"

"三特"即是人或事物所具有的区别于他人他物的特点、特色和特征。如同世上没有两个完全相同的人一样,也没有完全相同的两件事物。事物都会表现出各自的特点、特色、特征来,即人无我有、人有我大、人大我强、人强我优的差异性。以发展经济为例,由于各地基础的不同、地域的不同、资源的不同和认识程度的不同等,异彩纷呈地表现出"山字经"、"水文化"以及"柑橘之乡"、"油茶之乡"、"石榴之乡"、"烟花之乡",等等。记者在采访中挖掘人的"特"、物的"异",就能有效地增强新闻作品的可读性。

(3)挖关联

事物之间总是相互关联的。事物的发展也总是以一方相生或相克为前提条件。然而,关联又常常是隐存于事物中,仿佛是一根看不见、摸不着,又感觉得到的绳索,联结着事物。记者挖掘事物的关联需要从多方面、多层次、多角度来体验关联的存在,领悟关联对事物的影响。反映在记者的作品中,把已经发生的相同、相近或相反的两件事联结在一起,往往使新闻价值得以升华。例如:

批评,但不是棍子②

新华社北京 1981 年 5 月 23 日电 新华社高级编辑赵平报道:最近因电影剧本《苦恋》的错误受到批评的作家白桦,由于他的一首好诗在全国新诗创作评比中获奖。这个获奖者名单是今天在此间宣布的。

有 30 名诗人的作品在这次专为中青年诗人进行的评选中获得奖励。这

---

① 《新闻采写经验谈》,新华出版社 1983 年版,第 155 页。
② 参见 http://news.xinhuanet.com/newmedia/2006-11/01/content_5275805.htm。

次评奖是由中国作家协会组织的。白桦的得奖作品《春潮在望》，写于1979年3月，诗中回顾了中国革命战争年代的艰苦历程，抒发了诗人对1978年底党的十一届三中全会开始的新局面赞美的感情。

白桦是部队作家。《解放军报》最近发表了文章和读者来信批评了他写的电影剧本《苦恋》包含的错误的思想内容。这个批评在一些大学师生中也引起了讨论。国外有些人士根据过去的经验，担心这次批评可能是显示一场新的政治运动的开始。

过去，的确有过这样荒唐的情况：某一文艺作品一经受到批评，作者的全部作品就一起被否定了，作者本人也从文坛上消失了。1978年底党的三中全会纠正了这种错误的作法。

一个作家在同一时间，既受到批评又受到奖励，表明双百方针正在得到贯彻执行。这也反映了中国的政治民主化和实事求是的作风正在日益健康地发展，一个新的政治局面已经出现。

白桦在武汉部队中工作。据悉，他最近刚刚完成一部反映现代普通人生活的电影剧本和一个历史题材的多幕话剧。他说："领导上没有压着我检讨"。他表示他愿意"多听一听，多想一想"。

一个人同时挨批评、又获奖，这本是一件相互矛盾的事。这里，一是把我国历史上的一些错误做法与活生生的现实联系在一起；二是把国外人士的担心与国内批评的现实联系在一起；三是把白桦挨批评与获奖联系在一起。如此一关联，就把一个简单的获奖消息，升华至我国"一个新的政治局面已经出现"的高度，其新闻价值的影响大大超出了白桦获奖事件的本身。

(4) 挖矛盾冲突

在社会实践、生产实践和科学实践中，始终伴随着矛盾与冲突。正是这种矛盾与冲突，促进了社会的进步与发展。从这个意义上说，矛盾冲突的过程，就是正确战胜错误、进步克服落后的过程。穆青说，新闻作品要写得深刻，必须充分展开矛盾与冲突，"再现典型环境，主要是人物所处的特定时代的重大矛盾冲突"[①]。的确，《县委书记的榜样——焦裕禄》围绕焦裕禄展开的矛盾有：一是焦裕禄同严重的自然灾害(内涝、风沙、盐碱)的矛盾与斗争；二是焦裕禄同人，主要是同干部在困难面前灰心丧气的错误思想的矛盾与斗争；三是焦裕禄同他自己的病痛作斗争。通过这些矛盾与冲突，向人

---

① 穆青：《谈谈新闻人物通讯采写中的几个问题》，载《新闻采写经验读》，新华出版社1983年版，第155页。

们展现出共产党人"困难面前逞英雄"的刚毅性格和英雄气概。发掘人物的矛盾与冲突,可以从"人和自然的矛盾,人与人之间的矛盾和人物自己思想上的矛盾"三个方面展开,特别是发掘和展现"人物自己思想上的矛盾,更能反映出人物的思想、品格,揭示人物的内心世界,写出真正活生生的人"[①]。

(5)挖影响

新闻事件的影响是客观存在的,可以说影响与事件本身就是与生俱来的。事件一旦发生,影响也就随即产生。事件大,影响则大;事件小,影响则小。问题是事实呈显性状态,而影响是隐性的,具有滞后性,需要发掘,影响才能"浮出水面"。影响对生活是多方面的。从与人的关系上看,有直接影响和间接影响,有具体影响和抽象影响;从社会形态上看,有政治影响、经济影响、生活影响,等等。从作品上看,影响的意义也是显而易见的,影响不仅能使事实升华、主题升华,还能告诉受众更多的信息,提醒人们注意什么、倡导什么,等等。

第二节　隐性采访

一、隐性采访是一种非常采访

隐性采访亦称"暗访"或"私访",是相对显性采访而言,指在一定条件下记者不向采访对象公开自己的身份,不告之自己的采访目的,或通过模拟某种社会角色、或以普通社会成员的身份接近新闻源,获取新闻事实的一种非常采访。

所谓非常采访,是指采访适用范围的狭窄性、频率的个别性和使用条件的限制性。显性采访的最大特点,是采访可以得到采访对象的配合与支持。但如遇采访对象不配合、不支持,或谈虚假情况等情形,采访就无法深入下去了。然而,以勇于探索、追求真实为天职的新闻记者,另辟蹊径,开辟了采访的"第二战场"——隐性采访。

19世纪末,就职于美国纽约《世界报》的著名女记者勒丽·蓓蕾,获知纽约某疯人院虐待精神病患者,侵犯人身权利。但由于疯人院控制十分严格,人们很难搞清事实真相。在普利策的支持下,勒丽·蓓蕾装疯住进了疯人院。在长达几个月装疯采访期间,勒丽·蓓蕾经历了一次又一次的令人难以忍受的虐待,亲身经历了疯人患者的非人生活。当她了解到这一切以后,设法逃出了疯人院,把这个疯人院的内幕公之于众,立即引起社会舆论的广泛关注。在社会舆论的强大压力下,政府和院方不得不进行整

---

① 穆青:《谈谈新闻人物通讯采写中的几个问题》,第159页。

顿,改善了疯人患者的待遇。史称勒丽·蓓蕾的这一隐性采访为"装疯采访"。

无独有偶,美国白人记者约翰·格里芬为揭露种族歧视,用照射紫外线和化装等方法使自己的皮肤变得如同黑人一样,然后深入社会生活,在大街上擦皮鞋,乘坐公共汽车,观察和体验美国黑人备受种族歧视的屈辱生活。据此采写出反映黑人生活的《像我一样黑》一书。

由此可见,隐性采访的基本特征是记者通过模拟某种社会角色,或以普通社会成员的身份来接近新闻源,实现对事物的探究。在我国,隐性采访的使用可追溯至20世纪的20年代。1923年5月,旧中国著名的外文报纸《密勒氏评论报》主编鲍威尔乘火车从南京至北平采访,车至临城,惨遭抢劫。这就是有名的"临城大劫案"。鲍威尔以普通乘客的身份亲历了这场劫案,他在一些废纸上偷偷写下了火车被劫、人质被扣的报道,并设法送至《密勒氏评论报》刊登。消息披露后,引起社会的震动,加速了劫车案的解决。党的十一届三中全会以后,特别是20世纪90年代以来,我国不少新闻工作者运用暗访的方法,进行舆论监督。

广播电视新闻的隐性采访,主要表现为对新闻现场的"偷拍"、"偷录"。记者由此获得的新闻事实,具有"人赃俱获"和"铁证如山"的性质,从而大大增强了新闻的真实性和可信度。

二、隐性采访的特点

如前所述,隐性采访是在一定条件下记者不公开自己身份、不表明采访目的的一种非常采访。因此,隐性采访的特点表现为:

1.事件的参与性

所谓事件的参与性,是指为认知事物,记者通过模拟某种社会角色,或以普通社会成员的身份接近新闻源,实现对事物的采访。但是,这种采访是通过对事件一定程度的参与实现的。如记者以普通的乘客、顾客、用户、患者等其他社会成员的身份去购票、乘车、消费、看病、投诉,等等,通过亲身参与,实现对生活的观察。

例如,2003年3月,发生了湖北黄冈孙志刚在广州被执法机关以"三无人员"为由收押,拘禁期间被收容所殴打致死这一震惊全国的事件,引起了上至国家领导人、下至普通民众的高度关注。同年6月,国务院总理温家宝签署国务院令,公布《城市生活无着的流浪乞讨人员救助管理办法》。根据这个管理办法,收容遣送制度被取消,城市收容机构也因此更名为救助站。

2012年12月下旬到2013年1月初,短短的几天时间,在长沙先后有两名流浪者被冻死。流浪者为何宁愿露宿街头也不愿去救助站？1月7日，《三湘都市报》戴鹏等记者装扮成流浪汉"流落"长沙街头。戴鹏装扮成聋哑流浪汉被民警护送到长沙市救助站，遭遇了"他们用膝盖跪在我头上，双脚也被死死摁住、双手被死死束缚"的惨状。另一路记者在救助站大厅发现地上放着一副担架，上面正躺着一名老年流浪男子。只见他双手被白色麻绳反捆在背后，绳子深深地勒进衣服里，双脚小腿处被胶带绑在一起。他使劲地想坐起来，但根本无能为力，最终只能半仰着身子向记者呼救："放开我，放开我！"记者看到，他花白的头发、下嘴唇处一圈血迹已经凝结成痂。当记者问他是否挨过打时，他点了点头，眼角涌出泪水。从而揭开了长沙市救助站违反国家法律规定、残酷虐待流浪者的令人发指的黑幕①。

因此，可以说，没有记者一定程度地对事件的"参与"，很难构成隐性采访而采访到真实的新闻事实。

2. 对象的无配合

在显性采访中，采访对象的配合是显然易见的。在隐性采访中，记者由于隐匿了自己的真实身份和采访目的，便无采访对象的配合可言，观察和体验成了记者的主要采访手段。采访现场发生的一切需要记者冷静对待，应变处理。

3. 采访的风险性

隐性采访大多是用于揭露和批评性报道，其对象有的是"权倾一方"的官吏，有的本身就是犯罪嫌疑人，或者是带有黑社会性质的犯罪团伙。为了获得真实的情况，记者不顾个人安危，隐匿自己的身份，对其进行秘密采访，其过程本身就有很大的风险性。当年女记者勒丽·蓓蕾为采访疯人院的情况，装疯住进疯人院期间，就备受虐待，过着非人的生活。

2013年1月19日，正值河南两会期间，新华社记者暗访郑州天中大酒店公款吃喝，遭到非法扣押、搜身、采访工具被抢。请看报道：

> 【@新华视点，记者暗访公款吃喝，遭非法扣押1】河南两会期间，新华社记者在郑州天中大酒店，见餐厅有人致词，六七张圆桌坐满人。记者拍照。餐厅冲出数人，抢夺记者手机相机并推搡呵斥："为啥拍照？"记者掏出记者证、身份证，被抢走，又被拍照、搜身。记者要求不带物品离开，遭非法扣押。
>
> 朱祥 黄冠

---

① 参见 news.qq.com/a/20130110/000100.htm。

【@新华视点 记者暗访公款吃喝,遭非法扣押2】19日晚记者在郑州天中大酒店拍照疑似公款吃喝时遭非法扣押。服务员说:"是(郑州)凤凰台警务区民警搞团拜聚餐。"记者遭非法扣押半小时后,被归还证件手机相机,允许离开。数码卡丢失,记者返回索要,被推搡到餐厅外,手机相机再次被抢走。

朱祥 黄冠

【@新华视点 记者暗访公款吃喝,遭非法扣押3】19日晚记者在郑州天中大酒店拍照疑似公款吃喝时遭非法扣押。记者遭非法扣押期间,十多名喝醉酒的人对记者骂骂咧咧,一"说客"跟记者称兄道弟。一个半小时后,被归还相机手机数码卡,均已损坏,资料全被删光。次日经修复,部分照片仍模糊。

朱祥 黄冠

【@新华视点 记者暗访公款吃喝,遭非法扣押4】19日晚记者在郑州天中大酒店拍照疑似公款吃喝时遭非法扣押。记者脱身后向值班领导汇报。四名同事赶到,记者从酒店电脑调阅订餐者电话及单位时,被强行切断电源。记者发现本消费仅记6000多元。聚餐者是不是民警?是否属于公款吃喝?记者仍在调查。

朱祥 黄冠[①]

事实上,很多进行隐性采访的记者被扣押、遭殴打。2010年底,山西电视台公共频道《零度调查》栏目组记者暗访和顺县长期存在客运市场垄断的新闻时被围殴,致使记者的右眼受伤,鼻梁骨被打成粉碎性骨折。

隐性采访的风险性说明,记者在追求真理,揭露黑暗的同时,应尽力做到以下几点:一是事前要周密安排;二是事中要胆大心细;三是事后要及时总结,尽可能地把采访风险降到最低点。

三、隐性采访的适用范围与方式

隐性采访的适用范围,与事物的性质紧密相关。换言之,隐性采访的适用范围是受一定条件限制的,这决定了适用范围的狭窄性和使用频率的个别性。纵观目前国内外新闻界使用的隐性采访,其适用范围主要有以下几点。

1. 进行舆论监督,对某些违法乱纪、不法行为的揭露,可选用隐性采访

这里说的"某些",并不是指对所有违法乱纪的揭露都可以使用隐性采访。这是因

---

① 《记者在河南两会期间暗访公款吃喝遭非法扣押》,参见 http://news.sina.com.cn/c/2013-01-22/151526095372.shtml。

为:(1)从新闻价值看,并非所有的违法乱纪行为都是有新闻价值,只有"典型"的,才可能具有新闻价值;(2)从法纪角度看,并不是所有典型的违法乱纪的行为都可以进行报道的,这是新闻的时机性和新闻的政策性规定的;(3)从事物特征看,并不是所有既有典型性,又可以揭露报道的违法乱纪行为,都可以使用隐性采访,因此必须区别情况,具体对待。

曹瑞林在他的《偷拍偷录是一定条件下的合法采访权》一文中,以"偷拍偷录"为例,对某些违法行为的隐性采访提出了三个限制条件:一是偷拍偷录的是损害不特定多数人利益的违法行为;二是偷拍偷录的是正在进行的违法行为;三是不运用偷拍偷录的采访方式,有可能毁灭、转移证据、否认违法的行为①。

由此可见,现行的违法、损害他人利益和有可能毁灭转移证据、否认违法行为,是使用隐性采访的必备条件。

2. 采访某些社会新闻,当事人不予配合的,可选用隐性采访

事件当事人、知情人、目击者等采访对象,由于种种原因,可能不愿接待前来采访的记者,或者表现出不配合、不支持。如张志萍采访西瓜为啥不甜,本是一条社会新闻,但"许多瓜农就是对此讳莫如深,闭口不谈……"最后,张志萍以普通买瓜者的身份,"先买瓜,后聊天,启开了五六位瓜农以及西瓜摊贩的话匣子"。

曹瑞林对这种类型的采访对象,也提出了使用隐性采访的条件,一是记者必须是善意的;二是采访对象必须处于公开的场合。

3. 采访某些经济新闻,或对某些人物的采访,为新闻的保真,可适度"暗访"

现实生活中,有的被采访单位或采访对象,听说记者要来采访,免不了"忙碌一番",有的甚至"兴师动众",把原本不怎么样的工作,变得"耳目一新"。这样采写新闻免不了失真。记者如事先不打招呼,以普通人的身份与其交往,看到的则有可能是另外一番情形。当然,记者隐性采访这类题材,应本着善意的原则进行。

隐性采访的方式,主要有"模拟式"和"角色式"两种类型。

(1)模拟式

记者是事物事件的局外人。在显性采访中,记者是以局外人的眼光,通过与采访对象的交往认知事物、观察生活的。模拟式隐性采访是:记者通过模拟某种社会角色,来接近新闻源,捕捉新闻事实。模拟的本身是"模仿"与"扮演"。如勒丽·蓓蕾的"装疯"采访、约翰·格里芬的"化装"采访等等。在模拟式采访中,记者扮演着新闻事件的

---

① 曹瑞林:《偷拍偷录是一定条件下的合法采访权》,《中国记者》总第129期,第32页。

"参与者"等多重"角色"。模拟式采访要求记者围绕生活中的热点、难点和疑点问题，精心选择题材，然后参与其中。

例如，《海峡都市报》、福建有线电视台记者与警方联手解救四名拐卖儿童，记者在其中既是这次采访的策划者，又是这次新闻事件的采访者，还是模拟的"买孩者"。

模拟式采访，要求记者"扮演"角色，应具备相应的角色"技能"，才能被采访对象"认同"和"接纳"。

（2）角色式

角色式采访是指记者以普通社会成员的身份"闯入"事件，捕捉新闻的采访。

人的角色是多重的，即一个人同时分属几个"角色"。作为记者，同时又是消费者、患者等，同样需要乘车、看病、购物、娱乐等。

为了表述上的方便，这里把记者的职业身份，称为"记者身份"；把其他附着身份，称为"生活身份"。角色式采访与模拟式采访不同的是：在模拟式采访中，记者的角色是"模仿"与"扮演"，而在角色式采访中记者的"生活身份"是真实的，只不过"记者身份"这个社会角色处于隐性状态，而此时相应的"生活身份"处在显性状态，是生活中的普通人。如普通的消费者、患者、乘客、受害者，等等。

从这个意义上说，角色式采访中的记者本身就是事件的当事人，通过自己生活中的"角色"，来观察生活，获取新闻事实。

四、隐性采访的禁止与使用原则

很明显，与显性采访相比，隐性采访具有如下独特的作用：首先，隐性采访能够打破采访对象的封锁和制约，"人赃俱获"地抓住事实；其次，隐性采访要求记者深入到社会生活的各行各业和各个角落，接近新闻源，直接获取现场信息；最后，隐性采访作为舆论监督的一种表现形式，一般说来，捕捉到的是事件现场发生的一瞬间的事实，具有"铁证如山"和"不容抵赖"的性质，常常能推动问题的解决，获得良好的社会效果。

然而，隐性采访也存在职业道德与法律两个方面的禁区。与显性采访相比，这种禁区突出地表现为"触雷"，容易引发"新闻纠纷"。这是因为：职业道德要求新闻采访是一种公开的社会活动。1954年4月由国际新闻记者联合会通过的、1986年6月修订的《记者行为宣言》第四条规定："新闻记者只用公开的方法获得新闻、照片和资料"。而隐性采访是记者不暴露身份的采访。"不暴露"的实质，是记者在采访对象不知道、不知情或不警觉的情况下，收集或拍录采访对象的有关情况，特别是内幕情况，因而容易引发许多法律问题，如名誉权、荣誉权、肖像权和人格尊严等法律问题。

隐性采访的法律禁区,从目前的情况看,主要集中在涉及"三密"的问题上:

一是涉及商业秘密。商业秘密是近年来随着社会主义市场经济的发展出现的一个法律概念。我国《刑法》第219条作出了明确的法律规定。但是由于商业秘密不像国家机密那样容易引起人们的重视,新闻界对商业秘密的"弦"绷得不一定很紧,因而在隐性采访中容易发生泄密问题。

二是涉及公民通信的秘密。我国《宪法》、《邮政法》均规定:"通信自由和通信秘密受法律保护"。隐性采访、特别是广播电视记者的"偷拍和偷录",容易泄漏公民的通信秘密。如1996年,原广播电影电视部就通报处理了某广播电台将私人电话内容公之于众的错误做法。

三是涉及公民的个人秘密,即隐私权。所谓隐私权,指公民不愿意公开或不愿意让他人知道的、与公共利益无关的事实的权利。侵害公民隐私权,是指包括传播他人生活秘密、窥视或干扰他人私生活的行为。

隐性采访与显性采访有着很大的区别。这就是说,记者隐匿了自己的真实身份之后,采访对象是在一种毫不知情的情况下接受采访,隐私权就容易受到侵害,因此,较显性采访来说,隐性采访侵害隐私权的可能性更大一些。同时,也容易给人一种人人自危的感觉。

怎样避免侵害隐私权,或者说区分侵害隐私权的条件是什么?这是近年来新闻界和法律界讨论得比较多的话题。综合专家们的意见,传媒界将公共性作为区分新闻传播是否侵害隐私权的重要条件。公共性在隐性采访中有三层含义。

1. 场合的公共性

公民在公共场合的活动,一般来说,不属于私生活的范畴。"因为一个人将自己置身于公共场合就承认了自己行为的公开性,也就是放弃了该行为的隐匿权,而不管是记者,还是其他人,都有将他在公共场合所看到的东西拍摄下来,记录下来的自由。"[①]反之,在非公共场合,如住宅、住所等地,未经主人允许,包括记者在内的任何人不得非法进入;未经允许,不得对非公共场合进行录音、摄影、摄像和做笔录。

2. 内容的公共性

采访的内容必须与公共利益密切相关,或是严重影响公众利益的行为。如光明日报记者曾经在北京火车站售票处秘密采访高价倒卖火车票的报道、中央电视台记者"偷拍、偷录"山西某地交警部门在公路上乱罚款的报道等,就是对"严重影响公众利益

---

① 郭晴:《偷拍、偷录的"为"与"不为"》,载《中国记者》总第133期,第42页。

行为"的揭露。反之,秘密采访与公共利益无关的现象,如偷拍青年恋人在公园深处的亲昵、名人在商场购买某些特别的商品等,则可能构成侵害隐私权。

3.对象的形象性

这主要是就摄影、摄像记者的"偷拍"侵害隐私权而言的。采访对象在公共场合的活动,行为是公开的,虽然放弃了隐匿权,但其身体状况,如身体缺陷、残疾等,仍属个人的隐私范畴。如某人身体有缺陷,而记者刻意或不留意将其缺陷部位摄录并报道,则可能构成侵害其隐私和名誉权。

使用隐性采访必须按照以下原则进行。

第一,公共利益原则

利益是人们一切活动的出发点和归宿。所谓公共利益原则,是指以社会生活中大多数人的利益为出发点的原则,如,公共卫生、交通安全、尊老爱幼等社会公德。公共利益原则要求记者精选采访题材,判断有无使用隐性采访的必要。如果选择的题材"与大多数人的公共利益有关,而除此之外又无他法获取信息,则可为;反之,如该事件与公共利益无关,或影响甚小,则不可为。"[①]

第二,策划原则

即对采访过程的统筹安排和周密部署。隐性采访相对来说风险大,情况复杂。在这种情况下,精心策划、"不打无准备之仗",尤为重要。隐性采访的策划原则,要求记者在访前制订采访计划,拟定采访对象、采访范围、采访重点以及应变措施等,并且通盘考虑,合理安排。

第三,组织原则

由于隐性采访主要用于揭露、批评性的报道,加之采访内容的禁止性,因此采访应有组织地进行,而不是记者的个人行事。

隐性采访的组织原则,应当包括组织审定选题、组织审定采访方案、及时向组织汇报采访情况和组织审稿审片等内容。坚持组织原则可以较好地帮助记者端正采访动机,把握正确的舆论导向,及时纠正各种偏差,端正采访作风,避免或减少采访的风险。

第四,适度原则

适度原则主要包括:一是隐性采访的使用频率不宜过多。隐性采访毕竟是秘密采访,过多,或不分情节的轻重、事情的大小,动不动就使用,会弄得人人自危,不利于社会的安定。二是使用范围的适度。从选题上说,必须是典型的、严重影响公共利益的

---

① 刘海贵:《体验式报道行情看涨》,《新闻记者》总第1233期,第43页。

人和事；从对象上说，必须是不配合、不支持记者采访，而记者又无他法接近新闻源获得真实的新闻事实。对于那些不典型或不严重的、影响较小的事件，则"可不为"。三是对具体事件采访的适度。记者应紧扣事件的性质、报道的主题，该揭露的揭露，该批评的批评，而对那些与主题无关或关系不大的问题以不使用为宜。

第三节　体验式采访

一、体验式采访重在体验

显性采访是在记者"要情况"和采访对象"给情况"的基础上进行的。换言之，显性采访是以采访对象"讲"与记者的"记"为主要手段，即"你讲我记"，或"你做我写"。

显性采访的最大好处是"简便"，记者能在较短的时间内，通过采访对象掌握事件的发生发展和前因后果，最大限度地满足新闻时效性要求。而显性采访的不足，则主要表现为"两缺"：

一是"缺原汁原味"。采访对象讲述的事实，虽然是他的"所见所闻和所思"，但他的"讲述"，终究是经过了他的"选择和加工"之后的"讲述"，对于记者来说是"第二手材料"，缺乏"原汁原味"。

二是"缺现场感"。采访对象讲述的内容，多为概念性的东西，对于记者来说，就是缺乏"现场感受"，有"隔靴搔痒"之感。

体验式采访是一种重在"体验"的采访。在体验式采访中，记者通过对事件的参与、亲身经历采访现场，亲自感受新闻事件，用自己的耳闻和目睹，发现问题，感受生活。因此，体验式采访的好处，主要体现在以下三个方面：

一是有助于记者获得生动的现场材料，对事物产生真情实感，加深对事物的认知；

二是有助于记者与采访对象打成一片，拆除记者与采访对象之间看似无、事实有的"玻璃隔墙"，从采访对象那里获得更多、更生动的新闻材料；

三是有助于记者扩展写作的空间，形成"体验式报道"，从而增强报道的可信度和说服力，等等。

二、体验式采访的特点

体验式采访，就是记者以采访者和当事人的双重身份，直接进入新闻现场，亲身经历新闻事件，体验新闻事实、或采访对象情感生活的采访。

体验式采访可分为隐性的体验式采访和显性的体验式采访两种。

体验式采访的特点表现如下。

1. 身份的双重性

在显性采访中,记者的角色是单一的,即:以采访者的身份,与采访对象交往。在体验式采访中,记者的身份是"复合"的,具有双重性:一是采访者的"职业身份",这是记者履行采访职责的"凭证";二是记者的生活身份,即:记者本人在生活同时也是乘客、病人、顾客、消费者等。在体验式采访中,"职业身份"是记者采访的动力,处于主导地位和支配地位;"生活身份"是为"职业身份"服务的,是记者获取新闻材料的手段,反映"职业身份"的意志和愿望,处于服从和被支配地位。记者通过"生活身份"接近新闻源,参与新闻事件过程,从而发现新闻,获取新闻。与此同时,采访中记者的"职业身份"可能是显性的、也可能是隐匿的;而"生活"身份则始终处在显性的位置。在多数情况下,记者以"生活身份"与采访对象交往,如,以消费者的身份与厂家、商家交往,以病人的身份与医生交往,以模拟的某种身份与相关的采访对象交往,等等。这样使得记者的身份具有当事人的性质。

2. 体验性和探究性

体验式采访重在体验。一般地说,人们对客观事物的认识过程,是从现象到本质,从感性到理性,不断深化认识的过程。从感受上说,记者置身于新闻事件发生现场,耳闻目睹自己亲历的事物,感受和体验事物,就是深入到事物的本质去考察和探究。

从认知上讲,记者亲身经历的事物,往往容易产生真情实感,对事物的认识也容易升华,达到理性境界。

3. 体验的直观性

体验是人们认识事物的重要手段。体验的直观性表现为对事物认识的客观性和局限性两个方面。记者亲临其境,目睹事件现场发生的一切,获取的新闻事实和产生的心理感受是直接的和客观的。

然而,记者这种直观感受常常伴有很大的局限性,主要表现为:

一是时间精力有限,体验不能深入。记者不是作家,记者的职责是不断发现新闻、采写新闻,满足广大受众的新闻欲。因此,允许记者亲身体验的时间一般不多,难免"蜻蜓点水";

二是受个人素质的制约,容易产生片面性。体验式采访的特点,是以"我"(记者)的所见所闻所思,作为认知和评论事物的依据,即所谓的"见好说好,见恶说恶"。这样的体验可能偏颇,未必完全真实和客观。

三、体验式采访的适用范围

与其他采访方法不同,体验式采访能够把采访过程和现场感受直接写成新闻作品,形成"体验式报道"。体验式采访与体验式报道二者既有联系,又有区别。体验式采访是认识事物的手段,体验式报道则是反映事物的方法。二者常常相互交织,不能截然分开。因此,体验式采访的适用范围既与事物的性质紧密相关,又与报道的形式密不可分,需要记者通盘考虑,选择使用。体验式采访的适用范围主要有:

1.反映凡人琐事、凡人新事的情感世界,可选用体验式采访

社会生活五彩纷呈,社会问题也互相交织。记者体验生活是为了更好地理解生活,获得对生活的真情实感;记者参与事件,为的是更好地报道事件,写出更加感人肺腑的新闻作品。从目前传媒体验式报道的对象来看,大都比较重视就挖掘凡人琐事、凡人新事的题材进行采写。记者以普通售票员、乘务员、乡邮员、搬运工、殡仪工、钟点工、护士、环卫工、菜贩子等不同的社会角色身份,与这些行业的人们生活在一起,甚至是同吃同住同劳动,体验他们工作的艰辛、生活的艰难。

2.反映某些特定的采访对象,可选用体验式采访

特定采访对象,是指那些学有专长,或对社会有较大贡献、在社会上享有较高声誉的知名人物。由于常规采访需要采访对象的配合,客观上干扰他们正常的工作、学习和休息,这些采访对象不一定"高兴而为之"。如改用体验式采访,获得的采访效果则可能更真切、更感人。如人民日报著名女记者柏生在采访我国著名科普作家高士其时就使用了体验式方法。柏生事先阅读了大量的有关高士其老人身残志坚、顽强一生、奋力拼搏的文字资料,获知他晚年仍坚持向秘书口授作品著书立说。对于柏生来说,总觉得不具体、不深刻。于是,她采用体验式方法,一头扎在高士其老人家里,从早到晚,一连数日,终于感受了一系列使主题深化、认识飞跃的情节。如高士其老人每天在病床上都要与一女孩做来回抛送彩球的活动,每抛一次,老人都得费很大气力,显得十分痛苦。老人为何要这般自找苦吃呢?因为他知道,一旦自己动弹不得了,也许永远不能活动了,创作也就停止了。所以,他以极大的毅力,每天有意识地进行这种手臂、腿脚的锻炼。由此,"柏生对高士其老人的'韧性',有了直观而又深切的体验和感受。

报道的主题也就揭示得入木三分,令凡是采访过高士其老人的记者自叹弗如。"①

3. 揭示重大历史事件,可采用体验式采访

记者体验生活,就是品味生活的个性,沙里淘金,发现生活的真谛,揭示生活的真善美。而对那些重大历史事件的一瞬间,记者若以当事人的角色参与事件,获得的体验则更能激动人心。1935 年,年仅 25 岁的范长江以旅游记者的身份,风餐露宿,夜宿戈壁,历时十个月,徒步数千公里,追踪观察红军的近况,考察西北社会的历史与现状,一举写出名篇《中国的西北角》。

图 4—5　红旗插上珠穆朗玛峰

图片来源:http://p2.so.qhimg.com/t01e5aab32c88f68d27.jpg

无独有偶,25 年后的 1960 年,年仅 26 岁的新华社记者郭超人,跟随我国登山队攀登珠穆朗玛峰采访,不仅体验登山队员的生活和地球之巅神秘而壮丽的景象,还以与登山队员一起爬岩坡、翻雪地的亲身经历,获取了大量的仅靠"你说我记"式采访无法获得的第一手资料,从而写下了名篇《红旗插上珠穆朗玛峰》。

值得一提的是,近年来我国新闻界尤为重视重大历史事件的体验式采访,每逢重大历史事件都派出记者进行全过程的采访。2012 年 11 月 5 日,"雪龙"号科学考察船从广州南沙沙仔岛码头启程,开始了为期为 160 多天的第 29 次南极科学考察活动。人民日报、中央电视台等新闻单位都派出大批新闻记者以考察队员的身份跟随考察队采访报道。这几乎是自上个世纪 90 年代末以来,我国每次南极科考都会出现的一种现象。

4. 探索某些社会问题、社会现象,可采用体验式采访

社会问题、社会现象是社会新闻的范畴,也是广大受众关心的热点、难点和焦点。2011 年 8 月 11 日,中央电视台新闻栏目《特别关注》报道了广西来宾市传销现象泛滥的新闻,引起了强烈社会反响。在采访过程中,记者以"兴趣浓厚"的社会人员身份,深入传销组织内部,亲身体验传销组织对其"洗脑"的全过程,亲自感受"组织"对其情感

---

① 《新闻记者》总第 183 期,第 45 页。

底线的进攻。记者还到移动公司代理店佯装办理电话卡业务,掌握了当地移动公司和传销组织暧昧的关系内幕,把传销组织的生存环境以及发展"下线"的全过程生动地呈现在了受众面前,为执法部门捣毁传销团伙提供了证据及便利。

四、体验式采访的方式与原则

体验式采访的方式,主要有观察式、验证式和参与式三种。

1. 观察式采访

观察式体验的特点,是记者以"生活身份"凸现在事件之中,即:生活中一些意想不到的突发事件,闯入了记者的视角,记者因此而成了事件的当事人。

"处处留心皆新闻"是新闻界的一句行话。具有良好素质的记者,一旦遇到突发事件,能迅速抓住机遇,进入采访状态。此时,记者展现在采访对象面前的"职业身份"是隐性的,事件当事人的身份是显性的。记者通过自己的亲身经历与遭遇记录下来的"所见所闻所思",具有很高的可信度。同时,记者获得事实,由于事先没有设定目标,也没有"期待心理",一切都是在自然状态下发生的,这样,他的"所感"则可能更加深刻和真切。

2. 验证式采访

所谓验证,即察看证实。一般地说,新闻采访的验证,先是有大众的投诉,要求传媒曝光,后有记者的采访验证。如《人民日报·华东新闻》就向社会公开告之:"欢迎群众来信来电提供暗访线索"。在验证式采访中,记者把自己真实的身份隐匿起来,而模拟成某种需要的社会角色介入事件之中,以求查明事实真相。记者模拟的"角色",是根据实际情形的需要决定的,如有时装扮成乘客,有时是司机,有时是顾客,有时则是病人,等等。

验证式采访,重在讲求现场性和证据性。当年,范长江以旅游记者的身份徒步数千公里,"追踪观察红军的近况,考察西北社会的历史与现状",就是验证式的采访。

3. 参与式采访

所谓参与式体验,是指记者通过参与事件,发现新闻,获得体验。与观察式体验、验证式体验不同的是,在参与式采访中,记者身份的双重性是公开的,如郭超人参与我国登山队攀登珠穆朗玛峰的采访,郭既是记者,又是登山队员。

参与是体验式采访的前提条件,没有对新闻事件的参与,就谈不上对事件的真切、直接的体验,因而构不成体验式采访。

重在体验是体验式采访的核心。记者通过进入事件现场,感受事件,体验事实,发现新闻,发掘事实的内涵,使记者对事物的认识由感性上升到理性,透过现象抓住本质。正如李普曼所说:新闻的作用在于突出地点明某一事件,而真实性的作用是揭示出隐藏的事实,新闻记者应该像探照灯的光束一样,不时地移动,将一个个事件从黑暗处显示出来。

体验式采访的禁止,是指采访中禁止记者参与同职业道德、社会公德以及法律相悖的体验行为。采访中,记者不得以体验生活为名,去"体验"如嫖娼、抢劫、吸毒、斗殴等违反国家法纪、职业道德、社会公德的"生活",也不得做有损记者声誉的事。一旦发现体验行为有可能与上述禁止相悖,记者宁可放弃采访,也要坚持操守自洁。

体验式采访应按照以下原则进行。

(1)结合原则

所谓结合原则,就是把体验式采访与常规采访相结合。体验式采访固然有许多独特之处,但也存在局限性,这主要表现在:

一是受时间的制约,体验不到位,容易产生把个别当作一般、偶然当作必然的问题;二是体验式采访一般周期比较长,不利于记者的快采快写和快发的要求;三是体验受采访条件的限制,如个人素质、技能等,影响体验的到位。

体验式采访与常规采访相结合,可以用常规采访的长处来补充体验式采访的不足,从而去掉体验式采访中不准确的、片面的事实,留下精华的部分。同时,还可赢得采访对象的配合与支持,提高采访的效率。

实现体验式采访与常规采访相结合的途径主要有:一是体验前的常规采访,即体验之前向有关领导机关、管理部门以及事件知情人等采访对象,了解有关情况,做到胸中有数,从而有的放矢进行体验;二是体验后的常规采访,即体验结束后,再向有关领导机关、管理部门等进行常规采访;三是体验中对采访对象进行常规采访。

(2)到位原则

所谓到位原则,是指体验式采访题材的发掘与体验的到位。对于记者来说,体验式采访花费的时间精力比较多,周期也比较长,如操作不当,轻则事倍功半、伤筋动骨;重则体而无果、验而无获。

体验式采访要求记者在访前重策划、精选题材,特别是主题的开掘应从揭示人物情感、昭示事件内涵、探索事物真谛等方面入手,力求策划到位。因此,记者的体验应由"身入"到达"深入"、"心入"的境界,力求体验到位。这样才能克服体验的一般化。

(3)不错位原则

所谓不错位原则,是指记者在体验式采访中不因角色的双重性,发生"职业身份"

与"生活身份"的位置颠倒。

从本质上说,体验式采访中,记者是以局外人的身份和眼光观察事物、发现新闻。在体验式采访中,记者的"生活身份"是受"职业身份"支配的,或者说是通过"生活身份"来接近新闻源,借以达到认识事物的目的。此时记者在本质上仍然是事件的局外人,而不是真正意义上的"当事人"。

艾丰在他的《新闻采访方法论》一书中指出:"亲身体验,是记者重要的采访方法。所有的采访方法,从记者本人同事实的关系来看,无非是两大类型,一种类型,记者超然于事实之外,除了了解事实这一纯属采访关系之外,同事实不发生任何其他关系;另一种类型,记者'介入'了,参加了被报道的事实,成为这项活动中的一员,在参加活动的过程中进行'活'的采访。"艾丰进一步指出:"记者亲身参加的活动,一般只能按它本身的安排进行,而不能按照记者采访的要求安排。"

名词解释

个别访问、现场观察、比较、背景材料、翻译、角色式采访、验证式采访

思考题

1. 为什么说显性采访是一种常规采访方式?其主要特点有哪些?
2. 试以"主体"的依赖性为例,谈谈你对采访对象的认识。
3. 试以采访的"抓"为例,谈谈你采访"抓"的认识。
4. 隐性采访的内涵和特点是什么?
5. 隐性采访的法律禁止主要包括哪些方面?
6. 什么是体验式采访?体验式采访的特点是什么?

延伸阅读

1. 丁柏铨:《新闻采访与写作》,高等教育出版社2014年版。
2. 童兵:《比较新闻传播学》,中国人民大学出版社2002年版。

第五章　新闻采访艺术

● 本章要点：

1. 掌握观察的特点、作用和观察的方法。
2. 认识耳听的作用，掌握耳听的方法。
3. 掌握提问的形式与提问的内容。
4. 掌握资料的作用和获取资料的方法。

如前所述，采访是一种集个人行为、群体行为、社会行为于一体的综合性行为模式。同时，采访又是一门富于创造性的艺术。究其原因：

一是从采访的本质来看，采访之目的是收集、发掘人世间的"真、善、美"的信息，激励人们去争取更加美好的生活，即使是对一些舆论监督、反面题材、批评报道进行的采访，其目的也是为了维护公平、匡扶正义、鞭挞黑暗。因此，采访的本质符合艺术"美"的本质；

二是从采访的方式来看，新闻采访是一种行为艺术。记者采访是一项与人打交道的工作，其目的是从采访对象那里获取新闻线索和报道素材。采访的基本手段是望、闻、问、切，即看、听、问、查的灵活应用，具有十分丰富的行为艺术的内涵。

三是从采访的过程来看，新闻的生命是真实，采访是对"已经发生"、"正在发生"或"即将发生"的事实的认知，而认知事物是有一个过程的。采访的本身就是一种由感性到理性，不断接近事实真相和升华认知的过程。在这个过程当中，记者不仅需要了解事实的表层现象，也需要对事实的本质进行深入的探究、甄别、判断，对事实刨根究底、追根溯源，还需要判别事实的意义和可能产生的社会影响，等等，所有这些无不凝聚着记者的知识和智慧。如一些知名记者的采访范例，就具有很强的学习借鉴意义。

第一节　观察艺术

一、观察的特点

观察,是指仔细察看客观事物或现象,它主要是通过人的眼睛来观测和察看。眼睛是人的视觉器官。罗丹说过:世界上并不缺少美,缺乏的是发现美的眼睛。南振中说:"眼睛像一架精密的自动摄像机,随时随地地摄取瞬息万变的生活场景","据科学家分析,储存在人脑的信息中,百分之六十以上来自视觉"①。

对于记者来说,眼睛是记者获取新闻事实最直接的"摄像机镜头",目击事件比介绍事实更为重要。这是因为,要真实地报道事实、反映客观实际,就需要对事实本身进行直接的观察。没有对事件的亲自观察,就很难有生动而深切的感受。正如海伦所说:"如果我是个大学校长,我就要设置一门必修课,'怎样利用你的眼睛'。那里的教授必须指导学生认真地观察经过他们眼前而不被注意的景物来丰富他们的生活。"②

观察采访,就是记者运用眼睛直接搜集新闻素材、捕捉新闻事实、认识客观事物的一种重要采访方法。与"听"、"问"、"查"等其他采访方法相比,观察的最大特点是直接和直观,事件不经过任何中间环节,直接进入记者的视角。观察的直接性具体表现为以下几方面的特点。

1. 看的直观性

一般而言,采访就是在很大程度上向采访对象打听消息和收集新闻素材。但对于记者来说,这种采访方式有一个很大的弊端,即采访对象讲述的事实是经过"消化"和"加工"的事实,是一种"第二手材料",反映采访对象对事物的理解和认知水平,自然要打上采访对象个人的情感、思想意识、学识水平等"烙印"。

看则不同。记者亲眼目睹现场的事实,是实打实的事实,具有直接成像的特性。在记者视觉当中的事物,是美则即美、丑则即丑,黑则即黑、白则即白,多则即多、少则即少的事实,具有看的直观性和"原汁原味"的性质。因此,所谓看的直观性,就是记者在事件现场看到的事实是没有经过中间环节(即采访对象)的截取舍弃和"加工"、"提炼"。直接进入记者的视角的,现场发生的一切事实,包括发生的细节变化,都能直接、

---

① 南振中:《我怎样学习当记者》,新华出版社 1985 年版,第 43 页。
② 〔美〕海伦·凯勒:《假如给我三天光明》,《健康报》1982 年 11 月 8 日,第 4 版。

直观地进入记者的视野。

2. 看的同步性

采访是记者向采访对象要"情况",采访对象把自己的所见、所闻和所思告诉记者,事实上是一种事实的"转述差"。所谓"转述差",是指从事件发生到采访对象向记者介绍事实存在一定时间差的特性。从新闻传播实践上看,这种"转述差",具体表现为数小时、数天,甚至数年以后,采访对象才向记者讲述已经发生的事实。

所谓看的同步性,是指记者在现场目击事件发生、发展的过程,以及细节,是和事件完全同步的。此时记者看到的事物,就是眼前正在发生的事实,它与"听"这种采访方式相比,在时间上要快得多,既没有采访对象"加工"材料的时间消耗,也没有记者"要情况"和采访对象"给情况"的时间损耗,为记者快写快发赢得了宝贵的时间。例如,1975年9月,美国总统福特在萨克拉门托市险遇刺杀的新闻,就是合众国际社记者理查德·李尔尼通过目击事件,达到快速采访报道和快速发展的。那一天,理查德·李尔尼跟随福特总统采访。他一直在福特总统的身后,突然目睹距离不到十步远的一年轻女人从裤兜里拔出手枪,准备行刺,随后被总统保镖抓获的惊险一幕。李尔尼飞快地跑到一个电话跟前,向编辑部口述了他的"目击记"。也就是说,李尔尼从事件发生,到新闻发布,仅用了几分钟的时间。

3. 看的捕捉性

事件现场发生的事实,具有瞬间即逝和不可逆转、不可重复的特性,即:看到了就看到了,没看到就没看到。这种特性,要求记者以敏锐的目光捕捉到现场发生的一切。

由于看受到观察视角、所处方位、现场环境等诸多因素的影响,记者即使在新闻现场,事实上也很难看到现场发生的一切,尤其是现场的一些细节往往容易被人忽视,而这些细节则恰恰可能是现场的"亮点"、事件发生的"拐点"。例如,上述案例中,陪同福特总统访问萨克拉门托市的还有美联社等媒体的记者,但由于这些陪同的记者所处位置的不同,并没有亲眼看到女刺客从裤兜里拔枪"这精彩的一幕",从而失去了"第一时间"的发稿优势。

二、观察的作用

俗语说:眼见为实,耳听为虚。在人的感觉器官中,眼睛是人获得信息最主要的器官。对于记者而言,拥有一双"明亮"的眼睛,通过眼睛观察事物是至关重要的。

需要着重指出的是,这里说的"明亮",当然也指眼睛的视力,更指通过眼睛观察事

物的能力。因此,运用好自己的眼睛,充分发挥眼睛在采访中的作用,是做好记者工作的基本要求。观察在采访中的作用主要有:

1. 看可以帮助记者获得丰富的第一手材料

就材料而言,可分为第一手材料、第二手材料和第三手材料等等。记者本人耳闻目睹的事实是第一手材料,采访对象亲历转述的材料为第二手材料或第三手材料。

按照传播规律,人有传播的本能,但传播时往往重视和突出最精彩、最主要的"事实"而忽视相关的细节材料。同时,传播者按照自己的需不需要,能不能满足自己的情感、兴趣和自己熟知的要求,有选择地"吸收",打上自己情感的"烙印"后进行传播。一般来讲,人们对于自己熟悉的事、感兴趣的事、能够满足自己情感要求的事,总是乐于传播。反之,对于自己不感兴趣的事,或是自己反感的事情,即使是发生了也不一定会予以传播。这样,材料每经一手,都可能进行一次"加工处理",以致材料变形、变性,导致材料的可信度降低。

"第一手材料"是记者目睹的事实,虽然也存在看的视角与方法的问题,但他看到的终究是自己的亲眼所见,得到的终究是第一手材料,不存在他人对材料的"筛选"截留、加工处理。记者只要是在现场,用眼睛悉心观察事物并选择恰当的观察位置,就能够掌握丰富的第一手材料,写出材料翔实、情感丰富的报道。新华社记者阎吾就是一位善于用眼睛来观察事物的"情景记者",他的代表作品《战后谅山》,就是一篇用自己的眼睛来观察写出的经典作品。

战后谅山 [①]

新华社广西边防前线1979年3月6日电 新华社记者阎吾报道:记者5日下午访问了激战后的越南谅山省省会谅山市。随着奇穷河南岸地区和谅山西南413高地守敌的覆灭,枪炮声渐渐平息下来。我边防部队指战员正从各个阵地上把缴获来的坦克、装甲车、火箭筒、火炮和各种枪支弹药汇集在一起,一队队中国边防战士们,精神抖擞地跨过奇穷河大桥,开赴谅山以南各个阵地,准备迎击胆敢反扑的越军。

记者在蒙蒙雨雾中来到谅山北区的一个高地旁,看到那里停放着一辆守敌的指挥车。解送这辆指挥车的战士告诉我们,一个上了岁数、脑袋已经秃顶的敌指挥官被击毙在这辆车上。

---

① 颜雄主编:《新闻经典》,湖南大学出版社2000年版,第62页。

滚滚浓烟笼罩着谅山的上空。南山市区到处是一堆堆废墟,街头巷尾到处堆放着越军丢下的武器弹药和各种食品,这些武器弹药和食品大都是过去我国作为援助物资赠送给越南的。

在谅山市西南的石山上,我们看到文庙越军炮台里的枪炮已经被我军打得东倒西歪,越军的火力点二仙洞和其他一些山洞也被我军炸塌。一个边防战士笑着对记者说:"他钻洞,我炸洞,在我军面前没有攻不破的堡垒!"

记者在谅山敌军的一个阵地上,看到所有的日历都没有翻到2月28日,有的翻到了2月27日。可以想到,他们刚把日历翻过26日那一页,就被我军打得丧魂落魄,再没有能往下翻了。正像一个越南士兵在一封未发出的家信中写的那样:"我们这里形势很紧张,每天都有许多人死伤,不知哪一天该轮到我的头上。"

图5—1　我军攻克谅山

图片来源:http://p1.so.qhimg.com/t015b91d620889acec6.jpg

这篇报道的所有新闻事实,都是记者在现场"看"来的:如"缴获来的坦克、装甲车、火箭筒、火炮"等武器、"一队队中国边防战士的,精神抖擞地跨过奇穷河大桥"、已经击毙的一个上了岁数、脑袋已经秃顶的敌指挥官",以及敌军阵地上的日历、敌阵地上"一个越南士兵一封未发出的家信",等等,都是记者用自己的眼睛观察来的事实。特别是"日历"的事实细节:"日历都没有翻到2月28日,有的翻到了2月27日。可以想到,他们刚把日历翻过26日那一页,就被我军打得丧魂落魄,再没有能往下翻了",等等。是记者独具"慧眼"的瞬间捕捉,极大地增强了新闻的可读性和可信性。

2. 看可以帮助记者发现和捕捉富有特征的生活细节

新闻要用事实说话,细节是事实的有机组成部分,从作品上说,细节可以增强报道的现场感和可信度,丰富新闻作品的可读性。细节留在人们的心间,渗透到人们的情感世界。因此,发现和捕捉新闻细节,是记者采访的重点。

细节的特点是"细",具有隐含性而不引人注目。细节在事件性新闻中可以是现场的环境、条件,甚至是事件的起因、导火线;在体现人物动作表情时,可以是一个微细的动作变化,如人激动时声音的颤抖、手指的颤动;也可以是一句富有哲理的语言或口头禅,等等。记者当然也可以通过采访对象获得一些细节材料,但这种细节的获得是间接的、零散的或不规则的,甚至是失真的。由于采访对象职业的不同、素质的不同、情感的不同等原因,细节材料往往被当成"区区小事"而"不值一谈"。比如"战后谅山"中的"日历都没有翻到2月28日,有的翻到了2月27日"的细节,是容易被人当成"小事"而忽视的。因此,发现细节和发掘细节的重任,理所当然地落到了记者的肩上。记者只有亲自观察,用心观察,才可能捕捉到细节。这里说是"可能捕捉",并不是说,只要做到了亲自观察,每个记者都能捕捉到所有的细节。事实上,同样在一个地方采访,有的记者就能捕捉到,有的记者却捕捉不到。捕捉细节的关键,是留心事实和体会事实。"处处留心皆新闻",说的就是这个道理。

3. 看可以帮助记者产生激情,增强新闻作品的感染力

俗话说:见物生情。身置现场,才能生发感情。记者置身事件现场,通过目睹事实,感受生活,受到环境的熏陶,就会产生真实的现场感受。要做到这一点,记者必须深入现场,深入生活,并且做到用眼去观察、用心去体验,才能触发激情、见景生情,才能写出有血有肉、有情有感的作品,这样的报道才会富有"感染力",而仅凭采访对象讲述的第二手材料写作,缺乏真情实感,尽管挖空心思,写出来的作品恐怕也难以产生好的效果。

4. 看可以帮助记者加深对采访对象的理解

本书的前面谈到了记者应理解采访对象的问题。理解能够有效地密切记者与采访对象的关系,形成记者与采访对象的情感共鸣。看则能够有效地帮助记者加深对采访对象的理解。交谈也是理解人的一种方式,但有时仅靠谈是不够的。有些情况下采访对象费了很大的力气,作了许多讲解,而记者还不一定能够完全理解。记者置于现场,通过自己的观察,则可以对事件有个大致清晰的理解。因为,看是实物的和形象的,而交谈则是概念的和抽象的。正所谓"百闻不如一见"。记者掌握了第一手材料,审视了采访现场的细节材料,则可能激发情感,与采访对象的交往就可以变得主动起来,有些问题也就不必再问了。

三、观察的局限

观察固然有许多无可替代的作用,但也要客观地看到,用"看"这种方式来认知社会,辨别真伪,存在着很大的局限性,即"眼看也不一定为实"。具体表现在以下几个方面。

1. 观察的现象性

所谓现象性,是指记者亲眼所见的事物,可能只是一种现象性材料,在一定的条件

下,这种现象性材料不一定是真实事实,而可能是一种虚假现象。换言之,有的事物仅靠看不一定能够抓住要领、实质,还需要透过现象看本质。

艾丰在他的《新闻采访方法论》一书中,把事物现象分为本质现象、偶然现象和假象三种情况。他进而指出:"直接地、正面地、典型地显现事物本质的现象,为本质性现象;与显示事物本质无关紧要的、纯属偶然出现的现象,为偶然性现象;歪曲以致颠倒地表现事物本质的现象,为假象。"[①]这三种情形都可能表现为同一种现象,并进入记者的视觉。对于记者来说,对看到的事物要进行具体分析,正确把握本质现象,区分是偶然性现象,还是假象。一个负责任的记者,要警惕别人安排自己看的是不是真实。

采访中有一种情形是:采访对象安排记者看的现场,是经过准备了的,或者说是选择了比较好的现场。无数采访实践证明,采访对象听说要来采访,原本平时并不怎么样的现场,第二天会突然变得"干净、整齐和明亮"起来。这种"干净、整齐和明亮"在记者的眼前是真实的,但它只是一种现象真实,而不是本质真实。因为它原本不是这样,只是获知记者要来采访后,出现的一种"假象"。

2. 观察的窄角性

窄角是相对于照相广角镜头而言的一个概念,指观看事物的视角与盖照率密切相关。换句话说,人看事物受到视角的限制,而事件的发生发展是全方位的,进入人的视角的很可能是事件的局部,而不是事件的全部,这就是看的窄角性。窄角性要求记者拓宽视野,正如人们所说"眼观六路,耳听八方"。

3. 观察的色彩性

看的色彩性,是指观察者在观察事物的过程中,不是以冷静、理性的态度,而是凭借个人的喜恶、经历或是情绪来分析、看待眼前发生的事情,导致对客观事物产生认知结论上的偏差。人们平日所说的"门缝里看人"或"戴着有色眼镜看人",说的就是观察的色彩性。

观察的色彩性源自先入为主和情感因素。所谓先入为主,就是在思想上带着已有的模式看待事物;感情因素则是指用固有的观念、个人爱好等感情色彩看待事物。一般而言,人们对能满足自己情感世界的信息,则给予赞同、认可或是放大;对不能满足自己情感世界的信息,则给予否定、排斥或是缩小。

对于记者来说,观察的色彩性是有害的,导致看的偏差和报道的失实。

总之,"强调眼见不一定为实,绝不是否定眼睛在采访中的重要作用。记者永远需

---

① 艾丰:《新闻采访方法论》,人民日报出版社 2010 年版,第 96 页。

要用自己的眼光来观察世界"。但是"世界是一个很复杂的多面体,常常让人眼花缭乱。面对这样一个复杂的世界,仅仅靠记者的一双眼睛,是远远不够的。强调眼见不一定为实,只是想说明眼睛的局限性,以期避免这种局限性可能导致的偏差和失误"[1]。

四、观察的艺术

观察艺术的核心是透过现象看到本质。看的艺术包括看的方法和看的技巧两个方面。所谓看的方法,是指记者观察事物的角度与方位,而看的技巧则是指记者观察事物的技能、技艺。前者是解决怎么看、看什么;后者则是研究善于看、看明白。

1. 抢占视角、突出看点

视角,是指用眼睛观察事物的角度。观察同一个事物,由于观察的位置不同,观察的效果也就大不相同。正所谓"横看成岭侧成峰,远近高低各不同"。从摄影取景的角度上说,观察事物的最佳位置只有一个或几个,而参与某一重大题材采访的记者,则可能是成百上千。因此,对于有利观察的位置,记者必须抢占。

什么样的位置是看的有利位置?具体要求有:一是能够看得清主体、主要场景和主要方面。二是能够看清事件的背景环境,即,既能看清主要场面、主要人物,也能看清环境背景。没有环境背景,主体和主要方面也就没有实际意义。三是从"看"的重点上看,主要方面、主要人物的活动要重点仔细看;背景环境可以粗看,但不能不看。蓝鸿文教授把这种方法称之为粗细结合,以细为主。

所谓看点,是指看什么和怎么看的重点。在事件现场,映入记者眼帘的人和事很多,令人眼花缭乱,甚至是目不暇接。当然,记者应当尽量多看,但必须有所侧重。记者的看点应当是人物、细节、特征等。请看《日本签字投降》[2]:

日本签字投降

本报东京湾美国"密苏里"号战舰上9月2日电(记者霍默·比加特) 今日上午9时05分,日本外相重光葵在无条件投降书上签字。日本终于为它在珍珠港投下的赌注付出了代价,失去了其世界强国的地位。

---

[1] 沈富忠主编:《知名记者谈新闻采写》,中国社会科学院研究生院新闻系硕士研究生辅助教材,1997年,第397页。
[2] 图片来源:http://bbs.tiexue.net/post2_2256741_1.html

图 5-2　日本签字投降　　　　　图 5-3　日本签字投降

重光葵步履蹒跚,拖着木质假腿走到铺着粗呢台布的桌子旁,桌子上放着投降文件,等着他签字。如果人们不是对日军战俘营中的暴行记忆犹新的话,也许会不由自主地同情重光葵。

他把全身重量都压在手杖上,好不容易才坐了下来。他把手杖靠在桌子旁,然而,在他签字的时候这手杖倒在甲板上。

道格拉斯·麦克阿瑟将军致辞后,做了一个手势要重光葵签字。他们两人没有说一句话。麦克阿瑟代表对日作战的国家签字受降,乔纳森·温赖特中将和珀西瓦尔中将在他两旁肃立,温赖特中将在科雷吉多尔岛失守后被俘,长时间的战俘生活,把他折磨得憔悴不堪。珀西瓦尔中将在大战中另一个不幸的日子里放弃了新加坡,向日军投降。

两位中将在场,使人们不由得想起,1942 年上半年,我国处于几乎无可挽回的失败的边缘。

日本代表团由 11 人组成,他们衣着整洁,表情悲哀。重光葵身穿早礼服大衣和带条纹的裤子,头戴丝质高帽,双手戴着黄色手套。在"密苏里"号军舰上,参加整个仪式的任何一方都没有同日本人打招呼,唯一的例外是日本外相的助手,有人同他打招呼,是因为要告诉他在哪里放着日本请求无条件投降的文件。

当重光葵爬到右舷梯顶端,登上"密苏里"号宽敞的甲板时,脱下了他的高帽子。①

这虽然是一篇事件性报道,但很明显,在这篇 550 多个字的报道当中,有关重光葵在现场的文字就多达 280 多个,占整篇报道篇幅的 50% 以上,详尽、细致地描绘了重

---

① 原载《纽约先驱论坛报》1945 年 9 月 3 日。

光葵在投降签字现场的表情、动作,如"衣着整洁,表情悲哀"、"把全身重量都压在手杖上"、"在他签字的时候这手杖倒在甲板上"、当他"登上'密苏里'号宽敞的甲板时,脱下了他的高帽子"等等,以及他的手杖、假腿(木质)、服饰(早礼服大衣和带条纹的裤子)、帽子(丝质高帽)、手套(黄色手套),等等。

记者的看点,主要集中在以下几个方面:

看主体 这里说的主体,是指新闻事件的主要人物和主要内容。例如,《日本签字投降》报道中的主要人物有:受降方代表,美国麦克阿瑟代表对日作战的国家接受日本投降签字受降,还有肃立在麦克阿瑟两旁的乔纳森·温赖特中将和珀西瓦尔中将;投降方代表,是日本外相重光葵,以及由他带领的11人组成的日本代表团。他们"衣着整洁,表情悲哀"。事件的主要内容是:麦克阿瑟将军致词后,"做了一个手势要重光葵签字","参加整个仪式的任何一方都没有同日本人打招呼,唯一的例外是日本外相的助手,有人同他打招呼,是因为要告诉他在哪里放着日本请求无条件投降的文件。"

看人物 千人一面,指的是人区别于其他动物的根本特征;人各不同,指的则是世界上没有完全相同的两个人,即使是孪生兄弟,也有各自的特征。记者看采访对象,就是要从人的外貌、穿着、风度、表情、神态、动作等方面找出其区别于他人的特征来。重光葵这个不可一世的日本外相是一个"步履蹒跚,拖着木质假腿"的残疾人,"身穿早礼服大衣和带条纹的裤子,头戴丝质高帽,双手戴着黄色手套"。透过字里行间,不能不说记者对重光葵这个人物看得十分仔细和透彻,使作品富于感染力。

看细节 细节的特点在于"细",不易被人发现。有些细节表面上似乎与主题无关,却是事件的重要组成部分。在《日本签字投降》报道中,记者写人的细节就有10多处,如"重光葵……走到铺着粗呢台布的桌子旁,桌子上放着投降文件,等着他签字"、"他把手杖靠在桌子旁……这手杖倒在甲板上"、"当重光葵爬到右舷梯顶端,登上'密苏里'号宽敞的甲板时,脱掉了他的高帽子",等等,都是绝妙的细节描写,真实地再现了曾经不可一世的侵略者在签字投降这一刻的狼狈情景。

看特征 所谓特征,就是事物特点的外部表象、标志。任何事物总有属于它自身的特点并表现为一定的外部表象,记者抓住了特征,就能着墨不多而清晰生动地介绍给受众,使其产生深刻而难忘的印象。如重光葵是个"拖着木质假腿"的残疾人,手杖,因此成了他的特征,如:"他把全身重量压在手杖上"、"他把手杖靠在桌子旁"、"在他签字的时候这手杖倒在甲板上"。记者抓住手杖这一特征,通过层层递进,反复突出,寓意十分深刻。通过这根"手杖",喻示了不可一世的日本军国主义分子在此刻"倒下",读来叫人拍案叫绝。

看背景 新闻背景有两层含义:一是指新闻现场的环境背景;二是指新闻事件的

历史背景。看背景既要看新闻现场的环境背景,也要"看"新闻事件的历史背景。文中使用了温赖特、珀西瓦尔两位中将战败的历史背景。如:"温赖特中将在科雷吉多尔岛失守后被俘,长时间的战俘生活,把他折磨得憔悴不堪。珀西瓦尔中将在大战中另一个不幸的日子里放弃了新加坡,向日军投降。两位中将在场,使人们不由得想起,1942年上半年,我国处于几乎无可挽回的失败的边缘"。由于有了这样的新闻背景材料,报道就显得事件连贯、形成前后的鲜明对比,表明今日之胜利来之不易,喻示着人类正义终将战胜邪恶。

2. 多看、多视角

俗语说:读万卷书,行万里路。所谓"行万里路",是形容多观察事物,拓宽视野。多看事物,就意味着积累经验,形成与事物的比较,揭示出事物的特征来。

所谓多视角,是指记者应从不同的角度对事物进行观察对比。从摄影的角度看,记者观察的角度,既包括看的距离,如远近;也包括看的水平方向,如正视、侧视、斜视;还包括看的垂直方向,即平视、仰视、俯视。角度的不同,看的效果也就截然不同:

平视　所谓平视,是指看的目光与被看的物体在同一水平线上,平视的特点是视觉效果与现场事物是大体一致的。平视的不足是,缺乏高度,易被物体隔挡,看不清物体后的事物,容易"一叶遮目"。

俯视　俯视的特点是登高望远、远近风物、历历在目,使人产生胸襟开阔和心旷神怡之感。俯视的不足是物体的缩小,即看到的物体小而客观物体大。

仰视　仰视的特点是给人以高大、挺拔、巍峨之感,其不足是物体的放大。这种放大,实际上就是变形,即所谓"跪着看人,侏儒也会成巨人"。

记者如果仅从一个角度观察事物,看到的可能是特定视角的现象,甚至是假象而被其蒙骗,对事物得出"盲人摸象"的结论。因此,记者应尽可能地从多角度、全方位观察事物,这样才能对事物得出恰当的、反映事物本质的结论。

3. 看的"结合"

所谓看的"结合",是指看应与"想"、"问"相结合。生活中,人们的看,实际上是与想联系在一起的,即所谓的"边看边想"。记者的看中想、想中看尤其重要。首先,边看边想能够唤起记者的形象思维;其次,边看边想能够帮助记者发掘原始材料的意义和内涵,通过分析比较,抓住事物的实质和要领;第三,边看边想能够帮助记者透过现象看本质,发现现象的偶然性和假象性。

看和问的结合,是记者尽快了解情况、发现新闻的有效途径。生活中,人们看并不排斥问。相反,如果只看不问,则有可能看不懂。记者看中"问",能够尽快看懂和看明白,从而缩短看的时间,提高采访效率,还能够帮助记者掌握宏观面上的情况,同时也有利于记者与采访对象的交流。

综上所述,看作为一种认知手段,在采访中具有独特的作用。同时,看的局限性也是确实存在的。这就要求记者多看、多亲历,讲求看的艺术,掌握看的技巧,并借助正确的世界观、方法论作指导,就能看清真相,分清现象与假象,看到事物的本来面目。

总之,观察作为一种重要的采访艺术和采访手段,是记者各种能力的综合体现。不会观察,不善于观察,记者眼里的生活,只能是一条没有浪花的河流,一片没有云彩的天空,一块没有绿意的沙漠。生活中并不缺少新闻题材,而是缺少发现,缺乏观察的人。对同一件事物,记者应该以超出常人的眼光去观察、去品味、去研究、去判断,寻找出独特的"新闻眼",发掘出不同的"新视角",高人一筹地采写出不同凡响的新闻作品来。

第二节 听取艺术

一、耳听不一定为"虚"

现代汉语"听"的基本义为:"用耳朵接受声音"。

听觉,是人的五大感觉之一。人们常常用"耳闻目睹"表示人的亲临、亲历。然而,在"听"与"看"中,人们往往重"看"轻"听",即所谓"眼见为实,耳听为虚"。

眼见为实,强调的是人的亲眼所见。那么,非自己"亲眼所见"和"亲耳所闻"就一定为"虚"么?实践证明,生活中的耳听不一定为虚。

首先,应当承认耳听确实有虚的一面。因为耳听并不是自己亲眼所见,难免"生疑"。然而,人的知识究竟有多少是自己亲眼所见?答案是可想而知的;其次,承认耳听有虚的一面,并不是说所有的"听"就一定为虚,事事为虚。特别是在今天的信息社会,人们不可能事事亲历。例如,2011年8月5日联合国网站公布了这样的一组数据:在索马里受旱灾影响的地区,每天每10000名5岁以下的儿童中大约有20人被饿死。很少人亲眼见到那些饿死的孩子,也很少有人见到数据产生的过程,可是却不会引起人们对消息的质疑。

由此可见,对于记者来说,"听"有广、狭两义。

广义的"听",为"闻",即信息的间接获悉,它包括由人口耳相传,或从一定的传媒,如书报、广播、电视、网络等转述获悉的信息。"闻"的特点是转述性,即信息是通过他人的转述而获悉的。汉语"闻"的义项,经常大量地表述为非"亲耳听"。如从传媒获悉的信息,称为"新闻";听他人说的为"传闻"、"欣闻"、"喜闻"、"惊闻"等。

狭义的"听",是"亲耳听",即自己亲身经历的为"耳闻",它包括事件现场人物的对话,以及由事件发出的相关的噪音。如消息《我军横渡长江情景》,就大量使用了记者用耳朵听到的事实——

我军横渡长江情景①

新华社长江前线 1949 年 4 月 23 日电 前线记者阎吾报道:人民解放军安庆、芜湖间某地敌前强渡长江时的情景称:21 日黄昏,江北某地解放军的阵地上空,突然升起银光四射的发光弹,顷刻,整个北岸阵地发出震天动地的雷鸣,从解放军的炮兵阵地上,无数道火线飞向南岸,接着整个南岸国民党匪军的阵地就完全陷入一片火海中。炽烈的炮火映红了江面和天空。接着,从各个港口涌出了无数只大小船只。它们立即散布江面,像箭似地向南飞驰而去。北岸的江边,站满着当地的居民、民工和解放军指战员们,大家都屏息凝视着火光掩映的江面,等候着。忽然,在南岸飞起了登陆的信号,枪炮声、杀喊声连续不断。北岸所有的人们立时迸发出一片欢呼:"过去了!过去了!"无数船只继续从各个港口涌出来,加速向对岸驶去。对岸的解放军则开始不断发出前进的信号和响起前后各部队间联络的号音……渐渐枪响声、喊杀声越来越远了……

这时,在大江的南岸,布满着无数匆匆登岸的解放军,到处可以听到船工们和解放军战士兴奋而亲热的告别声:"同志们,再见了!""老乡们,辛苦了!南京再见!"

很明显,这篇报道,前半部分主要是写看,即记者看到的情景;后半部分主要是写听,即记者现场听到的我军横渡长江时发出的"枪炮声、杀喊声"、"震天惊地的雷鸣"和"过去了!过去了!"的欢呼声,解放军各部队间联络的号音,以及北岸登陆部队由于推进阵地"枪响声、喊杀声渐渐越来越远了"、"船工们和解放军战士兴奋而亲热的告别声",等等。

"亲耳听"的特点是直接性,听与看往往是同步进行的。"亲耳听"有两种情况,一是既听到了声音,又看到了眼前发生的事物;二是只听到声音,没有看到眼前发生的事

---

① 颜雄主编:《新闻经典》,湖南大学出版社 2000 年版,第 16 页。

物。前者记者的感受会比较深；后者有感受但小于前者。

二、听的作用

对于记者来说，既要重视"亲耳听"，也要重视"间接获得"。这是因为，听在采访中具有极其重要的作用：

1. "听"是记者获取新闻线索的主渠道

前面已经介绍，采访通常分为两个阶段。第一阶段为获得新闻线索阶段，第二阶段为深入采访阶段。在第一阶段，记者的耳朵像伸张的雷达，广泛接收来自社会各阶层、各个领域以及各个角落的新闻信息，如受众打来的电话、发来的电子邮件、寄来的信函等，主要是靠听觉和"闻"来实现信息接收的。此外，记者参加有关会议，与人交谈，搜集新闻线索，也是通过听获得的。

例如，《深圳晚报》2007年3月24日刊登《市长打"热线"遭遇冷处理》的新闻，讲述了市长以普通市民身份电话投诉下水道窨井盖板凹陷不平，结果却被城管部门"冷处理"。该报道后来获得2007年度赵超构新闻奖一等奖和广东新闻奖二等奖。

原来，这样的一篇优秀的新闻作品，就是记者在听取人大会议分组讨论会时意外捕捉到的。可见听对新闻素材获得的重要性。

记者"听"，应当是"耳听八方"。"耳听八方"，记者就信息灵通，新闻线索就源源不断。记者"阅读报纸要注意消息、注意内容。新闻记者必须消息灵通、学识丰富。他们必须了解世界上以及国内、州内和街道上发生的情况"[①]，了解有关材料，虽然不是记者的亲眼所见，却也是"闻"的范畴。

2. "听"是记者获得新闻素材的基本手段

交谈是记者采访的基本形式。座谈、个别访问、蹲点等采访形式都是交谈的具体运用。记者与采访对象交谈的目的是为了听。通过听来了解事物的发生发展、前因后果；通过听来认识事物的内涵、把握事物的本质；通过听来了解采访对象的观点、立场和对事件的看法、意见等。

采访中，记者需要提问，但记者的提问是为了听，记者的提问是为了对方的回答。从这个意义上说，采访对象是介绍情况的说者，而记者始终是采访的听者。即便是在用眼观察采访中，听也具有重要的作用。

---

① 〔美〕杰克·海敦：《怎样当好新闻记者》，新华出版社1980后版，第4页。

一方面，人的视觉无法替代听觉的作用。缺少听觉的感受是不健全的感受，不能准确、全面、具体地反映事物的本来面目，同样可能得出"盲人摸象"的结论；

另一方面，人的视觉受视角、方位的限制，而听觉则不受这些因素的影响。只要距离适中，前后、左右、上下六路声音，都可能传入耳中。隔山打炮，眼虽然看不见，耳却能感受到炮声的"隆隆"。

3."听"可以有效地帮助记者获取人物的语言

发掘人物思想。发掘人物的思想，当然可以通过看人物的行动来发掘，但人物的思想更集中地表现为人物的语言。

"语言是思想的外壳"。人的语言，除集中地反映人的精神世界、思想意识、追求爱好等外，还会受到人的经历、教养、环境、职业等方面的影响，而表现出个性化。因此，捕捉人物语言，发掘人物的思想主要是依靠听来实现的。如《县委书记的榜样——焦裕禄》中的"别人嚼过的馍没味道"、"榜样的力量是无穷的"、"县委书记要善于当班长"、"活着我没有治好沙丘，死了也要看着你们把沙丘治好"等一系列反映焦裕禄精神世界的个性语言，都是通过听来采集到的，从而为我们展现了一个不怕困难、勇于追求、生命不息、奋斗不止的共产党人的光辉形象。

4."听"可以有效地帮助记者透过现象看到本质

上一节谈到了看的局限性。记者亲眼看到的事实，有时实际上只是一种现象。这种现象含有本质性现象、偶然性现象和假象三种可能。要正确区分和把握这些现象，听是一种行之有效的手段。记者通过多层面广泛听取意见，就能"透过小事看大道理，透过局限看全局，透过现象看将来"，"在反对一种倾向的时候，看到掩盖着的另一种倾向"[①]，从而使假象"浮出水面"。

三、听的局限

强调耳听不一定虚，绝不是否定存在"耳听为虚"的情况。仔细分析就会发现，"耳听为虚"是由听的误差、传的误差和理解误差三个方面决定的。

1.听的误差

所谓听的误差，是指发出的信息与接收的信息在内容上的不一致。交谈是由说者和听者构成，说者是信息的发讯方，听者是信息的受讯方。交谈只有在双方听得清和

---

① 蓝鸿文：《新闻采访学》，中国人民大学出版社2011年版，第257—258页。

听明白的基础上,才能准确地传播信息。听的误差集中地表现为,听者没有听清,或没有听懂,导致发讯的内容与受讯的内容的不一致。

产生听的误差,原因是多方面的,主要的有:

(1)交谈距离的影响。记者如离采访对象太远,则难以听清对方所说的内容,造成信息传递的误差;(2)交谈环境的干扰,主要是噪音的干扰,会分散谈话双方的注意力;(3)交谈双方的个性差异。这里所说的个性差异,是指说者与听者表述方式的差异,如说者的语速过快、声音太小,以及语序、方言的差异等,都可能导致听者产生听的误差。

2. 传的误差

所谓传的误差,是指信息在传播过程中由于种种原因导致信息变形走样。有这样一则走样的消息:宋国有户姓丁的人家,由于缺水,需要到很远的地方挑水吃,因此家中常常要占用一个劳力来挑水。后来,丁姓人家在自家屋场挖了一口水井,不仅解决了一家人的饮水问题,还节省了一个劳力。丁某非常高兴地告诉朋友:"我家打了一口水井,等于多挖出了一个人。"这话一传十,十传百,越传越走样。最后说成是:丁家打了一口井,挖出了一个人。

传的误差产生的原因,主要有:(1)传者对信息内容的误解;(2)传者对某些信息要素的弱化与省略;(3)传者为突出或强化信息的某一要素,自行的扩展、放大。这一弱一强、一略一扩,便打上了传播者个人的感情色彩,最终使信息走样。"捎话有多、捎果有少",说的就是这个道理。

3. 理解误差

所谓理解误差,是指由于文化的差异性,引起听方在信息的理解上产生与发讯原义的不一致。我国民族众多,地域广大,具有很大的文化差异。表现在语言上,如航运业把"沉"、"陈"、"成"等说成"咆"(浮的意思),把"帆"说成"蓬"、把姓"陈"说成姓"常",等等,这样使听者发生理解上的错误。同时,我国有些地区还有正话反说的习惯,如把"好"说成"坏",把自己的丈夫说成是"冤家"。又如,在湖南一些地方也习惯于把小伙子昵称为"妹儿",而把未出嫁的姑娘称为"伢儿"。这种情形,虽然可能是记者"亲耳听",但由于文化上的这种差异性,可能导致理解上的错误。

四、听的艺术

"听"是一门艺术。汉字的"聪",从耳、总声,"聪者",听话听音、锣鼓听声。作为以传播信息为职业的新闻记者,要准确传递信息,必须注重听的艺术,重视听力训练,练就听的功夫,才能消除听的误差,把握听的内容。

怎样训练记者的听力？可以从听的效果出发,借用专指不集中精力、不专心如一的"三心二意"一词,取其字义,赋其新义,来把握听的内容,听取采访对象的意见。所谓"三心二意",是指采访中记者应当"专心听取"、"虚心求教"、"耐心倾听"和"注意文化差异"、"注意语言环境"。

1. 专心听取

是指记者集中精力,排除各种干扰,用心去听取,用心去理解采访对象的谈话内容。谈话是一门艺术。采访中,善于专心听取采访对象谈话的记者,一般都有这样一个特点,他不但用心倾听对方的谈话内容,而且还能从对方的语音声调、表情动作,思考每句话的真正含义;他紧追对方的谈话思路,甚至超出对方的思路。当对方下一句话未出来之前,记者便在努力猜想、思索;他会边听边回味、分析对方所讲内容,是否准确,是否符合实际和具有新闻价值;他不仅要辨析对方所讲内容的直接含义,而且要辨析其中的"话外之音";他边听边产生联想,不断地提出新的问题,将采访的话题引向深入,从而把最有价值的材料记在心里或笔记本上。"记者一定得养成专心听讲的功夫,否则,既浪费了采访对象的时间和精力,于自己也无半点益处"。①

2. 虚心求教

思想和业务上成熟的记者往往具有虚心倾听的态度和谦虚好学的习惯,并善于在采访中给采访对象创造一种畅所欲言的气氛。即使有时他们并不完全赞同对方的意见,但仍要以平等的态度和商讨的方式与对方交换看法,而决不好为人师,摆出"教师爷"的架势,弄得人家不敢开口。这样,采访对象才会乐意配合记者采访,尽心倾吐记者所渴求的新闻材料。

虚心求教,对于记者来说是必要的。首先,从关系上看,记者采访是主动找上门,向采访对象"要情况"。采访对象是应记者的要求前来"谈情况"的,是对记者要求的满足。其次,从收益的角度上看,采访的"收益"者是记者。"收益"本是经济学的一个概念,意指投资与收效的比例关系。记者采访,是因为没有新闻线索,没有或者缺少材料,才去找采访对象的。而采访对象在接受采访时讲述情况、介绍背景、发表意见事实上就是一种付出。很显然,记者采访本身就是一种收益。再次,从认知生活、解析未知来看,对于记者来说,世界之大、学问之多、关系之复杂,都先要通过采访对象的提供,才有记者的判别。采访对象是掌握情况的人,是信息的提供者,是向记者释疑解惑的老师。

---

① 刘海贵:《中国新闻采访与写作学》,复旦大学出版社 2011 年版,第 94—95 页。

与此相反，不太虚心的记者往往是对方未说上几句，就表现自己，或是百般挑剔人家的讲话内容，或是抢过人家的话题没完没了地大发议论。这无疑等于堵塞了言路，也等于捂上了自己的耳朵，最后只会一无所获。

3. 耐心倾听

采访需要时间，而大部分时间又是花在倾听采访对象对事物（件）的叙说上。采访对象叙述事件从发生、发展到结束的全过程，还要掺杂个人的意见、想法等。采访对象所叙述的内容与意见，并非完全符合记者的要求，也不一定完全可以写进新闻报道。有时，为了不破坏访问谈话气氛，就需要记者有耐心，要沉住气让对方把话讲完。这与记者在采访对象谈话过程中适时提问是不同性质的两回事。适时提问是记者的采访艺术，是采访活动与效率的需要，目的是引导采访对象说得更清晰、更有条理和更有价值，是为了让采访活动向纵深处发展。打个比方，耐心听的记者，往往能起到鼓风机的作用，使采访对象心中的信息之火越烧起旺；不耐心听的记者，起的则是消防龙头的作用，使采访对象心中的信息之火招致扑灭。

此外，记者还应从文化差异和语言环境两个方面把握听的内容。

注意文化差异　这里说的文化差异，是指采访对象与记者之间由于地域、职业、素养的不同以及个人经历、性格、生活习性等方面的不同而造成的言语表述的差异性，导致交谈双方信息传递出现误差。它包括：（1）表述风格的不同，如直率泼辣与含蓄委婉；（2）风俗习尚的不同，如改音、回避等；（3）地域方言的不同；（4）正话反说的习惯用语；（5）称谓的颠倒换位。如湖南衡阳一带的"己"，是人称代词，既表"你"，又指"他（她）"；（6）遣词用句的省略变意等。如肉摊主吆喝道："刚杀的新鲜肉啊，快来买呀！"顾客则可能接过话题风趣地说："好哇！买你的肉！"很明显这是省略句，主、客双方会心一笑，愉快成交。如果不理解其中的文化内涵，恐怕要惹出矛盾和纠纷来。

我国地域广大，形成了七大方言区。由于历史的缘故，形成了各自的文化习惯，留心文化的差异，是记者见多识广的重要标志。记者掌握了文化差异，不仅能够减少或避免信息接收的误差、理解的误差，还能有效实现与采访对象的情感交流，深化采访话题。

注意语言环境　交谈是在一定的语言环境下进行的，同一个词，同一句话，在不同的语言环境下，可能产生不同的听觉效果。如，"好事"这个词本是表示"赞赏"的褒义词，但在另外一种情境里说"看看，你做的好事！"这个"好事"就成了带有贬义色彩的词语。语言环境的不同，也可能影响记者的听觉效果，需要记者区分把握。

各个层次、各个阶层、各种利益集团的人都可能成为记者的采访对象。对于记者来说,一是说话要注意场合,分清对象;二是听话要审视语言环境。

记者在采访中注意了语言环境,就不仅能听懂、听清楚采访对象表面的意思,还能听出采访对象的"话中有话"和"弦外之音"来。

第三节 提问艺术

一、提问的特点

提问是记者采访新闻、认知客观世界的主要形式。杰克·海敦说:"大约百分之九十九的新闻是部分或全部以访问——也就是向人提问题——为基础写成的。"①因此,记者必须重视"问",研究"问",熟练地掌握"问"的技巧,才能问出问题、问出事件的真相来。

提问的特点是:

1. 问的对象是人

记者看的对象可以是人,也可以是事物现场,还可以是看山、看水、看景物。记者的听,可以是聆听采访对象的发言,是与采访对象对话,还可以是事件现场发出的相关噪声,或是倾听大自然的风声、雨声、惊涛声。

记者问的对象必然是人,而不是物。人是世界上最活跃的因素。人的利益与立场、人的思想与情感、人的需要与动机等,都可能集中地反映在记者的"问"和采访对象的"答"上。

2. 问的实质是交流

采访是以记者为一方,以采访对象为另一方的双向双边的信息交流。记者通过提问了解事物的发生、发展和前因后果,了解采访对象的观点、立场和主张。采访对象则通过记者的提问,了解记者需要什么,关注什么,从而作出答复什么,不答复什么,或是怎么回答的选择。进而言之,这种交流建立在记者与采访对象之间的心理沟通基础之上,形成二者之间的"开放心理"、理解效应和互补关系。

3. 问的目的是传播

与看、听、查等采访方式相同,记者提问是为了采集"已经发生、正在发生或即将发

---

① 〔美〕杰克·海敦:《怎样当好新闻记者》,新华出版社1980年版,第23页。

生"的新闻事实,满足大众对新闻的欲知。记者的提问是紧紧围绕何事、何时、何地、何人、何因、何果这六个因素,即"五个 W 和一个 H"进行的。但是,记者提问时,通常并不是对这六个要素进行平均提问,而是根据自己掌握的情况和实际需要,对某些新闻要素进行重点提问。

二、提问的作用

1. 提问是构成记者采访的前提条件

首先,从认知规律看,记者必须先提出问题。采访对象掌握着新闻事实和相关的知识、背景资料。记者是通过他们来了解事物、认识客观。如果记者不向采访对象发问,采访对象又怎么向记者介绍自己的所见所闻和所思?很显然,提问是记者获取新闻材料的前提条件。没有这个前提条件,采访对象介绍情况、发表看法就无从谈起。其次,从过程程序来看,记者提出问题的目的,是采访的"因",采访对象回答问题,是采访行为的"果"。记者提问的目的,是引出采访对象的话题。采访对象则根据记者提出的问题,作出答复,或不答复。采访对象的"回答"或"不回答"都是对记者提问的反映,高明的记者从采访对象的答复或不答复中可以得出某种结果,或作出某种判断。最后,从获取方式上看,采访始终离不开提问。在个别访问、座谈会、新闻发布会等采访方式中,记者依靠提问获取新闻,即使是目击之类的现场观察,也离不开"问"。因为只看不问,则有可能看不懂、看不透。如现场的一些知识性、背景性的材料,需要采访对象讲解介绍才能获得,才能透过现场的现象看到本质。总之,提问是构成记者采访行为的前提条件,可以说:没有提问,就没有记者的采访。

2. 提问是记者采访成败的关键

采访中记者的提问,等于是球类竞赛的"发球",采访对象的回答则相当于"接球"。掌握了"发球权"的记者,就占据了采访的主动权,就能统领和驾驭采访全盘。记者的提问具有很强的引导性。一般来说,采访对象回答的问题是朝着记者问话的方向和目标进行的。随着谈话的深入,话题就愈集中,记者收集的材料就愈多,采访成功的机率就愈大。如 20 世纪 70 年代,美国政府陷入了越南战争的泥潭,打算从越南秘密撤军。意大利女记者法拉奇获知这一"秘密"后,就越南问题采访了基辛格。采访中,基辛格始终不愿意谈及越南问题,法拉奇又始终抓住这一问题不放,并巧妙地变换了一下提问方式,使话题始终沿着越南问题展开。

法拉奇:基辛格博士,如果我把手枪对准你的太阳穴,命令您在阮文绍和黎德

寿之间选择一个人共进晚餐……那您选择谁?

基辛格:我不能回答这个问题。

法拉奇:如果我替您回答,我想您会更乐意与黎德寿共进晚餐,是吗?

基辛格:不能,我不能……我不愿意回答这个问题。

法拉奇:那您能不能回答另一个问题,您喜欢黎德寿吗?

基辛格:喜欢……(谈对黎德寿的看法)

法拉奇:跟阮文绍的关系,您也作同样的评价吗?

基辛格:我过去与阮文绍的关系也很好。过去……

法拉奇:对了,过去。南越人说你们相处时不像朋友。您想说的正与此相反吗?基辛格博士。

基辛格:关于这一点……当然我们过去和现在都有自己的观点,也无须强求一致。我是说,我和阮文绍像盟友那样互相对待。①

尽管基辛格不愿谈,但他还是顺着法拉奇"另一个问题"的指向,谈开了越南问题。反之,泛泛而谈而指向性不强的提问,采访对象也就不好回答,导致问而无获。因此,提问是记者采访成败的关键。

3.提问是记者打开采访对象的话匣,获取新闻素材的钥匙

人的心理具有封闭性和开放性。当人的心理处于"封闭状态"时,表现为内向和寡言;当处在开放心态时,则表现为外向和多言。记者要从采访对象处获取新闻材料,首要任务是千方百计打开采访对象的话匣,变采访对象的封闭心理、沉闷心理为开放心理、激扬心理。提问,特别是那些能唤起采访对象兴趣的提问,则是打开采访对象话匣的钥匙。例如,1994年5月,基辛格应邀访问我国。中央电视台记者经过一番努力,终于争取到五分钟的采访时间。水均益事后回忆说:

> 基辛格是一个国际级的"大腕",见多识广、长于外交,所以要想使他开口,迫使他和我合作,就要一上来就向他发难。采访开始后,第一个问题我就问他中国和美国现在是朋友还是敌人。博士先生听完后愣了一愣,也许他没有想到我会上来就这么问他。于是,他认真地分析了冷战后的国际关系,包括他的大国平衡论。在此之后,我便根据事先的设计,接连问了他"美国能否

---

① 〔意〕奥里亚娜·法拉奇:《风云人物采访记》全译本,新华出版社1988年版,第15页。阮文绍,时任南越总统;黎德寿,时任越南外交部长。

当世界警察"、"对华最惠国待遇问题"、"中东问题"、"中国的改革"等问题,由于这些问题都是他的长项,他也乐此不疲,开始滔滔不绝。这样,原定五分钟的采访,实际进行了 20 多分钟。①

三、提问的形式与内容

1. 提问的形式

提问作为记者获取新闻的主要手段,其形式是多种多样的,并且有着各自不同的特点,需要记者根据采访的具体情况灵活运用。提问的形式主要有以下几种。

(1)个别问

所谓个别问,是指记者与采访对象个别交谈的提问。个别问的好处有三:一是方便;二是不受时空的制约;三是不受他人的干扰。所谓不受时空制约,就是只要采访对象愿意,"不论何时何地何环境,均可进行,限制很少"。

所谓不受他人的干扰,就是采访对象不会因为有第三者在场而有所顾忌、有所保留,可以无拘无束地畅谈。一般地说,有许多人在一起交谈,好处是可以相互启发、相互补充,其局限是人有所

图 5—4　央视记者采访

图片来源:http://p0.so.qhimg.com/t014bb2a2896bd658d5.jpg

虑、不敢多言,容易产生"沉闷心理"。个别问易于启发采访对象把问题谈深谈透,深入发掘采访对象的内心世界,谈的话题也比较集中,有利于记者与采访对象的沟通。如人民日报记者金凤为打开志愿军一等功臣郭金升的话匣,把郭带出旅店,来到前门大街,来到天安门广场,来到人民英雄纪念碑前,让郭感受到了繁荣祥和的社会氛围,边走边谈,终于打开了话匣。

个别问,要求记者在访前进入角色,研究采访对象,尽可能地熟悉采访对象的专业特长、人生经历、学识贡献、社会背景以及家庭生活,等等。法拉奇在她的《风云人物采访记》序言中说:"我去见他们时,往往情绪激动并带去了一连串问题。这些问题,在我采访他们之前总是先向自己提出。"为了采访邓小平,法拉奇阅读和研究邓小平的资料

---

① 引自孙克文:《焦点外的时空》,三联书店 1997 年版,第 36 页。

就达十多公斤。

(2)会议问

会议问是指记者在座谈会、新闻发布会、记者招待会上的提问。会议问有两种情形：一是记者自己召开的座谈会。这类会议对于记者来说有很大的支配性，如会议时间、会议地点、会议内容、与会人员等，都可以由记者确定，记者在会上处于中心地位。座谈会的最大好处是，记者可以同时对与会者进行采访，通过对与会者的提问，得到的新闻材料比较具体、翔实。二是参加新闻发布会、记者招待会。这类会议对记者来说不一定都有提问的机会，即使获得提问机会，一般也只能提问一次，获得的新闻材料不可能像座谈会那样具体、翔实。发言人、主持者面对记者的提问，一般不予以正面回答，或避实就虚、避重就轻，或答非所问、问而不答，敷衍记者。因此，对记者来说，最重要的是把握提问机会，选择适当的提问方式，提出切实可行而采访对象又不能不回答的问题。

图 5－5 外交部新闻发言人洪磊回答记者的提问

图片来源：http://i2.sinaimg.cn/dy/c/2013－01－21/U7939P1T1D26087093F21DT20130121182922.jpg。

(3)相机问

相：观看、观察；机：机会。所谓相机问，就是记者抓住机会，不失时机地向采访对象提问。相机问的第一个特点是方便自然、无拘无束，且不受时间、地点、场合、条件等方面的限制，见机提问、借机发问，如水到渠成一般。留意是相机问的另一个特点。留意是发现新闻的一个要素。记者职业是一个跟人打交道的职业。记者在平日生活中，比如乘车买菜、茶余饭后，只要留心听、留意看，并相机问，就可能发现新闻。黄远生总结自己的采访经验时说："记者要三勤，口勤、手勤、脚勤。""口勤"就是及时间、相机问。采访实践证明，不少的好新闻就是相机问出来的。

(4)电话问

电话问，也叫电话采访。电话问的第一个特点就是谈话双方不见面，是通过电话进行一问一答地交谈。由于谈话双方不见面，因此，尤其必须注意新闻来源的准确性。除了注意核实、力求慎重外，一般应该选择有权威性的、能全面准确地掌握事实真相的人物，作为电话采访对象。电话问的第二个特点是便捷。一般地说，只要能通话的地方，记者就可以用打电话的方式进行采访，省略了跋山涉水"亲临"之苦，而且效果也好。第三个特点是需要及时核实材料。由于采访双方不见面，通过电话联系的采访，材料核实的问题就显得尤其突出。记者可采取自己重复对方的讲述内容，或请对方再一次重复讲述内容这两种方式,对材料进行核实。如有必要录音,一般情况下需要征得对方同意方能录音,否则就成了"偷录",可能引发纠纷。

需要说明的是,电话采访只能作为补充采访,或用来补充事例、核对某个情况等。同时,采访中还要及时地注意把人名、地名等核对清楚、准确,特别是同音、近音的字、词,千万不要记错。

2. 提问的内容

提问的内容,是指记者通过提问希望从采访对象那里得到什么,也就是记者"要什么"和采访对象"给什么"的问题。从这个意义上说,记者问的内容,大致可以分为线索问、情况问、问题问和证实问四种类型。

(1)线索问

新闻线索是指引记者采访方向的信息。它与消息来源既有联系又有区别。相同点:一是二者的内容都具有一定的新闻要素,如何事、何时、何地、何人等,同时又带有未知性、疑义性、混杂性等不确定性;二是二者都具有很强的指向性,指引记者的采访方向;三是二者都有一定的消息出处,即提供者。不同点主要有:一是从二者的性质来看,消息来源主要是指新闻的出处,而新闻线索则是指采访题材和新闻的发现,它既与新闻价值有关,又与新闻敏感有关;二是从认知对象来看,消息来源是人,即采访对象,而新闻线索是事物,需要记者通过采访进而明确采访题材,形成报道主题;三是从信息形态看,消息来源提供的既可能是抽象的,也可能是梗概性的,还可能是具体的事物,而新闻线索则偏重于具体事物。

由此可见,记者问线索就是发现新闻,进而捕捉新闻。问线索是采访的第一阶段。

(2)情况问

所谓情况问,就是记者进入采访第二阶段后,对已知的新闻线索或新闻要素进一步了解的提问。记者围绕新闻线索,向采访对象询问何因、何时、何地,是何人发生了何事、造成何果。由于采访环境的不同,记者对构成新闻要素的询问,不是平均使用采访时间和精力,而是根据具体情况有所侧重。一般来说,记者对构成事件因果关系的采访,花费的力气比其他要素要多一些。因果关系的构成必须是事物现象真实与本质真实的统一。因此,对因果关系的探究,是揭示事物的难点、受众的疑点,因而也就是记者采访提问的重点。

(3)问题问

所谓问题问,是指记者针对当前社会生活中发生的问题、出现的现象,提请政府官员、新闻发言人等有关权威人士发表意见、阐明观点、介绍情况的提问。换言之,问题问的内容是公众关注的,话题是重大的。问题问是记者与采访对象对问题作深层次的探讨。由于是权威人士的直接回答,这大大增强了新闻的权威性。

例如物价问题,是一个与人民群众生活息息相关的话题。2011年7月27日,温家宝总理接受中国政府网、新华网联合专访,并与网友在线交流,直接回答网友的提问。温家宝说,我也到市场去,市场的情况也确实如同我看到的情况一样。更重要的就是我掌握宏观的情况。我们国家连续七年粮食丰收,有充足的储备,我们有雄厚的物质基础,我们有充足的外汇储备。这些都是我们应对物价上涨的有利条件。物价上涨快了影响群众的生活,甚至影响社会的稳定。党和政府一直把保持物价总水平的稳定作为经济生活发展的一件大事。从去年12月份开始,我们采取了有力的措施,使物价上涨的势头得到遏制。①

国家领导人就记者或民众提出的切实关系到人民利益问题的直接回答,往往比许多官方声明更有权威,更加令人信服。

(4)证实问

所谓证实问,是指记者对情况有一个初步的、大致的了解,需要采访对象予以证实的提问。证实问的特点:一是掌握情况是证实问的前提。没有掌握一定的情况,则构不成证实问。从这个意义上说,证实问就是"明知故问"。二是掌握的情况具有不确定性,需要得到证实,才能成为新闻素材,写入新闻作品。

采访对象对记者的证实问,有可能采取以下几种情形回答:一是对情况予以证实;二是予以否认;三是既不证实也不否认,或答非所问,或避实就虚,或不予回答(无可奉告),或佯装不知,等等。即便如此,精明的记者从采访对象不回答或是模棱两可的态度,也可以得出某种结果或是作出某种判断。

图5—6 审判"四人帮"

图片来源:http://p0.so.qhimg.com/t01c4cb9580ec78fec5.jpg

例如,粉碎"四人帮"消息的披露,就是记者从"无可奉告"之类的不回答,作出正确判断而率先报道了"四人帮"的被捕消息。

1976年10月上旬,英国《每日电讯报》驻京记者魏德从英国大使馆的中国雇员嘴里只言片语地获悉"四人帮"被粉碎的消息。但这毕竟是没有经过证实的传闻。魏德由

---

① 温家宝:《我每天关注物价,不允许物价上涨得不到遏制》,参见 http://finance.people.com.cn/GB/14013321.html。

此而联想到,"四人帮"的不得人心和半年前天安门广场发生北京市民针对"四人帮"的革命行动,赶紧找到了中国有关部门去核实,投石问路地询问"四人帮"的近况。接待他的一位负责干部回答他说:"无可奉告"。魏德凭着"无可奉告"四个字和这位负责干部的面部表情,迅速作出判断,当即把"四人帮"被捕的消息发往伦敦《每日电讯报》,最先报道了"四人帮"被捕的消息。

四、提问的艺术与原则

1. 问前选择

杰克·海敦说,大约有百分之九十九的新闻是通过提问获得的。作为记者,除应该保持耳聪目明状态外,还应该随时随地准备提问。

采访可以采取两种形式,一种像个漏斗,另一种像倒过来的漏斗。

漏斗式提问 漏斗式提问通常是以笼统或轻松的话题作为采访开头的提问,由于其形状像是一个上大下小的漏斗,故称为"漏斗式"提问。它的特点主要有二:一是先过渡。这就是说,这类情形的提问采访,通常分为两步进行,即在正式提出问题之前,先过渡,如问候、聊天等,然后再进行采访话题。二是开放性,这种形式的提问,记者通常给予采访对象某种谈话方向的发言权,采访对象因而可以根据记者的提问畅所欲言,自由发挥。这样做可以获得轻松自如的交谈气氛,然后逐步过渡到闭合式问题,以搜集详细、具体的材料,在采访结束时,又可以提出开放式问题,这样有利于获取总结性的观点。漏斗式采访适合于那些善于思考、富有创造性的采访对象。

由此可见,漏斗式采访的过程变化是:

开放式的交谈──→闭合式问题──→开放式的交谈

倒漏斗式提问 这是一种以尖锐、短促的方式直奔采访话题,然后再转入比较开阔的话题的提问方式。由于其形状像是一个上小下大的倒漏斗,故称倒漏斗式采访。提问的特点主要有二:一是提问的直接性。即获得提问机会就开门见山直奔话题。二是话题的封闭性。记者这种方式的提问是直奔主题的,采访对象只能根据记者提出的问题二选一,即或是或否、或是解释、或作说明,来回答记者提出的问题。倒漏斗式采访的过程变化是:

闭合式问题──→开放式问题

需要倒漏斗式采访的前提是基于记者对情况有一定的了解,因而提问的方式是单刀直入,话题直接、尖锐,采访对象又不能不回答,故也称为"闭合式"采访。

例如,2015年3月8日,许多外国记者向外交部长王毅就"中国的外交政策和对外关系"等问题的提问就是比较典型的"闭合式"提问。①

  联合早报记者:王部长,您好。有人将"一带一路"比作马歇尔计划或者称作中国拉紧周边经济纽带,以谋求地缘政治和中国利益,中国对此如何看待?

  王毅:"一带一路"比马歇尔计划古老得多,又年轻得多,二者不可同日而语。说古老,是因为"一带一路"传承着具有2000多年历史的古丝绸之路精神。我们要把这条各国人民友好交往、互通有无的路走下去,并且让它焕发新的时代光芒。说年轻,是因为"一带一路"诞生于全球化时代,它是开放合作的产物,而不是地缘政治的工具,更不能用过时的冷战思维去看待。

  在推进"一带一路"过程当中,我们将坚持奉行"共商、共建、共享"的原则,坚持平等协商,坚持尊重各国的自主选择。我们将注重与各国的发展战略相互对接,注重与现有的地区合作机制相辅相成。"一带一路"的目标是合作共赢,它不是中方一家的"独奏曲",而是各方共同参与的"交响乐"。谢谢!

  今日俄罗斯通讯社记者:我的问题是,在西方对俄罗斯实施制裁、卢布大幅贬值的背景下,中国将如何与俄罗斯开展合作,特别是推进能源、金融等领域合作?中俄如何进一步加强在国际事务中的协调配合?谢谢。

  王毅:中俄关系不受国际风云的影响,也不针对任何第三方。由于中俄双方已经建立起牢固的战略互信,两国关系更趋成熟、稳定。中俄之间有着相互支持的好传统,两国人民的友谊也为加强两国的战略合作提供了坚实的民意基础。

  中俄务实合作秉持的是互利双赢,而且有着巨大的内生动力和提升空间。今年的中俄务实合作会有一系列的新成果,比如我们将力争实现双边贸易1000亿美元的目标,将签署丝绸之路经济带合作协议并启动对接。将会全面开工建设东线天然气管道并签署西线天然气合作协议。我们会加快联合研制远程宽体客机的进程,启动远东地区开发的战略合作,还有加强在高铁方面的合作,等等。

---

① 引自2015两会:《外交部部长答记者问》,参见 http://www.liuxue86.com/a/2403081.html。

中俄都是安理会常任理事国,我们会为维护国际和平与安全继续加强战略协调与合作。今年,中俄双方将各自举办一系列纪念世界反法西斯战争胜利70周年的活动,我们将相互支持,共同维护国际正义和二战胜利成果。谢谢!

美国全国广播公司记者:上个月杨洁篪国务委员和美国总统国家安全事务助理赖斯在会晤中同意,双方要加强在地区和国际性挑战上的协调。今年下半年,习近平主席将对美国进行访问。想请问您,中美加强协调、构建新型大国关系将如何帮助两国解决在诸如网络安全、亚太地区海上争端等领域的一些矛盾?

王毅:习近平主席将于今年秋天应邀对美国进行国事访问,我们期待两国元首继瀛台夜话之后再续佳话,为推进中美新型大国关系建设注入新的动力。中美构建新型大国关系是一个创举,不会一帆风顺,但却势在必行,因为这符合双方的利益,也符合时代发展的潮流。有句话叫"心诚则灵",只要双方拿出诚意,守住"不冲突、不对抗"的底线,我们就能共同做好"合作共赢"这篇大文章。

中美是两个大国,不可能没有分歧,分歧也不会因为建设新型大国关系而一夜消失。我们不必总是用显微镜去放大问题,而是要更多地端起望远镜去眺望未来,把握好大方向。习主席在北京APEC期间曾经提出,要建立面向未来的亚太伙伴关系,得到很多国家的积极响应。中美在亚太地区利益最交织,互动最频繁,新型大国关系应该从亚太做起。我们认为,只要双方都能建立并增进战略互信,彼此积极良性互动,两国就一定能共同为这个地区的和平、稳定和繁荣做出贡献。

中美都是互联网大国,至于网络安全的问题,我们双方都有共同利益。我们希望网络空间成为两国合作的新疆域,而不是相互摩擦的新源头。谢谢!

日本NHK记者:部长好,中国政府今年将举办纪念第二次世界大战胜利70周年的阅兵式,在日本有不少民众认为中国是不是利用历史问题作为武器来贬低日本这些年来对世界和平的贡献,中伤日本在国际上的信誉。如果中国作为大国有宽广的胸怀,是不是应该调整对日政策?谢谢。

王毅:今年是中国人民抗日战争胜利70周年。作为当年世界反法西斯战争的东方主战场,中方参照其他国家的做法,举办包括阅兵式在内的活动十分正常、自然,目的就是要铭记历史、缅怀先烈、珍爱和平、开辟未来。我们会向所有的有关国家领导人和国际组织发出邀请,不管是谁,只要诚心来,我们都欢迎。

你刚才又提到了历史问题,这个问题一直在困扰中日关系,所以我们不禁要问一声,究竟原因何在?我想起一位中国的外交老前辈在这个问题上的主张,他认为,加害者越不忘加害于人的责任,受害者才越有可能平复曾经受到的伤害。这句话既是人与人的交往之道,也是对待历史问题的正确态度。日本的当政者在这个问题上做得如何,首先请扪心自问。世人也自有公论。70年前,日本输掉了战争,70年后日本不应再输掉良知。是继续背着历史包袱不放,还是与过去一刀两断,最终要由日本自己来选择。谢谢!

印度报业托拉斯记者:再过几个月印度总理莫迪将访华,中方如何看待和重视他的这次访问?中印将举行新一轮的边界问题特代会晤,两国现在有很多共同点。为此,我们是否有望在长期存在的边界问题上取得突破?

王毅:去年9月习近平主席对印度进行了历史性访问,两国领导人在莫迪总理的家乡古吉拉特邦手摇纺车的画面在中国广为流传。中华民族讲究礼尚往来,今年莫迪总理访华也一定会受到中国政府和人民的热烈欢迎。我们愿同印方一道落实好两国领导人达成的重要共识,携手并进,龙象共舞,推动两大东方文明尽快复兴,促进两大新兴市场共同繁荣,确保两大邻国和睦相处。

至于中印边界问题,这是历史遗留问题。经过多年的努力,边界谈判续有进展,边界争议得到管控。当前,中印边界谈判正处于量变的积累当中。有如登山,虽然辛苦,但走的是上坡路。这就尤为需要我们把中印合作发展得更好,从而为两国边界问题的解决不断提供动力。谢谢!

倒漏斗式提问,通常还表现为记者追问、激问、错问,用以核实事实、深入发掘、扩展情况等。

漏斗式提问和倒漏斗式提问,各有特点,并且可以相互转换,交叉使用。对于记者来说,是选择漏斗式提问,还是选择倒漏斗式提问,需要在访前根据具体情况区别对待,特别是要研究和分析采访对象的个性心理,选择使用合适的采访方式。

2. 询问艺术

在所有采访方式中,最能反映记者水平的莫过于提问。这是因为:第一,提问反映了记者对情况的了解和把握。新闻以占有事实为基础,掌握了真实的事实就是记者的力量所在;第二,提问反映了记者对客观事物的认知,共同的语言是人与人交谈的基础;第三,提问反映了记者的思维、言语表达、问话技巧等;第四,提问是记者打开采访对象话匣的钥匙。

由此可见,记者的提问非常重要。中外新闻传媒无不重视记者的口头表达能力与交谈能力,著名记者黄远生把"嘴能说"列为记者"四能"之首。我国许多传媒自上世纪80年代以来在招考记者时都设置面试、口试环节。作为记者,尤其要重视语言表达,特别是要重视提问艺术,因为它对于采访的成败起着至关重要的作用。

(1) 正问艺术

所谓正问,就是正面提问,即开门见山、直截了当的提问。

正问的特点是坦诚,不客套,不拐弯抹角,不兜圈子,也不故弄玄虚。坦诚是一种朴素的美,易于人的心理沟通。采访对象一听就知道记者需要什么。这样,可以减少许多不必要的迂回,节省采访时间,提高采访效率。因而,正面问是采访中最常见的一种提问方法,使用范围十分广泛,适用于各种情形的采访。就题材而言,一般适合于表扬报道、中性报道和事件性报道等;就适用对象而言,一是记者熟悉的采访对象;二是领导干部、专家学者;三是普通工人、农民、学生等。

记者使用正面提问,并不排斥穿插使用其他提问艺术,综合运用,则可能相得益彰,效果更佳。

(2) 侧问艺术

侧问,就是从问题的侧面切入,并运用启发、引导的原理,或旁敲侧击,或循循善诱,促使采访对象按照记者的话题回话的提问。

侧问的特点是启发,多用于唤起采访对象对往事、特别是对细节的回忆。因为往事易忘,记者通过侧面启发可以打开采访对象记忆的闸门。启发,通常是具体的和联想的,即记者通过生活中某一件具体的事物,引发采访对象的联想。

侧问的适用范围,从题材上讲一般适用于:一是非事件性新闻的采访;二是发生时间已经久远的事实的采访;三是挖掘细节的采访。从对象上讲,一是采访对象与事件有着一定的利益、利害关系,或者对记者采访比较敏感,如直截了当地问,可能会引起采访对象的警觉或反感而拒绝采访;二是不知采访对象对待记者的态度,记者"投石问路";三是明知采访对象不愿回答,记者"旁敲侧击"。

(3) 反问艺术

反问,不是反问句,而是从事物相反的角度切入问题的提问,也就是"反话正说"的意思。如法拉奇明知美国人不喜欢阮文绍和南越人抱怨美国人的事实,却从"喜欢"与否切入话题,迫使基辛格吐露真言:

法拉奇:……您喜欢黎德寿吗?

基辛格:喜欢。(谈对黎德寿的看法)

法拉奇:跟阮文绍的关系您也作同样的评价吗?

基辛格:我过去与阮文绍的关系也很好。过去……

反问的特点是"先发制人",截断对方的退路,使对方不得不对提问有较坦白的回答。因此,反问的前提,是估计到对方对正问的内容不会有坦率的回答。采访对象对反问的内容可能作出的反应有:一是承认;二是否认;三是沉默。反问易使采访对象被动,有可能引起不悦,所以要根据具体的环境、采访对象来决定是否采取这种提问方式。

(4)激问艺术

所谓激问,就是通过一定强度刺激的提问,使采访对象由"要我谈"变为"我要谈"。激问的特点是"激",即通过一定强度的刺激,使采访对象的情绪朝着有利于记者采访的方向变化。激问的适用对象,有谦虚不想谈者,有顾虑怕谈者,有与事件有利益、利害关系而不愿接受采访者,也有自恃高傲而不屑谈者,等等。

激问的难点,是如何掌握刺激的强度。刺激强度过弱,采访对象反应不大或没有反应;过强则可能适得其反,引起采访对象的反感。

(5)错问艺术

所谓错问,就是故意问错,把白的说成黑的,把好的说成是坏的,促使对方兴奋俱增,迅速产生否定错误的提问。如1936年斯诺在陕北采访,斯诺与几位青年聊天,谈起了四川老家闹土匪的情况:

斯诺:你是说红军吗?

答:不,不是红军,虽然四川也有红军,我是说土匪。

斯诺:可是红军不也是土匪吗!报纸上总是把他们称为赤匪或共匪的。

答:报纸编辑不得不把他们称作土匪。

斯诺:大家害怕红军不是像害怕土匪一样吗?

答:这个嘛,就是看情况了。有些人是怕他们,可是农民并不怕他们。有时候他们还欢迎他们呢。

很显然,斯诺是借用国民党称红军为"土匪"来称呼红军的:"可是红军不也是土匪吗"、"大家害怕红军不是像害怕土匪一样吗"? 错问的关键,是记者要善于把握和控制采访对象的心理,并加以有效引导。

(6) 追问艺术

所谓追问,就是记者围绕谈话线索,或是某一问题穷追不舍、刨根究底地连续提问。记者追问是基于以下几种情况:一是采访对象的避实就虚,记者的单刀直入、打破砂锅问到底;二是用于搜集情节或细节,以充实和支持主题。比如说,是什么时候发生的?当时有谁在场?您想了些什么?说了些什么?他有什么反应?最后怎样结束的?等等。三是用于证实、检验采访对象说法是否前后一致,便于发现问题。记者顺着对方的谈话顺序,找一个借口话题一转,回到前面已经谈过的内容,检验前面的说法。

追问,有"连续追"和"前后追"两种情形。所谓"连续追",就是穷追不舍、刨根究底地连续提问,目的是不给对象以"加工思考"的机会,从而说出事件的真相。所谓"前后追",也叫"证实追",就是记者对采访对象已经回答过的问题,在过了一段时间,又一次印证性地提出来,看对方说的是否前后一致。

追问,尤其适合于舆论监督报道。通过对事件细节的追问,可以使节目的调查显得更加深入,更加严谨,受众也会更加信服记者所提供的事实。记者在面对一个采访选题时,其实就已经面对一个已经展现出来的事实,或者叫做"浅表事实"。一般而言,有经验的记者不会按照这些浅表事实去按图索骥,把别人交给自己的说法作为结论向受众交代。中央电视台的《焦点访谈》、《新闻调查》等栏目中播出的一些舆论监督类节目,记者在掌握新闻事实的基础上,就往往以犀利无比的语言、穷追不舍的精神、刨根究底的提问,使得那些被监督者无言以对,令老百姓拍手称快,赞誉有加。例如,《焦点时刻》曾经做过一期"劣质课本进课堂"的节目,记者展示了印刷粗糙、缺页、字迹不清,以及书后的答案错漏百出的课本,并跟踪到印刷厂,印刷厂厂长面对记者的采访,居然哭穷似地说:"原因是我们的印刷设备太落后,没有钱更新改造……"记者的提问就此打住了,没有再往前追一步。

为此,时任中央电视台新闻中心主任的孙玉胜在审节目时严厉批评说:"为什么不追问?难道课本上的答案错误也是设备问题吗?分明是不负责的态度和利欲熏心的行为,却被厂长一句'设备落后'给搪塞过去,记者的采访停留在了表层而没有深入。其实这样的停留对节目和栏目都是有伤害的。对节目而言,错过了一次挺进事实深处、获得节目深度的机会;对栏目而言,我们的节目没有对对方的狡辩提出质疑,而是将之作为一种说法交代给了观众,在观众看来,这就已经是栏目的态度和立场了。"[①]

总之,提问是记者获取新闻的主要手段。对于记者来说,重要的是要研究采访对象的心理,紧紧把握谈话的控制权,使采访自始至终朝着有利于深化谈话主题的方向

[①] 孙玉胜:《十年,从改变电视的语态开始》,三联书店2003年版,第97页。

发展。

3.提问的原则

(1)合格的对话者原则

提问的实质是对话交流,而对话是有条件的。记者要提问,首先必须获得采访对象的认同,才能实现与采访对象有效地对话。采访对象对记者的认同,包括情感趋同、角色类同和认知略同。

当然,这"三同"并不是要记者同时具备,采访对象才予以认同。事实上,记者不可能对所有的采访对象都能够做到这"三同",但成功的采访,至少应有其中的两项相同。法拉奇对20多个国家的元首、首脑或要人卓有成效的采访,就是最好的例证。

对记者而言,合格的对话者还应该包括:一是对采访问题的了解和情况的把握,这样,采访对象才不至于像向小学生讲课一般地向记者介绍情况,也才能有效地避免记者被采访对象牵着鼻子走;二是事先应对采访对象作必要的个人研究,如性格、爱好、专长、贡献、家庭、生活习惯,等等,并在交谈中适当地表达出来,这样易于被采访对象所接受,从而形成双方的良性互动。

(2)简练原则

简,即简洁;练,即精练。所谓简练原则,就是记者提问宜事先推敲,设计宜短勿长。这是因为:人的记忆有限,提问过多、过长,采访对象容易记前忘后,或记后忘前,使问题回答大打折扣,甚至有问无答。

简练原则要求记者:一是访前的提问设计,应统筹安排,理清提问的重点、难点;二是提问时最好一事一问,通过语气调节,突出问的重点,并多用短句,不拖泥带水。

(3)维系原则

所谓维系原则,是指记者提问要以维系与采访对象的谈话、促进其交流为基本原则。记者采访包括看、听、查,以及提问等在内的所作所为都是为了获得新闻材料,特别是与采访对象面对面地进行谈话交流,更是记者直接获取第一手材料的难得机会。维系谈话就能获得更多的新闻材料,不能维系则可能一无所获。作为记者,维系与采访对象的谈话是至关重要的。维系谈话的内涵,包括"有话谈"和"谈下去"两个方面。

所谓有话谈,就是有谈话的内容。记者事先应准备充足而又适当的话题。法拉奇在回顾采访20多个国家的风云人物时说:"我去见他们时往往情绪激动并带去了一连串的问题。""当终于见到他们时,我就千方百计延长会见的时间。"[1]

---

[1] 法拉奇:《风云人物采访记》,新华出版社1988年版,第4页。

所谓谈下去,是指记者为达到完成采访任务的目的,维持与采访对象的谈话关系。一般而言,只要能谈,完成采访任务就大有希望。"谈下去"的另外一层含义是,记者在采访中也可以作出某些妥协或让步,如调整提问方式,转换一个话题等,目的是为了"谈下去"。

第四节 查阅艺术

一、资料的特点

查阅,即查阅资料。所谓资料,是指运用一定物质手段存储下来提供再次使用的各种信息,它包括剪报、卡片、书刊、图表、录音录像资料、电子读物等。对于记者来说,资料是知识的来源,写作的基础。查阅资料是记者获取新闻材料的重要手段。

新闻资料的特点主要有三:一是记录性。所谓记录性,指资料是对已经发生的事实的记录。从这个意义上说,资料是记录在案的旧闻,没有记录就不是资料。资料一经产生,就依附着载体凝固起来,成为一种不可更改的客观存在。二是参考性。所谓参考性是指资料对人的借鉴性。资料记录着人类社会不同的历史时期的基本情况,是人类科学劳动的产物或文明智慧的结晶,具有丰富的知识内涵,可以作为人们学习、借鉴,指导人们的行为的依据。三是积累性。资料是古往今来一代一代相传,在历史发展中形成的。在形态上可以是一篇文章、一部著作、一套丛书,也可以是一件事、一个故事,或是一句警句名言,还可以是今天意义上的声像资料、网上资料,等等。

由此可见,资料的内涵,囊括了人类自然科学和社会科学的全部内容,它包括大至人类各个时期的有关政治、经济、文化、科技等方面的史志资料、经典著作,小到地方的风土人情、名人轶事、名言警句,等等。对于新闻记者来说,资料的内涵还应包括党和政府及有关部门的文件性资料、时事政治资料以及具有典型意义的单位、人物的历史资料,等等。

二、资料的作用

资料对新闻的作用,主要包括新闻采访和新闻写作两个方面。资料在新闻采访中的作用主要如下。

1. 资料可以帮助记者迅速进入采访角色,并在一定条件下决定采访的成败

资料虽然是历史、是"旧闻",但对记者了解情况,把握全局,具有不可低估的作用。

从资料的性质看,资料有最新资料与历史资料、直接资料与相关资料之分。一般地说,最新资料、直接资料,虽然也是被记录、被报道过的,如年鉴资料、报刊资料等,却与现实生活关系密切,有时甚至密不可分,只是随着时间的推移,载入了"史册",但可能仍然是人们关注的话题。即使是与今天现实生活相距甚远的历史资料、相关资料,但历史的延续和传承或多或少或显或隐地影响着现实生活。从认知事物看,必须借助资料。以采访车祸为例,造成车祸的原因是车速过快。那么,过快的标准又是什么?这样,就必须查阅有关资料,才能获得准确的结论。采访非事件性新闻,记者更是要借助资料认知事物。这集中体现在新闻要素的"何因"和"何果"上。新闻作品中的"何因",多表现为背景资料;"何果"表现为比较资料,如技术参数的比较、经济效益的比较、前后效果的比较,等等。

一般来说,事件的发生绝不是偶然的,而是有着产生发展的必然条件以及与此相适应的背景和原因。人类在长期的社会生活中,积累了相当的经验和丰富的知识。资料作为一种时代的记录,反映着各个不同的历史时期人类活动的基本情况,一经产生,又为今后人类的社会活动提供参考。简言之,资料可以有效地帮助记者认知事物,揭示事物的本质和发展规律。

记者如在采访前掌握和研究了必要的资料,就能"胸中有数",在采访中就能"有的放矢",迅速地进入采访话题,提高采访效率。

2. 资料是指引记者采访的线索

资料的这种作用是由资料的指向性决定的。例如,某县志记载,这个县从宋朝开始便有家家户户养鸭的传统,而且饲养的鸭具有体大肉肥味美的特点。那么,在大力发展社会主义市场经济的今天,这个县发展养鸭事业有哪些优势呢?很显然,有关鸭的资料可能指引记者去采访有关发展养鸭的题材。

资料的指向性还可能指引记者去对一些问题进行深层次的报道,如解释性报道、连续报道、后续报道等。例如,前不久,新闻传媒披露了某地乱开乱采,造成水土流失,引起各级政府和有关部门的重视。那么隔了一段时间情况又如何呢?记者可以带着前面已经披露的资料,再度采访,采写后续报道。因此,掌握一定的资料常常可以使记者的采访获得事半功倍的效果。

3. 资料可以有效地帮助记者打开采访对象的话匣

资料与新闻素材是既有关联又有区别的两个概念。相同的一面是,二者都可能写入新闻作品;不同的方面主要有:

获取方式不同 资料是对已经发生的事实的记录,既然有记录,记者就可通过查

的方式来获取;而新闻材料在多数情况下是指新近发生的事实,记者获取新闻材料的手段是捕捉和发掘;

表现形态不同 记者获得的新闻材料,不论是否写入新闻作品,都可称为新闻材料,但在使用一次以后,新闻材料由于被记录,就可成为资料;而资料只有进入新闻作品后才可称为新闻材料。

使用目的不同 记者搜集新闻材料的目的是写作,而资料虽然也可能进入新闻作品,但大量的资料却是用在准备阶段和分析研究阶段,帮助记者认知事物,把握事物的规律。

用于采访准备阶段的资料,可以有效地帮助记者打开采访对象的话匣,引出双方都感兴趣的话题。例如,意大利女记者法拉奇为实现对邓小平的采访,研究有关我国情况和邓小平的资料就多达十多公斤。在1980年8月21日,法拉奇是这样运用资料打开邓小平的话匣的,一见面,法拉奇便祝贺邓小平的生日,而邓小平自己却忘记了①——

邓小平:我的生日?我的生日是明天吗?

法拉奇:不错,邓小平先生,我从你的传记中知道的。

邓小平:既然你这样说,就算是罢!我从来不知道什么时候是我的生日,就算明天是我的生日,你也不应该祝贺我啊!我已经76岁了,76岁是衰退的年龄啦!

法拉奇:邓小平先生,我父亲也是76岁了,如果我对他说那是一个衰退的年龄,他一定会给我一个巴掌的呢!

邓小平:他做得对。你不会这样对你父亲说的,是吗?

法拉奇如此轻松的采访开头,赢得了邓小平的好感,也为自己赢得了深入采访的机会,接下来提问就是一连串非常严肃、相当尖锐的问题。时隔一日,日理万机的邓小平又一次会见了法拉奇,进行了更广泛、更深入的谈话。

图5—7 邓小平与法拉奇的合影

图片来源:http://p0.so.qhimg.com/t0169057912cb3ac38f.jpg。

---

① 《答意大利记者奥琳埃娜·法拉奇问》,《邓小平文选(一九七五——一九八二)》,人民出版社1983年版,第303页。

资料在新闻写作中的作用,主要有以下几个方面:

1. 资料能够充当新闻或评论的背景资料

新闻背景是指新闻事件发生的历史或现实环境。事物的产生和发展都有一定的历史根据,同时又与其他事物相互关联。为了使受众更全面、更深刻地了解新闻事件发生的原因、过程、意义和影响,常常需要辅之以必要的背景材料,揭示新闻事件的内涵,唤起受众的联想和思考。

从新闻传播的实际来分析,新闻报道离不开资料。新闻作品中的资料,往往能够起到说明、诠释、衬托、支撑观点、揭示事物内在联系、突出新闻价值、以及解释事件的起因、发展及其走向的作用。同时,资料还可以有效地帮助受众读懂听懂或是看懂新闻作品,从而起到解疑释难、增进作品的知识性、趣味性和传播效果的作用。请看新华社 1957 年 6 月 22 日采写的一篇报道。

上海工业每分钟创造的价值[①]

据新华社上海 1957 年 6 月 22 日电 新华社记者贺立昌、周立报道:今天,记者在上海统计部门发现了一连串的数字,这些数字经过演算以后,有趣地说明了当前上海工业每一分钟所创造的价值,比第一个五年计划以前要多得多。

在同样的一分钟时间里,1952 年上海只能炼出 130 多公斤钢,现在已经达到 950 多公斤;1952 年只能织出一公尺多精纺毛织品,现在已经达到 13 公尺;1952 年只能做出 53 双胶鞋,现在已经达到 126 双。

上海现在每一小时能够出产 32 辆自行车、14 吨纸、第一小时出产的轮胎能够装备三辆六轮大卡车。而在 1952 年第一小时只能出产三辆半自行车、八吨多纸,第一小时出产的轮胎装备一辆半大卡车还不够。

上海现在只要一天时间出产的青霉素,就比 1952 年全年的产量还要多出许多。几年以前,上海还主要是修理船只和收音机,现在每隔四分多钟就有一架收音机做好,仅隔四天就有一艘新船可以参加航行。

全市第一个五年计划期间累计的工业总产值可以达到 500 亿元,今年比 1952 增长 84%。五年来,平均每一分钟的工业总产值是 19000 多元。

上海工业几年来为国家积累了大量资金。单是国营工业部分,在过去的

---

① 颜雄主编:《新闻经典》,湖南大学出版社 2000 年版,第 30 页。

四年中,平均每一年的上缴利润就可以给国家建设一个第一汽车制造厂;而国家给上海工业的全部基本建设投资,过去的四年加起来还不够建一个第一汽车制造厂。

这条报道的写作特点有二:一是采用了"比较"的手法,即"1952年"的数据与"现在"的数据的对比;二是大量地使用资料,即1952年的资料。从二者关系上看,以1952年的资料突显"今天"的发展进步,突出了这条报道的新闻价值。

新闻作品中的资料,可以是历史过程中的一件事、一段警句,也可以是现实生活中一个常识、一个公式、一组数据,等等,反映事件或人物成长的主客观条件的资料,能起到说明意义、释疑解惑、便于受众理解的作用。在新闻评论中,资料常常是充当或引出论题,或成为论点,或充当论据,等等。

2. 主导解释性报道的写作

解释性报道,又称"新闻分析",是用充分的背景资料着重解释和说明新闻事件发生的原因和产生的结果的报道。杰克·海敦说,解释性报道"是以充分的背景为依据的客观的加工过程,其中有一部分是评价"[①]。

在解释性报道中,资料几乎主导了整个报道。

例如,2006年6月15日的报道——"中国汽车发展使决策层喜忧参半"中,引用了大量数据和材料来填充报道。报道中提到:1983年,国有北汽集团(Beijing Automotive)与美国的(American Motors Corp)签署协议,成立了中国第一家合资汽车制造厂,生产吉普车(Jeep)。此后不久,上汽集团(Shanghai Automotive)与德国大众也成立了合资企业。1997年,通用汽车战胜多家竞争对手,与上海汽车集团成立了合资公司,等等,都是已经过去了一定时间的资料,但用在这篇解释性报道中,却为报道增色不少。

三、资料的积累艺术

资料来源无非是两条,一是自己积累,一是查阅他人的资料。如何积累资料?许多专家学者、知名记者以及采访学教科书,都有过专门的论述和介绍。资料积累的主要原则是:

一是分类原则。所谓分类原则,就是对资料进行分门别类,便于查阅。资料是一

---

① 〔美〕杰克·海敦:《怎样当好新闻记者》,新华出版社1980年版,第213页。

个非常广博的概念,简单地说,只要历史上出现过的、有过记载的事物、事件以及各种知识、信息等均可纳入资料的范畴。而资料的获得却是零散的、无序的和不规则的。随着日积月累,资料增多,无序状态的资料必然不便于查阅,不能满足记者快查快写的要求。对资料进行归类管理,就能纲举目张,查阅、使用时就能信手拈来。

二是选优原则。积累资料,总的要求是"韩信将兵,多多益善"。但终究有一个限度。这是因为,过多会产生"信息过载",不便于查阅。这样,必然要求记者按照优选的原则积累资料。优选的着眼点是精选和实用两个方面,即所谓的"以一当十"。只有精选,资料才能真正派上用场,具有说服力和起到揭示事物内在关系的作用。

三是持久原则。资料积累并非一朝一夕之事,而是一项长期的工作,要求记者从点滴入手,及时处理,持之以恒。只有长期坚持,才能积少成多,集腋成裘。

四、查阅的艺术

查阅资料当然包括查阅自己积累的资料,但主要指的是查阅社会的、他人的资料,用"他山之石","攻"采写之"玉"。记者查阅资料可分为他查和自查两个方面。所谓他查,就是记者委托采访对象查阅而获得新闻资料的方法。他查有两个显著特点:一是高效性。对于记者来说,他查省时省力和高效率。二是权威性。记者委托采访对象查阅资料,一般是国家机关工作人员,或有关权威部门,以及作为采访对象的当事人,等等。所谓自查,是指记者自己直接查阅资料。

从资料来源看,记者查阅资料的渠道主要有:

1. 图书馆

图书馆是集收集、整理、加工、保藏、传播和开发利用于一体的文化机构,其基本职能是保存和传递文献资料。为方便读者查阅,目前,我国图书馆实行的是"十进分类法",即 10 个基本大类:

(1)000,为总论;

(2)100,为哲学;

(3)200,为宗教;

(4)300,为社会科学;

(5)400,为科学技术;

(6)500,为基础科学;

(7)600,为应用科学;

(8)700,为艺术;

(9)800,为语言文字;

(10)900,为历史。

图书馆应是记者获取资料的资源库,使用得当,对自己会大有帮助。

2. 资料室

新闻传媒机构一般都设有资料室,主要任务有:收集和选择各种资料,进行剪贴、复印和卡片记载工作,整理、分类并归档、保管、负责加工和供应相关资料。另外,各党政机关、部门团体、厂矿企业等单位也大都设有资料室。在国外,办有专门的资料供应社。最早的资料供应社是1865年在美国芝加哥创办的,专门出售报纸的"半成品"。其创始人凯劳格被称为"资料供应社之父"。我国最早的资料供应社是1940年由刘光炎在重庆创办的"联合文化编译社",主要向地方报纸供应名人专访。

3. 各类年鉴

年鉴汇集了截至出版年为止的各方面或某一方面的情况,根据内容可分为专业性年鉴和综合性年鉴两大类。专业性年鉴所收集的内容是单一学科或一个行业的专业年鉴。综合性年鉴是以不同性质的学科、行业内容并列为主体的年鉴。前者内容专业,资料具体而翔实;后者内容广泛,宏观上全面把握,但微观不及前者详细、具体。按年鉴反映情况的区域范围,又可分为国际、国家和地方年鉴三大类;根据年鉴编纂的特殊性,可分为百科全书年鉴和统计年鉴。统计年鉴的主要特点是用数据说明事例。

4. 原始凭据

原始凭据是构成事实的直接证据。原始资料对于记者采访具有战术上的意义,直接关系到采访的成功与否。原始凭据资料主要有:

- 反映政治生活的会议记录、文件规定等;
- 反映经济生活的合同协议、收款收据、财务报表、报销凭据等;
- 反映生产生活的检验单、检测单、入库单、当班日志、统计报表等;
- 反映科研情况的实验数据、检测单、评审记录鉴定意见等;
- 反映日常生活情况的证物等。

构成原始凭据有两个要素,一是必须是确实存在的客观事实;二是原始凭据同被报道的事物必须具有内在的联系,并能证明与事物有待证明的问题。

5. 网上查询

网,即互联网,指以电脑和电话线或有线电视光缆连接的信息互联网。互联网的查询有以下三个特点。

第一个也是最大特点是资源共享性。新闻传媒竞相上网，其目的是资源共享，互通有无。

第二个特点是信息的丰富性。互联网上的信息品种繁多，如同一个巨大的信息超市。从目前网上的信息看，主要有：

- 各类新闻；
- 电子书籍；
- 休闲娱乐；
- 科技信息；
- 金融证券资讯；
- 商贸信息；
- 旅游信息；
- 医疗信息；
- 广告信息；
- 各类政策信息；
- 交友信息；

……

第三个特点是查阅资料的便捷性。只要掌握了相应的方法，点击鼠标，就可轻松地查阅到各种信息资料。从互联网上获取信息，如同接收广播电视的信号一样，发布与接收是同步的，没有时空上的差异。随着互联网的兴起，特别是随着世界范围信息高速公路建设的发展，为记者获取各种信息资料带来极大的便利。对于记者来说，学习新的技术，迎接新的挑战，是查询资料的前提。

需要特别说明的是，通过互联网查阅资料，应严格遵守国家使用网上资料的有关规定，同时需要对网上的资料进行筛选、鉴别。

说到网上资料的搜索，就不得不提到"人肉搜索"这个新兴名词。"人肉搜索"是一把双刃剑，它一方面能为记者快速地提供相关资料，另一方面它又可能引来侵犯他人的隐私权和名誉权的问题，因此在使用网上"人肉搜索"资料时需要特别慎重。

名词解释

观察采访、看点、语言环境、问题问、错问、追问、激问、漏斗式提问、倒漏斗式提问

思考题

1. 以《日本签字投降》为例，谈谈你对观察采访的认识。

2. 在观察采访中,谈谈你对"眼见不一定为实"的认识。
3. "耳听不一定为虚",谈谈你对"听"的作用与局限的理解。
4. 试比较"开放式"提问和"闭合式"提问的异同。
5. 谈谈资料在新闻采访中的作用。

延伸阅读

1. 方芳、乔申颖:《名记者清华演讲录》,人民日报出版社 2002 年版。
2. 〔美〕约翰·布雷迪:《采访技巧》,新华出版社 1986 年版。

第六章 新闻采访规范

● 本章要点：

1. 了解新闻自由的历程和新闻自由的内涵。
2. 了解政治对新闻自由的约束和我国新闻为政治服务的内涵。
3. 了解国家法纪(包括新闻职业道德)对新闻传播的禁止。
4. 了解"俗文化"的内涵及对新闻采访的制约。

"自由"一词，原意为"从被束缚中解放出来"。人人都向往自由。没有自由，思想就受到禁锢，行为就受到束缚，人就不可能有所作为。换句话说，人的行为与人的自由是紧密相连的两个概念。

以采集和传播新闻信息为职业的新闻记者，对自由，特别是对职业自由（新闻自由）有着更深刻的理解和更执著的追求。然而，纵观整个新闻史，人类社会从来就没有绝对的、无条件的、不负责任的、无约束的"新闻自由"。新闻自由始终是一种阶级的自由，是法统下的、有条件的和必须承担相应社会责任的新闻自由。

第一节 新闻自由与新闻控制

一、争取新闻自由的历程

新闻传播是由采访、写作、编辑、发布四个环节组成的，采访是写作新闻的基础和新闻传播活动的第一个环节，是构成新闻自由的前提。

仔细思考，新闻自由这一命题的提出，本身就意味着新闻传播是不自由的。新闻自由受到政治、经济、法律、纪律、职业道德以及风俗民情等诸多社会因素的制约。

与新闻自由相对应的是新闻控制。综观人类的新闻发展史,早期的手抄小报①传播的内容先是一般的商业、船期信息,后来涉及政治、宗教内容,便具有了一定的反封建、反教会倾向,引起封建统治阶级的惊恐和不安,招致封建统治阶级和宗教势力的限制与打击。

新闻自由的确立,从 15 世纪末到 19 世纪的 300 多年,大致经历了封建王朝、资产阶级革命和反对资产阶级政府控制三个重要发展阶段。

第一阶段:15 世纪到 17 世纪,封建王朝时期。1450 年左右,随着金属活版印刷机的发明,文艺复兴运动遍及欧洲,印刷传播活动大大加速,报刊反封建、反教会的意识明显加强,威胁到了封建王朝的统治。各国王朝先后颁布种种法令,采取高压政策,妄图扼杀报刊出版自由。在欧洲各封建王朝的禁令中,最著名、最具影响力的是英国的伊丽莎白女王于 1586 年颁布的《星法院法令》,该法令的核心是出版印刷的"特许制",主要内容有:

第一,一切印刷品均须送皇家特许出版公司登记;

第二,伦敦市外,除牛津、剑桥大学,一律禁止印刷;

第三,除非教会同意,不再准许出版商申请登记;

第四,印刷任何刊物均须事先许可,否则处以罚款直至坐牢;

第五,皇家特许出版公司有搜查、扣押、没收非法出版物及逮捕嫌疑犯的权利……印刷商的学徒不能超过 3 人②。

这项法令一直维持到英国工业革命爆发,对英国的出版业的影响长达上百年之久,成为英国出版自由最大的桎梏。

第二阶段:17 世纪到 18 世纪,资产阶级革命时期。在这个时期,由于资产阶级反封建、夺取政权的需要以及敌我双方争取民众、制造舆论的需要,报刊一度活跃,从而大大推动了报刊业的发展。英国于 1641 年 7 月在资产阶级革命爆发不久,取消了臭名昭著的"星法院法令",英国报业在历史上第一次获得了自由。同年 11 月,发行了英国第一家专门报道国会新闻的周刊《国会纪闻》,打破了英国长期不许报道国内新闻的禁令。

第三阶段:18 世纪到 19 世纪,反对资产阶级政府控制时期。

1688 年"光荣革命"以后,英国议会控制权利,实现议会君主制,1689 年通过《权利

---

① 手抄小报,即"手抄新闻",是盛行于 14 世纪欧洲的一种初级新闻传播媒体,最早出现在意大利的威尼斯。由于处于与近东贸易有利的地理位置上,意大利成为欧洲资本主义经济最发达的地区,威尼斯于是出现了一批以供应新闻信息谋生的人。他们自己收集新闻,自己抄写,自己发行。这些新闻大多是手抄的,因此被称为"手抄新闻"。

② 梁洪浩:《外国新闻事业史》,武汉大学出版社 1992 年版,第 21 页。

法案》,宣布"国王不得干涉人民的言论自由"。

1789年7月,法国大革命爆发;8月,国民议会通过了著名的《人权宣言》。《人权宣言》第11条规定:"自由传达思想和意见乃是人类最宝贵的权利之一,因而每个公民都有言论、著作和出版自由。"法国由此正式确立了言论、出版自由,《人权宣言》也成为人类历史上第一个明确规定出版言论自由的正式法律文件。对资产阶级革命产生过重大影响的报刊,是法国资产阶级革命时期(1789—1794)的报刊,这些报刊都是以政论为主的政治报刊,大力鼓吹推翻僧侣和贵族统治的革命。

欧美各国在资产阶级革命取得胜利以后,都以不同的形式宣布出版自由、言论自由。在18世纪末,出版自由作为资产阶级革命的成果被正式确定下来。

继1789年8月26日法国通过《人权宣言》之后,美国国会于1791年12月15日通过了《联邦宪法第一修正案》,即著名的《人权法案》。其中,第一条明确规定:"国会不得制定任何法律,剥夺人民言论或出版的自由。"

"出版自由"口号的提出,适应了当时正处在上升发展时期的资产阶级的需要。资产阶级为实现发展经济和与封建阶级分享政治权利的需要,迫切希望冲破封建禁锢,自由地表达自己的思想,宣传自己的主张,因而出版自由成了资产阶级与封建势力斗争的一种思想武器,在资产阶级革命中发挥了重要作用。列宁高度评价这一口号的历史意义,他说:"'出版自由'这个口号,从中世纪直到19世纪,在全世界成了伟大的口号,为什么呢? 因为它反映了资产阶级的进步性,即反映了资产阶级反对僧侣、国王、封建主和地主的斗争。"[①]这些法律条文的确立,无疑是人类历史上的巨大进步,标志着资产阶级革命的胜利。

然而,问题并没有结束。法律规定的出版自由仅仅停留在纸面上,各国资产阶级在夺取政权之后,出于巩固政权的需要,纷纷采取措施限制新闻出版自由,主要措施有:

一是实行事先检查制度,限制言论出版自由。这是欧洲各国资产阶级政府最先采取的措施,以防止报刊批评政府。1662年6月,英国议会制定了出版法案,明确规定了报刊发行许可证制和出版物必须接受议会设立的检察官的检查。这个法案在1688年"光荣革命"后依然实施,直到1694年出版法案颁布才正式废止。拿破仑统治下的法国于1810年重新恢复新闻事先审查制度,而德国从1819年开始重新执行书刊检查制度。

二是制定煽动法、诽谤法,遏制出版自由。制定煽动法、诽谤法,维护国家安全、社

---

① 《列宁全集》第32卷,人民出版社1958年版,第492页。

会安定是必要的,但各国资产阶级政府利用制定煽动法、诽谤法之机,借此镇压敌对势力,压制反对政府的声音。在18世纪初期,英国国会拥有随意确认煽动诽谤罪的权利。国会认为,凡属诽谤议员、指责国会、批评政府大臣的言论、报道,不论对错,均可按煽动诽谤罪论处。17世纪末18世纪初,英国有上千名新闻从业人员因此被罚款、判刑。在19世纪初的前16年,法国巴黎有109家报纸受到内务大臣的警告,8家报纸暂时关闭,5家报纸永久关闭,白色恐怖弥漫欧洲的新闻出版界。

三是征收印花税,实行津贴制。英国国会在1712年5月16日通过印花税法案,除了报刊税外,还征收广告税、纸张税。这种种赋税占出版费的2/3,沉重的税负使得报刊业入不敷出。印花税实行不到半年,报刊就停了一半。德国、俄罗斯都先后实行印花税。直到1861年以后,英国才取消印花税,欧洲各国也开始陆续取消此税。[①]

与此同时,政府以津贴方式收买一批报纸,并把津贴列入政府财政预算。在18世纪前期,英国首相承认每年给报纸补贴5000英镑,而"秘密委员会"则说每年达5万英镑。

因此,这一时期是为反对资产阶级政府控制、争取出版自由的斗争的时期。

经过上述三个阶段的不懈斗争,英国著名的政治思想家约翰·弥尔顿在1646年出版的《论出版自由》中提出的,言论出版自由"是一切自由中最重要的自由"[②]的思想终于得以确立。

国际新闻学会于1951年对新闻自由提出了四条标准,这也就是新闻自由的内涵。它们是:

采访自由　记者对任何新闻事件有采访、了解、发掘新闻事实的自由,政府机关、有关部门和个人应予以便利,其业务上的正当行为,不受任何干扰;

通讯自由　主要是指新闻报道发表的自由。记者依据采访写作而成的新闻报道,首先必须是传递的无障碍。如果新闻报道传递受阻,新闻自由就难以落到实处。

出版自由　包括出版和发行两个方面。出版是为了发行,没有发行自由,所谓新闻自由,就是一句空话。

批评自由　允许每个公民有思想、意见和言论自由,可以评论时政、批评政府的政策和官吏的行为。

新闻自由已成为当今国际社会公认的基本人权之一。1966年联合国大会通过了《公民权利和政治权利国际公约》,其中第19条规定了各缔约国政府有保护新闻自由的义务:"任何人,不分国界,不管以什么表达形式都有寻求、接受和传播新闻和思想的

---

① 梁洪浩:《外国新闻事业史》,武汉大学出版社1992年版,第42—43页。
② 〔英〕弥尔顿:《论出版自由》,商务印书馆1958年版,第44—45页。

权利。"

在我国,党和国家领导人历来重视新闻自由,都对新闻工作作过重要指示。毛泽东在论述人民民主专政的时候曾经提出"舆论一律,又不一律"的言论出版自由方针。邓小平曾指出要正确开展新闻批评和舆论监督,要让群众能够经常表达自己的意见,有出气的地方,有说话的地方,有申诉的地方。江泽民曾指出,对新闻自由要做具体的阶级分析,任何自由从来就不是抽象的而是具体的,不是绝对的而是相对的。在任何一个国家里都不存在毫无限制的新闻自由。

二、新闻控制的内涵

新闻自由,集中地表现在媒介的发表自由。这是因为,要满足公众对各种信息的需求,新闻媒介就必须拥有一定的新闻自由,即出版权、采访权、发表权。对于新闻媒介来说,新闻自由就像空气、水、阳光对人一样的重要。在这个意义上,新闻媒介争取新闻自由的努力代表了人民的愿望和要求。

我国1982年12月颁布的《宪法》第35条明确规定:"中华人民共和国公民有言论、出版、集会、结社、游行、示威的自由。"正如列宁所说:"人民的自由只有在人民能够毫无阻碍地结社、集会、创办报刊,亲自颁布法律、亲自选举和罢免一切负责执行法律并根据法律管理国家的官员的时候才能得到保障。"[1]

新闻媒介依照宪法和法律赋予的权利,行使其职责。由此,也产生了媒介权利的概念。所谓媒介权利,就是新闻媒介运用法律赋予的职责,本能地行使报道新闻事实和评价新闻事实的权利。

媒介权力主要通过以下途径行使:一是通过报道的内容选择和报道手段的运用,形成人们的注意中心;二是通过评价事实,引导舆论;三是通过对社会的舆论监督,改善社会环境。简言之,选择话题,引导舆论,监督社会,是新闻媒介依照法律享有的基本权利。

问题是,由于媒介权利的运用,程度不一地出现了媒介权利的滥用,主要表现在以下几个方面:一是有意无意地掩盖、歪曲事实真相,误导公众,侵犯公众的知晓权;二是侵犯公众的名誉和隐私权,造成对公民权利的侵犯和对社会秩序的破坏;三是超越职权范围,替代国家权力部门直接处理社会问题,或者干预决策过程和司法程序;四是滥用新闻媒体的权威和工作上的方便,为媒体或他人牟取不应得到的权益;五是在当今

---

[1] 《列宁全集》第32卷,人民出版社1956年版,第492页。

西方资本主义国家,新闻媒介已经形成一种垄断局面,一批巨型媒介集团垄断了各国的新闻市场,旁人难以插足,阻碍了大众行使新闻自由的权利。

为了维护公众权利,也为保护国家利益的神圣不可侵犯,社会必然要求对新闻媒介实行有效的控制。所谓新闻控制,是指国家、政党和社会集团通过法律、经济、行政等手段,对新闻传播行为进行的强制性管理和约束。新闻规范的实质,是把新闻自由限制在国家法律允许的范围内,防止新闻媒介权利的滥用。

新闻控制最直接的方法是,控制者通过各种手段对新闻传媒获取事实、选择事实和发布新闻进行管理和约束。其中,重点是对新闻内容发布的控制,防止不良的新闻内容对社会产生负面影响。

纵观中外新闻传播的历史,我们就会发现,对新闻传播进行各种各样的控制是普遍存在的。当今社会,不管哪个国家,哪个地区,也不管是什么性质的社会制度,都存在新闻控制的问题,只是控制方式和控制程度的不同。美国著名传播学家施拉姆说:"每个国家都保证本国人民享有表达思想的自由,然而各国都或多或少地对它的大众媒介加以控制,正如对它所有的社会机构加以控制一样。"[①]

需要特别说明的是,新闻控制与社会制度、社会形态密切相关。具体说,封建社会有封建社会的新闻控制方式和控制手段,资本主义社会有资本主义社会对新闻的控制方式和控制手段。同样,社会主义社会也有自己特色的新闻控制方式和控制手段。这就是说,新闻控制表现出强烈的政治性和阶级性,反映了统治阶级的政治本质和不同的利益追求。

新闻控制的内涵,包括控制方式和控制手段两个方面。

新闻控制方式主要是通过宪法法律、行政法规、新闻政策、宣传纪律等办法实现对新闻传播活动的有效管理与控制。新闻控制方式通常是比较稳定的,一经制定,在相当长的时期内都会保持基本稳定。

新闻控制手段,内容比较广泛,包括政治控制、经济控制、伦理控制等。法规、政策、行政控制是政治控制的组成部分。伦理控制是涉及新闻职业道德的控制,是新闻从业人员自律的主要内容。

行政控制 是国家对新闻传播活动进行的行政管理控制。对新闻传播活动的行政管理大体有以下方面:一是政府为了行使管理权力,大多制定行政管理条例,强制新闻单位照章行事;二是政府设立新闻管理机构,负责对新闻传媒和新闻传播活动进行行政管理;三是利用新闻发布会形式,控制新闻信息来源;四是通过出版刊播权和广告

---

① 〔美〕威尔伯·施拉姆、威廉·波特:《传播学概论》,新华出版社1984年版,第179页。

经营权的审批,制约媒介的经营,等等。

法规控制 是国家通过法律手段对新闻传播活动的控制。新闻法规是国家制定的有关新闻传播行为的法律、法令、条例、规约等法律事项的统称。新闻法规多种多样,可以分为两大类:一是新闻专门法规,如新闻出版法、新闻检查法、报刊条例、广播电视管理条例等;二是相关法规,也称新闻相关法律,如宪法、刑法、民法、保密法、安全法等法律中有关新闻传播的条文。

经济控制 又叫资本控制,是资产所有者对经营者的生存权、发展权和经营权的控制。在资本主义社会,资本家通过出资开办、参股控股、广告发布等途径,掌握新闻传播的经济命脉,加大传媒对出资者的依赖性。资产所有者凭借新闻资产的拥有权和支配权,可以直接决定新闻传播的方针和规模,能够操纵新闻传播的导向。

伦理控制 就是通过制定新闻职业道德标准对新闻媒介施加的控制。新闻职业道德制定后向社会公布,一方面成为新闻从业者的自律即自我控制的守则,同时也成为社会舆论对媒介行为监督的标准。伦理控制不仅是传播主体的自律,同时也是社会对传播主体的他律,是自我规范和强制规范的统一。

新闻采访学把新闻控制作为重要内容来研究,旨在帮助新闻从业者处理好自由和控制的关系,做好采访工作和提高采访效率。

第二节 采访自由与政治约束

作为新闻自由的内容之一的采访自由,从根本上说,属于言论自由的范畴。它包括接受信息的自由;持有思想、主张的自由;传播各种信息、思想和主张的自由。

由于世界各国历史文化背景的不同,宗教信仰的不同,民族习惯的不同,社会制度的不同,以及政治经济形势的不同,等等,政治对言论自由的制约程度表现出很强的差异性。新闻自由显然受到这些情形的制约。

采访自由是新闻自由的前提条件。在诸多制约新闻自由的因素当中,政治对新闻自由的约束是显而易见的。政治通过行政权力、颁布法律、经济手段等措施,制约滥用新闻自由的行为。

或许有人认为,政治是政治,新闻报道是新闻报道,二者没有联系。其实不然。从新闻实践来看,新闻不可能脱离政治,并且与政治有着千丝万缕的联系。

新闻与政治是既有密切联系又有严格区别的两个概念。二者的相同之处是同属于上层建筑的范畴,二者都建立在一定的经济基础之上,同为一定的经济基础服务;二者的不同之处是政治的核心是国家政权,政治通过政权获得政治权力,处于支配地位。各种政治关系的存在和解决都是通过政权来实现的。

政治决定着新闻事业的性质。新闻事业是人们通过新闻机构进行传播新闻和引导舆论的经常性活动,属于意识形态范畴。一定的新闻事业,总是服务于一定的社会制度和一定的阶级、集团的。换言之,新闻只有服从并服务于统治阶级,才能获得自由。新闻记者也只有服从并服务于统治阶级的需要,才能获得采访自由和传播自由。

新闻不等于政治,但新闻脱离不了政治,新闻必须以政治为指导,并为政治服务。这是新闻与政治的一般规律。

在社会主义国家,新闻与政治的关系更加密切。具体来说,社会主义国家新闻与政治的关系是"服从"和"服务"的关系。这是因为:第一,新闻事业既是大众传播,又是党的事业的一部分;第二,新闻机构掌握在代表人民根本利益的党和人民政府的手中;第三,新闻从业人员具有良好的政治素养和马列主义理论水平。这是社会主义国家新闻与政治一般规律的具体化。

一、采访自由与服从政治

在我国,采访自由与政治的约束,集中地表现为新闻采访必须服从和服务于政治。这里所说的必须是指服从和服务的无条件性。新闻采访只有无条件地服从政治的需要,才能获得采访自由,否则,就失去自由。具体来说,新闻采访在指导思想上必须服从党性原则,通过坚定的党性体现出鲜明的阶级性,并把党性和人民性有机地统一起来。在具体业务上要服从新闻政策和服从宣传纪律。主要体现在以下几个方面:

首先,新闻采访必须服从党性原则。所谓党性,是指党的新闻工作者必须具有本党的政治意识。这是社会主义新闻事业有别于资本主义新闻宣传的最显著的标志。新闻的党性原则,是在新闻宣传中体现党的思想、政治、观点、组织等的行为准则。江泽民在《关于党的新闻工作的几个问题》讲话中指出,坚持党性原则"要求新闻宣传在政治上必须同党中央保持一致","要求新闻工作者必须同人民群众保持最广泛的最深刻的联系,从群众的实践中吸取智慧和力量"。2016年2月19日,习近平在党的新闻舆论工作座谈会上讲话指出:"党的新闻舆论工作坚持党性原则,最根本的是坚持党对新闻舆论工作的领导。党的新闻舆论媒体的所有工作,都要体现党的意志、反映党的主张,维护党中央权威、维护党的团结,做到爱党、护党、为党;都在思想上、政治上、行动上同党中央保持高度一致;要把党的理论和路线方针政策变成人民群众的自觉行动,及时把人民群众创造的经验和面临的实际情况反映出来,丰富人民精神世界,增强人民精神力量。"①换言之,党性原则要求新闻记者必须无条件地站在党和人民的根本立场,宣传党和政府的路线、方针、政策;不得利用党的舆论工具发表与党不一致的政治观点;不得散布危害安定团结、动摇人们的社会主义信念的舆论,自觉地在思想观念上和党中央保持高度一致,抵制与党和人民利益相悖的各种错误思潮的侵蚀。

其次,新闻采访必须坚持马克思主义的思想路线。理论联系实际是全党的作风,同时,也是党报应有的作风。陆定一在《我们对于新闻学的基本观点》中论述了唯物论的新闻本源观后,号召新闻工作者"必须尊重事实,无论在采访中,在编辑中,都要力求尊重客观的事实";"好好想一想马列主义,想一想中国社会情况,想一想具体问题的情况","具体问题要具体分析,这样才会少犯错误和避免'客里空',使我们政治上更加成熟"②。

再次,新闻采访必须坚持群众路线,理论联系实际。鉴于党报的党性、群众性、战斗性和组织性,一言以蔽之,党报的工作方法可概括为:联系实际,联系群众,全党办报,群众办报。

理论联系实际是党的一个优良作风,党报的宣传报道同样要紧密联系每个阶段的实际工作。毛泽东在对《晋绥日报》编辑人员谈话时说:"我们的报纸要靠大家来办,靠全体人民群众来办,靠全党来办,我们的报纸工作要确实实行群众路线,不能仅停留在报纸纸面上。"刘少奇也曾要求党报工作者以读者满意与否为评判工作好坏的标准,并告诫说办报是联系群众的很重要的工作,读者是我们的主人。

最后,社会主义的新闻工作者肩负着振兴中华的伟大使命。"只有我们的一切都从广大人民的利益出发,一切为了服务于人民大众,我们的事业才有它的生命和意义,只有努力写群众、学群众、教群众,又使群众写、群众办,我们才能真正实现与群众密切的联系,我们才能提高一步"③。

引导、激励、动员、组织人民群众投身建设祖国,必须以高度统一、严明的纪律为保障,体现在新闻服从政治的关系中,主要是新闻政策和宣传纪律两个方面。

新闻政策 是指国家、政党或有关部门为实现一定时期的目标、任务而制定的有关的新闻宣传的行为准则和策略规范。主要包括新闻的政治导向和政治纪律。新闻政策是新闻服从政治的具体化。政治要求新闻无条件地服从其新闻政策,因而具有强制力。对于记者来说,新闻政策是必须遵守的行为准则,违反新闻政策就会受到相应

---

① 习近平:《2016年2月19日在党的新闻舆论工作座谈会上的讲话》,参见《人民日报》2016年2月20日第一版《坚持正确方向创新方法手段 提高新闻舆论传播力引导力》一文。
② 徐培汀、裘正义:《中国新闻传播学史》,重庆出版社1994年版,第391页。
③ 张之华:《中国新闻事业史文选》,中国人民大学出版社1999年版,第294页。

的惩处,导致行为的不自由。

宣传纪律 是无产阶级政党对新闻机关的新闻宣传活动规定的组织纪律。它主要包括政治纪律、组织纪律和保密纪律三个方面。具体地说,有宣传请示制度、重要稿件送审制度、向上级党委反映情况制度、涉外报道不得随便发言制度、同级党报不能批评同级党委制度以及宣传口径制度,等等。对于新闻记者来说,宣传纪律是新闻业务的行为规范,必须无条件服从。

新闻政策与宣传纪律二者既有相同之处又有不同特点。相同之处主要有:

一是二者都是政治指导新闻,新闻服从政治的具体化;

二是二者都是新闻传媒和新闻记者必须遵守执行的行为准则;

三是二者都对新闻传媒、新闻记者具有约束力和控制力。

不同之处主要有:

一是,新闻政策是某一时期的行为准则,随着历史条件的变化而会发生相应的变化。也就是说,党和政府在不同的历史时期有不同的新闻政策,但宣传纪律的性质却是不变的,宣传纪律是无产阶级政党控制新闻的主要方法之一;

二是,新闻政策是原则的、宏观的和抽象的,而宣传纪律是具体的和事务性的。如宣传纪律可以是一件具体的事,或是对一篇报道稿件的审查,等等;

三是,新闻政策的实施要依靠宣传纪律作保障,没有铁的纪律,再好的政策也难以贯彻执行。宣传纪律是新闻政策贯彻落实的具体化。从这个意义上说,记者遵守了宣传纪律就是贯彻了新闻政策。

二、采访自由与服务政治

新闻与政治的关系,如只强调新闻服从政治是不够的,还必然要求新闻为政治服务。

在我国,新闻为政治服务,集中地体现在"为人民服务,为社会主义服务"两个方面。这就是我国新闻事业的"两为"方针,就是新闻采访的宗旨。作为新闻传播"第一道工序"的采访,也必须认真贯彻落实这一方针。这是因为:我国是社会主义国家,人民群众是新闻报道的主人。人民群众作为受众的主体,既是记者的服务对象,又是新闻报道这种精神产品的"最终消费者"。《中国新闻工作者职业道德职责》第一条就明确规定,全心全意为人民服务是"我国新闻工作的根本宗旨",要求新闻工作者"为人民群众提供参与政治、经济、文化等社会生活以及了解世界所需要的新闻和信息,热情宣传他们建设社会主义的伟大创举和奉献精神,准确反映他们的愿望、呼声和正当要求"。记者只有牢固树立为人民服务的思想,其报道才能在人民群众中找到广阔的市场,新闻才会源源不断。

新闻为社会主义服务的内涵,集中表现在坚持正确的舆论导向。无产阶级夺取政权、建立社会主义国家以后,为巩固政权,维护社会主义制度,需要运用舆论的力量。同时,还因为新闻具有传播信息、表达舆论的功能,借助新闻传播来表达无产阶级的思想、理论、观点,并利用人们长期形成的对新闻的信任和信赖的观念,向人民群众进行革命理想教育,可以使新闻成为团结人民、教育人民、鼓舞人民的工具,更好地为社会主义事业服务。

目前,我国正处在一个新的历史时期,在这一阶段,坚持新闻为社会主义服务,就是要坚定地、全面准确地宣传党的基本路线,宣传建设有中国特色社会主义的理论和决策,宣传全国各族人民在现代化和改革开放中的业绩和经验。在新闻报道中,要弘扬爱国主义、集体主义、社会主义的主旋律,动员和团结人民投身到建设祖国、振兴中华的伟大事业中来。

纵观古今中外人类的全部新闻活动,新闻始终脱离不了政治的约束。新闻必须服从并服务于一定的政治,才能实现新闻传播自身的自由。对于新闻记者来说,投身新闻事业本身就是投身政治,这是因为:

第一,记者从属的新闻传媒,都是在一定的社会制度下,并隶属于一定的政党、集团、阶级,这样使得记者的采访具有了政治的内涵和色彩;

第二,新闻传媒要求所属记者采写符合本阶级、政党、集团根本利益的言论。作为记者本人,只有适者生存而别无选择;

第三,记者为政治服务的同时,也为成就事业、实现自我创造了无限的发展空间。为政治服务是记者赖以生存的第一条件。离开这个条件,记者则难以立足,更谈不上在新闻领域事业有成。记者只有服从并服务于一定阶段的政治,才可能获得采访自由,为成就事业、实现自我奠定基础。

三、舆论监督与新闻批评

社会主义建设要靠高度的社会主义民主来保证。社会主义新闻事业对推动社会主义民主的实现和向高层次的发展具有特别重要的作用。作为党的喉舌的新闻媒体,进行舆论监督、开展新闻批评,既是发扬党的批评与自我批评的优良传统,又是把社会主义民主扩展到政治生活、经济生活、文化生活和社会生活各个方面的有效途径。舆论监督与新闻批评,对促进各项社会工作的顺利进行,具有强肌壮体、防止腐败、广集智慧、避免失误的积极作用。

多年来,许多人把舆论监督同新闻批评混为一谈。其实,舆论监督和新闻批评是既有关联又有区别的两个概念。

舆论,亦称社会舆论,是指公众意见或多数人的共同意见。因此,言论具有明显的整体性和指向性。舆论监督的内涵,既包括公众通过舆论机关对党和政府工作,包括决策落实、进展、效果等诸方面的参与评议、意见与建议,也包括对各级领导干部和国家机关工作人员的思想作风、工作作风、道德风尚和对人民群众以及社会生活进行检查督促。因此,舆论监督既属于公众知晓权的范畴,又属的范畴。舆论监督的实质是人民的监督,是人民群众通过新闻工具对党和政府的工作及其工作人员进行的监督,是党和人民通过新闻工具对社会进行的监督。

舆论监督的核心,是要求各级领导机关、领导干部自觉地把党和国家的大事,及时、详实地告诉人民群众,让人民群众知道,允许人民群众充分发表意见,自觉接受舆论监督。

新闻批评俗称批评报道,是指运用新闻传媒开展的批评与评议,原称"报刊批评"。马克思在1843年写的《摩塞尔记者的辩护》中说:"在报刊上治人者与治于人者同样可以批评对方的原则与要求。"①在我国,新闻批评是指在党组织内部,人民内部对错误所做的批评与自我批评。因此,社会主义的新闻批评是在马克思主义理论指导下的、党组织内部及人民内部进行自我教育的一种新闻实践。

舆论监督与新闻批评的关系。舆论监督与新闻批评既有相同之处,又有不同的地方。相同的是二者都是公众通过新闻传媒实现表达意见、参与生活、评议是非、抨击落后的新闻实践,都属社会主义新闻自由的范畴,受国家法律和政策的保障。不同的是:

第一,舆论监督的核心内容,是公众对重大问题的参与评议和监察与督促。公众对重大问题的参与评议则是"知晓权"的内容。人民的利益和愿望,人民的意志和情绪,人民的意见和建议……通过新闻报道把这些反映出来,形成舆论,也就是舆论监督。

第二,舆论监督的对象,可以是监督"上",如人民群众对党和政府的工作及其工作人员进行监督;也可以是监督"下",是党和政府通过舆论对社会的监督。

第三,舆论监督的内容,既可以是对错误的东西进行批评,又可以是人民的利益与愿望、意志与情绪的表达,还可以是人民的意见与建议的反映等等。

新闻批评则不同。首先,新闻批评的内容必须是错误的、不健康的和落后的;其

---

① 《马克思恩格斯论新闻》,第119页。

次,新闻批评的对象必然是"下"。我国的宣传纪律规定,新闻媒介"不得发表与中央相抵触的言论;新闻不能公开批评同级党委及上级党委"。因此,新闻只能对下级党委以及社会上错误的东西进行批评。

第三节 采访自由与"法"的约束

行为的自由与不自由,集中地表现在法的规定上。

法,是国家按照统治阶级的利益和意志制定并认可,并由国家强制实施的行为规定的总和。同时,法又是一种社会规范,指示人们在特定的条件下可以做什么、必须做什么和禁止做什么。作为法律规范,无论什么人都必须履行和遵守,不可违反,如果违反就要承担法律责任,受到法律制裁。

一、采访自由的法律依据

世界各国的新闻法规有三种形式,一是以立法形式正式颁布的《新闻法》。欧洲大多数国家都采取此种方式,其特点是法院审理案件只能依据和服从《新闻法》;二是判例法,即以最高法院和上级法院的判例为标准作为审理新闻案件的依据。判例法的特点是没有成文的《新闻法》,在英国、美国、加拿大、澳大利亚、新西兰等国家通用;三是没有单独成文的《新闻法》,把新闻法规的有关条文写入《宪法》、《民法》、《刑法》以及其他的专用法律条款中,如《少年法》、《保密法》,等等,日本、新加坡、印度等国采用此种方式。

然而,无论哪种形式,新闻法规的核心问题只有两个,一是保护新闻自由,同时防止滥用新闻自由;二是确保在国家利益、公众利益不受侵害的前提下,鼓励新闻媒介满足公众需要,促进国家发展。

我国是一个法治国家。随着社会主义法制建设的逐步完善,社会各党派团体、各行各业和全体成员,无一例外地必须在法律允许的范围内活动。而作为"党的事业的一部分"的新闻事业、新闻机构和新闻记者,更是必须在宪法和法律允许的范围内活动。

因此,新闻记者只有掌握法律、运用法律,并在法律允许的范围内活动,才能获得采访自由。反之,则丧失法律规定的自由和权利。对于记者来说,包括依法采访和守法采访两个方面:

依法采访 就是依据法律规定,记者采访拥有的权利。简言之,依法采访就是记者采访行为的合法性。国家对合法行为予以保护。

守法采访 就是法律对采访行为的限制与禁止。记者必须知道法律有哪些限制与禁止,从而自觉地约束自己的行为,使自己的行为符合法律的规定。

知法才能守法。记者知法有两层含义:一是狭义的知法,即知晓与记者新闻业务相关的法律知识;二是广义的知法,即既知晓与新闻业务相关,又知晓与报道领域或报道题材等方面相关的法律知识。

在法制社会,一个不学法、不研究法或是没有足够的法律知识的新闻记者,很难做到不碰壁,很难获得真正意义上的采访自由。在一定的条件下,任何一部法律法规其中的某一条款都可能限制记者行为的自由,影响记者使命的实现。

我国的法律由宪法、法律、行政法规和地方性法规、自治法规四个层次构成。每部法律、法规都对人具有约束力和强制力,因而也都可能限制记者的行为自由。从法的渊源来看,我国的成文法的构成体系,如图6—1所示:

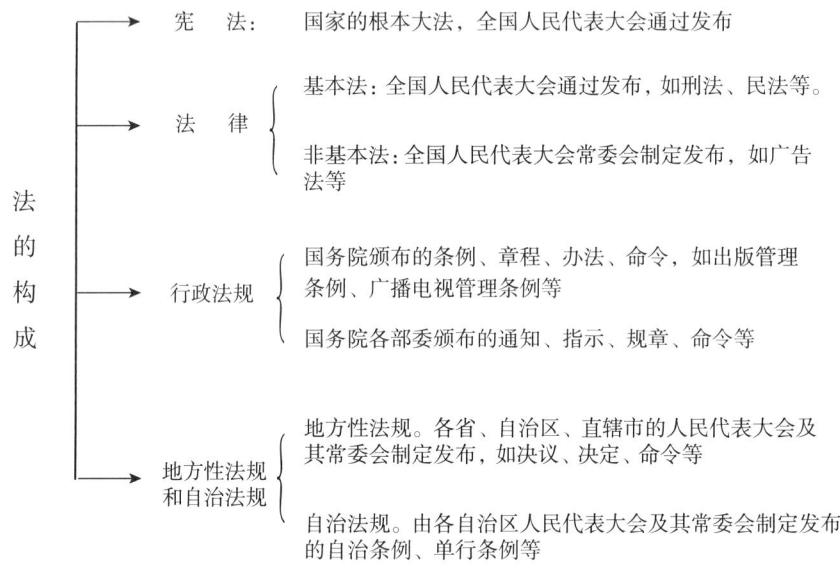

图6—1

以上四个层次的法律法规,构成了我国的法律制度,对记者采访都具有影响和制约作用,其中有的法律法规对记者采访的制约是显性的,有的则是隐性的。

1. 宪法

国家的根本大法。记者必须遵守宪法之规定。

2. 法律

法律有两层含义：一是广义的法律，含宪法、法规等；二是狭义的法律，如刑法、民法、合同法、广告法等。

有些法律表面上看似与记者关系不大，或没有什么关系，但只要记者进入采访"角色"，行使采访职责，便与记者有关了。如我国目前的三部诉讼法（即刑事诉讼法、民事诉讼法、行政诉讼法），是审判程序法。从表面上看似乎与记者没有什么关系，但是，只要记者进入法庭采访，不管你是多大的记者，是哪里来的记者，就都得遵守诉讼法的规定，接受制约。

3. 行政法规

行政法规是法的重要组成部分，是国家行政机关为执行宪法和法律而颁发的具有普遍约束力的行为规则。行政法规包括以下两个层面：

一是国务院颁发的法规。我国《宪法》第 89 条规定，国务院"根据宪法和法律规定行政措施、制定行政法规、发布决定和命令"。行政法规的具体名称有条例、章程、办法等。

二是国务院的各部、委、局在本部门权限内，也有权制定和发布具有规范性的规章。具体名称有命令、批示等。如公安部、司法部、国家工商总局、税务总局等部门制定和发布的规章，也是记者在采访中应当遵守的。

4. 地方性法规和自治法规

这些法规是地方国家机关依照法定职权制定和发布的、实行于本地区的、具有法律效力的规范性文件。记者一旦进入该地区采访，就得遵守该地区的有关法规的规定。在采访实践中不乏记者因违反地方的法规，引起采访对象不满而发生纷争和冲突的事例。

采访自由的法律依据，是记者采访这种社会行为的合法性，采访如果没有充分的法律作保障，新闻传播和新闻事业就无法正常进行。我国目前虽然尚未出台新闻法，但以现行的法律来看，保障记者采访自由的法律依据是充分的。

具体说，我国《宪法》从根本上保障了记者的采访自由。《宪法》第 22 条规定："国家发展为人民服务、为社会主义服务的文学艺术事业、新闻广播电视事业、出版发行事业、图书馆博物馆文化馆和其他文化事业……"

《宪法》第 27 条规定："一切国家机关和国家工作人员必须依靠人民群众的支持，经常保持同人民群众的密切联系，倾听人民群众的意见和建议，接受人民的监督，努力为人民服务。"

《宪法》第35条规定:"中华人民共和国公民有言论、出版、集会、结社、游行、示威的自由。"

《宪法》第41条规定:"公民对于任何国家机关和国家机关工作人员,有提出批评和建议的权利……"。

因此,可以对采访自由作如下的理解:

一是对于记者个人来说。作为国家的公民,记者享有宪法赋予的"言论自由"权和对一切国家机关和国家机关工作人员的监督权、建议权和批评权,这是宪法赋予每一个公民的权利;

二是作为工作而来说,记者采访就是收集公民的意见和愿望,是"代表无法出面的读者同一个人或几个人交谈,从而获得新闻的过程"[①]。公民通过记者表达意见,记者通过采访收集情况,然后向社会转达公民的主张和看法。

总之,新闻记者的采访自由,是宪法和法律赋予的职责,受到宪法和法律的保护。作为记者,在行使采访权的时候,一定要使自己的行为符合现行法律和政策。对于记者来说,尤其要注意政策的学习,这是因为,法律相对来说是稳定的,而政策却是变化的,政策具有很强的时机性和变化性。这样,记者的采访自由与权利,才会受到法律的保障。

二、记者的"金字塔"法律知识结构

采访自由与法的另一层含义是,采访这种合法行为,还有不自由的一面,受到法律的限制,要求记者在法律的限制下,服从法律禁止,即守法采访,才能获得采访的自由。例如,我国《宪法》第51条规定:"公民在行使自由和权利的时候,不得损害国家的、社会的、集体的和其他公民的合法自由和权利。"这就是说,包括记者在内的所有公民,行使自由与权利是以不得损害他人,包括国家的、社会的、集体的和其他公民的合法自由和权利为前提而获得的自由与权利。反之,则可能失去法律已经赋予的自由与权利。

法治国家的特点是,法无处不在,法无时不有。法,犹如一双无形的手,既保障着全社会各行各业、各个阶层的人们的权利与自由,又规范着人们的行为准则。因此,对于记者来说,法既能使记者实现采访自由,又能帮助记者把握事物、判别真伪。因此,记者对法要有必要的了解,即知法才能守法,才能行使采访的自由与权利。

---

① 刘夏塘:《比较新闻学》,北京语言大学出版社1997年版,第326页。

随着我国社会主义市场经济体制的确立和社会主义法制建设的不断完善,我国的政治生活、经济生活、文化生活以及社会生活的方方面面、各个角落都与法律息息相关,都通过法律规范行为、协调关系。记者工作的性质决定了记者必须深入到社会的各行各业并与其交往。因此,作为记者,仅仅了解与新闻传播相关的法律法规是不够的,必须尽可能地知法,学习和掌握国家的法律法规。

法制社会的特点是,法律众多,要求记者准确掌握众多的法律法规既不现实又不可能。因为记者的职业是传播信息,不是法律工作者。但是,新闻记者不掌握一定的法律知识,又可能处处碰壁,甚至发生碰撞,酿成"新闻官司"。因此,掌握一定的法律知识,既是记者实现采访自由的需要,又是记者了解社会生活、熟悉采访行业领域、把握事物、判别真伪的需要。问题是,应当怎样解决记者法律知识的"定量"。

关于记者法律知识的"定量"问题。可以从采访需要和服务采访出发,来定量新闻记者应具备"金字塔"的法律知识结构。所谓新闻记者"金字塔"的法律知识,包括以下三个层次的法律知识,如图6-2所示:

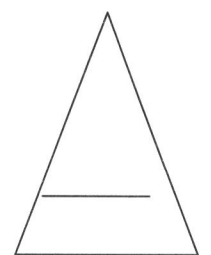

第三层次:精通并遵守新闻传播的有关法律规定

第二层次:对从事报道领域、行业等有关法律有一定的研究

第一层次:掌握、了解一般的法律知识

图6-2

第一层次:记者应对我国的法律体系的构成有大致的了解,具有一般的法律理论修养。

第二层次:记者应对分管或从事的领域、行业的部门法、法规、规章以及地区性法规有具体的研究。如政法记者应对刑法、刑事诉讼法、民法、民事诉讼法、行政法、行政诉讼法等主要部门法有具体的研究;农业记者应对农业法、土地管理法、水法、水土保持法,以及基本农田保护条例、森林防火条例、农药管理条例等法律法规有较多的了解。记者对采访可能涉及的主要部门法的掌握和研究,既能获得如鱼得水的采访自由,还有助于采访话题的深化,透过行业现象把握事物,辨别真伪,用敏锐的法律眼光,捕捉社会生活中鲜活的新闻事实。

第三层次:记者应遵守新闻传播的有关法律规定。根据法律对新闻自由的限制与禁止,记者在新闻采访中不得违反。这是记者守法采访获得新闻自由最基本的条件之一。

三、采访自由与法律禁止

俗话说:没有规矩,不成方圆。采访自由也是有规矩的。记者采访必须固守法律规定的禁止。所谓固守,就是无条件地坚决遵守,不得违反。记者应固守的法律禁止有许多,但主要集中在《刑法》中的法律禁止和《民法》中的法律禁止。这里需要着重指出的是:

第一,以"哨兵"、"瞭望者"而著称的新闻记者,出于职责的需要,能不能对一些社会热点、焦点、难点等敏感话题进行采访。对于记者和公众来说,这是"知晓权"的范畴;

第二,作为法律禁止,强调的是"果",即行为后果"侵害了什么"。但法律对可能发生的后果往往采取事前控制和事后追究并用的办法,制止可能发生的后果。如海湾战争期间,美军就以国家安全为由,严格限制记者采访;

第三,记者的行为后果,有可能发生在采访过程中,但主要表现在作品形态,即发表的作品造成什么样的社会后果。法律对违反法律禁止的行为,有哪些禁止规定,如禁止的内容和违禁的处罚,等等,这些都是记者在履行职责时应引起高度重视的。

1.《刑法》对采访自由的禁止规定

《刑法》是国家维护政权、维持社会秩序和维护统治阶级利益的根本大法。与其他法律相比,《刑法》的特点有二:一是刚性特点,即违法必究、执法必严,没有"变通"的余地,在法律程序上也没有"调解"一说;二是强制性特点。违反《刑法》,轻者可以剥夺人身自由与权利,重者甚至还可以剥夺人的生命权。对于记者来说,遵守《刑法》的法律禁止,是获得新闻自由的第一要义。

我国《刑法》涉及记者职业行为的有关法律规定,如表6-1所示:

表6-1

序号	法律禁止	条文	惩处
1	煽动分裂国家、破坏国家统一	第3条	处5年以下有期徒刑,拘役、管制,剥夺政治权利
2	煽动颠覆国家政权、推翻社会主义制度	第105条	处5年以下有期徒刑,拘役、管制,剥夺政治权利
3	编造并且传播虚假信息,扰乱证券交易市场	第181条	处5年以下有期徒刑,拘役并处10万元以下罚金
4	侵犯著作权	第217条	处3年以下有期徒刑或者拘役并处罚金,没收违法所得
5	侵犯商业秘密	第219条	处3年以下有期徒刑或者拘役并处罚金

续表

序号	法律禁止	条文	惩处
6	捏造并散布虚伪事实,损害他人的商业信誉、商品声誉	第221条	处2年以下有期徒刑或者拘役并处罚金
7	捏造事实诽谤他人	第246条	处3年以下有期徒刑、拘役、管制、剥夺政治权利
8	煽动民族仇视、民族歧视	第249条	处3年以下有期徒刑、拘役、管制、剥夺政治权利
9	在出版物中刊载歧视、侮辱少数民族的内容	第250条	处二年以下有期徒刑或者拘役
10	煽动群众暴力抗拒国家法律	第278条	处3年以下有期徒刑、拘役、管制、剥夺政治权利
11	非法使用窃听、窃照专用器材	第284条	处2年以下有期徒刑、拘役或者管制
12	编造虚假恐怖信息	第291条	处5年以下有期徒刑、拘役、管制、剥夺政治权利
13	传授犯罪方法	第295条	处5年以下有期徒刑、拘役或者管制
14	传播淫秽内容	第364条	处2年以下有期徒刑、拘役或者管制
15	泄露国家机密	第398条	处3年以下有期徒刑或者拘役

资料来源:《中华人民共和国刑法修正案(八)》(2011年修正),http://www.mps.gov.cn/n16/n1282/n3493/n3763/n493954/2921891.html。

新闻传播不得泄露国家秘密,我国《刑法》、《保密法》、《安全法》均有明确的规定。如我国《保密法》规定:"报刊、书籍、地图、图文资料、音像制品的出版和发行及广播节目、电视节目、电影的制作和播放,应当遵守有关的保密规定,不得泄露国家机密。"《保密法》第8条明确规定了保密的内容及范围:

(1)国家事务的重大决策中的秘密事项;

(2)国防建设和武装力量活动中的秘密事项;

(3)外事和外事活动中的秘密事项以及对外承担保密义务的事项;

(4)国民经济和社会发展中的秘密事项;

(5)科学技术中的秘密事项;

(6)维护国家安全和追查刑事犯罪中的秘密事项;

(7)其他经国家保密工作部门确定应当保守的国家秘密事项。

以上规定,新闻记者应该了解。对于违反《保密法》的行为,我国《安全法》第28条规定:"故意或者过失泄露国家安全工作的秘密的,由国家安全机关处15日以下拘留;构成犯罪的,依法追究刑事责任。"《刑法》第398条规定:"国家机关工作人员违反保守国家秘密法的规定,故意或者过失泄露国家秘密,情节严重的处3年以下有期徒刑或者拘役;情节特别严重的,处3年以上7年以下有期徒刑。"现实生活中,因违反国家保密法规而受到处罚的记者和国家机关工作人员不乏其人。

2.《民法》对采访自由的禁止规定

我国《民法》对可能损害他人,即国家的、社会的、集体的和其他公民的自由与合法权利的行为做出了明确的禁止规定。现实生活中,媒体常常发生"新闻侵权"行为。

所谓新闻侵权,是指新闻媒体和新闻采写者利用新闻传播媒体对公民、法人或其他社会组织造成不法侵害的行为。从司法审判实践看,"新闻侵权"主要集中表现为对公民的名誉权和隐私权两个方面的侵害。记者应对新闻侵权问题给予高度重视和特别警觉。

(1)侵害名誉权

名誉,是对公民的品德、声望、信誉、才能等方面的社会评价以及对法人信誉的社会评价。这种评价直接关系到公民或法人的社会地位和尊严。

名誉权是公民人身权利的重要组成部分。我国《宪法》、《刑法》均对公民名誉权有相应保护条款。《民法》规定:"公民、法人享有名誉权、公民的人格尊严受法律保护"。侵害名誉权的要件有三:一是通过一定的行为;二是侵害客体的事实是"侮辱、捏造和诽谤";三是"有意降低"公民或法人的社会地位和尊严。侵害名誉权,从客体上说,可以是公民的名誉权,也可以是法人的名誉权。随着社会的进步和法制建设的完善,人们日益看重自己的名誉,并用法律武器保护自己的名誉。

所谓新闻侵害名誉权,是指新闻作品以虚假或攻击性的内容,公开贬低、侮辱、诽谤他人或法人的行为。新闻侵害名誉权的要害是新闻作品以虚假的事实指责公民或法人的违法违纪行为、不道德行为,或者故意夸大、拔高事实,造成不良的社会影响,损害其名誉的行为。因此,新闻是否属实,是区分新闻侵害名誉权的关键要件。属实的新闻事实,不构成新闻侵权。反之,失实的新闻,则可能构成侵权。

新闻失实是已经发表的新闻作品。新闻采访学认为,新闻失实的源头在采访环节,即采访不扎实,或者根本就没有采访,而是道听途说、添油加醋、或人为夸大、任意拔高,甚至捕风捉影、捏造事实。试想,一个记者采访很扎实,收集了足够的并且是经过证实了的事实,在写作上又斟词酌句,能败诉吗?结论是显而易见的。

因此,要避免因新闻失实发生侵害名誉权,从根本上说,要牢牢把握好采访这一关键环节。只有采集既符合事物表征,又符合事物本质特征的事实材料;既了解事物的宏观真实、过程真实,又捕捉事物的细节真实;既看到事物的"果",又抓住事物的"因"以及二者之间的内在关系等,才能成为记者的力量所在,也才能立于不败之地。

情节严重的侵害名誉权的行为,构成诽谤罪。所谓诽谤罪,是以破坏他人名誉、信用为目的,传播捏造事实、恶意中伤他人的犯罪行为。我国《刑法》246条对诽谤罪规定"处 3 年以下有期徒刑,拘役、管制或者剥夺政治权利"。

(2)侵害隐私权

所谓隐私,是指个人私生活中不愿公开让他人知道的事项。隐私的内涵,包括私人活动、个人信息、个人领域三个方面。所谓私人活动,是指那些属公民个人的、与公共利益无关的、不触犯国家法纪的活动,如日常生活、家庭生活、夫妻生活等;所谓个人信息,是指个人的资讯资料,它包括所有的个人情况,如身高、体重、恋爱、病历、身体状况、生活经历、财产状况、领养子女、生理缺陷等情况;所谓个人领域,也称私人空间,是指个人的隐秘范围,如身体的阴私部位。除此之外,个人住所、旅行行李、手机、日记本、邮件等,也属个人领域的范畴。

所谓隐私权,简言之即为个人私生活的秘密权。它包括以下几个方面:

一是隐私隐瞒权,公民对自己的隐私有权隐瞒,使其不为人所知;

二是隐私支配权,支配自己的隐私,准许或者不准许他人知悉或利用自己的隐私;

三是隐私维护权,当自己的隐私被泄漏或者被侵害时,有权寻求法律保护。隐私权是公民人身权的一部分,世界各国通常都用法律的形式保护公民的个人隐私。

根据最高人民法院审判委员会颁布实施的《关于贯彻执行〈中华人民共和国民法通则〉若干问题的意见(试行)》第 140 条规定:"以书面、口头等形式宣扬他人的隐私,或者捏造事实公然丑化他人人格,以及用侮辱、诽谤等方式损害他人名誉,造成一定影响的,应当认定为侵害公民名誉权的行为","对未经他人同意,擅自公布他人的隐私材料或者以书面、口头形式宣扬他人隐私,致使他人名誉受到损害的,按照侵害他人名誉权处理"。

然而,私生活毕竟是客观存在的事实。私生活,特别是名人的家庭生活、情趣爱好、癖好等私生活,终究是大众关心的话题,一些明星甚至愿意以此来吸引大家的注意。这样看来,人们的私生活并不是完全不能采写报道,而是要征得采访对象的同意。作为记者,在采访这类题材时尤其要把握好这一点。

新闻侵害隐私权的方式,主要表现为擅自公布他人的隐私。

记者在采访过程中,可能会或多或少地接触到一些采访对象的私生活情况,也有的采访对象出于对记者的信任,主动向记者袒露自己的私生活,或许有人简单地认为:你能谈,我就能写。这种观点是错误的。采访对象是否同意公开发表,才是最重要的。采访对象愿意对记者谈个人隐私是一回事,同不同意公开发表又是另一回事。这是因为法律明文保护个人隐私不受侵害。

新闻侵害隐私权,主要有以下几种情形:一是隐私权的观念树立不牢,不经意地把采访对象的谈话内容披露出来。二是追求报道的轰动效应。三是误把采访对象讲述的情况,当作是同意公开发表。

与隐私相关的另一个概念是"阴私"。一般认为,阴私既指男女性关系方面的秘密,也包括有关人体的秘密。根据我国法律规定,涉及个人阴私的"隐私",无论采访对象是否同意,记者均不应采访和报道。何谓"阴私",《诉讼法大辞典》的诠释是:"内容涉及两性关系或侮辱妇女的刑事案件",法庭审理这类案件"可以不公开审理",是"为了防止不良的社会影响,保护有关人的名誉"。因此,作为新闻记者也应照此办理,不得采写报道这类"个人隐私"的新闻。

(3) 侵害姓名权、名称权、肖像权

这三项权利是公民和法人最基本、也是最重要的权利。

我国目前因侵害姓名权、名称权、肖像权引发的"新闻官司"虽然不突出,但也时有发生。

姓名权　姓名是用以确定和代表公民并与其他公民相区别的文字标记和符号。姓名权的具体内容是:①自我命名权;②姓名使用权;③改名权。

新闻传播中侵害姓名权,集中地表现为侵害姓名的使用权,具体说来有两种情况:一是新闻作品弄错被报道人的姓名。曾有一篇新闻作品,文中提及名叫陈王月波的美籍华人。某报发表时想当然地去掉了"陈"字而变成了"王月波"。很显然,该报构成了对陈王月波姓名权的侵害。二是新闻作品的署名问题。这两种情况都可能发生纠纷。

名称权　名称是一个机关、团体、单位、企业的牌号和主要标志。法人名称与法人的经济利益、社会声誉是紧密相连的。名称权主要包括名称设定权、名称使用权、名称变更权和名称转让权四项权利。侵害名称权的实质是损害一个单位的名誉与利益。《民法》规定:"法人、个体工商户、个人合伙人享有名称权。有权使用、依法转让自己的名称。"新闻传播中的侵害名称权有两种情况:一是张冠李戴,造成混乱,使法人受到损害;二是简称不当,产生误解。

肖像权　肖像是"通过绘画、照相、雕刻、录像等艺术形式使公民外貌在物质上再现的视觉形象"[①]。肖像权是自然人对自己肖像的处置权,它包括肖像的制作权和使用权。《民法》规定:"公民享有肖像权,未经本人同意,不得以营利为目的使用公民的肖像"。

有人把传媒登了某人照片、播出了某人的肖像,也作为一种侵权,其理由是"未经本人同意"。执这种观点的人,其实是对肖像权保护的一种误解。根据法律规定,构成侵害肖像权必须具备两个要件,即"未经本人同意"和"以营利为目的",二者缺一,则

---

① 王利明:《中国民法案例与学理研究》,法律出版社1998年版,第70页。

不构成侵权。记者采访新闻包括摄影、摄像，是满足广大受众应知、欲知而未知的新闻欲，并不是去"营利"。如果仅以"未经本人同意"就是侵权的话，试想：社会上有哪一个违纪、违章、违法者会同意把自己被新闻记者瞬间捕捉到的事实公开"曝光"？

此外，我国还对未成年人、残疾人和妇女的权益有明文的法律规定。保护妇女、残疾人和未成年人的合法权益，需要记者在采写和制作新闻时引起足够的重视。

综上所述，采访自由作为新闻自由的基本内容，是法律赋予记者的了解生活、报道生活的权力。同时，法律对包括采访自由在内的新闻自由又做出了许多限制和禁止。这就是说，记者的采访传播必须在法律规定的范围内进行，即遵守法律的各种限制与禁止，才有可能获得采访的自由。反之，如果超越法律规定，则有可能失去采访的自由。

第四节 采访自由与"律"的约束

一、采访自由与新闻自律

"律"者，规也，指规章、法规，引申为"约束"。因此，"律"也是一种对自由的约束和限制。它包括自律和他律两个方面。

新闻法规是一种他律，新闻职业道德则是一种自律（行业和个人的自我约束），二者相辅相成，共同约束和规范新闻从业者的新闻传播行为。

新闻职业道德是在一定经济社会条件下，人们在长期的新闻传播活动中逐渐形成的规范自己传播行为的各种观念、习惯、信念的总称。它具体体现为某些道德原则与道德规范。这些道德原则和道德规范大都是一定阶级和政党根据新闻事业的性质、任务所确定的，它体现的是新闻工作的政治方向和行为准则。

在人类行将送走19世纪之际，美国新闻界在"新闻自由"的鼓噪下，进入了以"黄色新闻"为主的时期。"黄色新闻"的始作俑者是美国著名报人约瑟夫·普利策。1883年，普利策买下了亏损严重的纽约《世界报》。为了摆脱经济上的困境，扩大报纸的销量，这年5月11日，《世界报》一改以往的报道风格，在头版安排了不少带有煽情色彩的社会新闻。例如，杀人凶手访问记、华尔街一人跳楼自杀、匹兹堡绞刑，等等，《世界报》立即成了纽约人街头巷尾的议论话题。

无独有偶。1895年，被称为"黄色新闻"大王的鲁道夫·赫斯特购得《纽约新闻报》，与普利策的《世界报》展开了激烈的新闻竞争。这场竞争是从一个黄孩子开始的。

所谓黄色新闻,是指有关凶杀、灾祸、色情、犯罪等刺激性内容的报道。19世纪末,普利策的《世界报》和赫斯特的《纽约新闻报》因黄孩子引发一场新闻竞争的大战后,把竞争引向了煽情。煽情主义认为,只有违反伦理纲常的事件,特别是凶杀、暴力、抢劫、强奸、淫乱之类才是新闻。

黄色新闻的特点主要有三:一是夸大报道犯罪新闻、灾祸新闻、突出性新闻等富有刺激性的新闻,如《爱情与毒药》《华尔街的恐怖》《年轻姑娘的自杀》,等等。二是使用特大字号的标题,追求最大的感官刺激,吸引读者的眼球。三是捏造事实,杜撰新闻,出版周末刊,刊载充满性诱惑的文章。写作上重视细节的渲染,不断制造紧张气氛,刺激读者。赫斯特为了挑起美国与西班牙的战争,在美西战争爆发前一年多,就派遣画家雷明顿到古巴哈瓦那进行暴行速写。雷明顿到哈瓦那后,发现古巴并没有什么暴行可画,就拍电报给赫斯特汇报,请求返回。赫斯特却回电:"请留下,你提供画稿,我提供战争。"

黄色新闻的泛滥,败坏了社会风气,毒害了人们的心灵,诱发了新的犯罪,招致人们的强烈不满。美国新闻界的有识之士开始反省和审视自己的职业道德。1908年,美国密苏里大学新闻学院院长威廉博士主持制定了《记者守则》,第一次系统地提出了新闻职业道德规范作为新闻记者自律的行为准则。其主要内容有:

(1)新闻是一种专门职业;

(2)一个大众的报纸应为大众所信赖,如果没有完全做到为大众服务,就辜负了这种信赖;

(3)清晰的思考与表述,正确与公平是良好的新闻事业的基础;

(4)报人应只写他所深信为真实的事情;

(5)作为一个报人,凡是人家不愿谈的,就不应把它写出来。受贿于自己,也像受贿于他人一样,应竭力避免;

(6)广告、新闻与社论,均应为读者的最大利益服务,它们应有一个真实与廉洁的标准。

《记者守则》被公认为世界上最早的有关新闻职业的道德准则,先后被译成50多种文字介绍到世界各国的新闻界,并为世界各国的报业学会采用。1923年,美国报纸编辑人协会在其年会上制定并通过了《报业信条》,共七条:

(1)责任;

(2)自由;

(3)独立;

(4)诚信;

(5)公正;

(6)正直;

(7)庄重。

1943年,由美国芝加哥大学校长罗伯特·哈钦斯牵头发动一批著名的人文社会科学教授对报刊自由的现状与前景进行了历时3年的调查。1947年,一份题为《自由而负责的新闻业》的报告出版问世。这就是著名的报刊"社会责任论"。

社会责任理论认为,报刊没有绝对的自由,强调自由伴随着义务与责任;报刊自由涉及所有者、公众和社会三者的利益;报刊的自由并不等于公众的自由,社会应当保护的是公众自由;主张政府对传播媒介的控制,等等。

在社会责任理论的影响下,美国、日本以及欧洲各国的新闻界对记者的职业道德行为进行了规范。1954年,国际新闻记者联合会通过了《记者行为原则宣言》,规定了记者行为的七项原则:

(1)尊重真理及尊重公众获得真理的权利是新闻工作者的首要责任。

(2)为履行这一责任,新闻记者要维护两项原则:忠实收集和发表新闻的自由;公正评论与批评的权利。

(3)新闻记者仅报道知识来源的事实,不删除重要新闻,不得假造资料。

(4)只用公平的方法获得新闻、照片和资料。

(5)任何已发表的消息,发现有严重的错误时,将尽最大努力予以更正。

(6)对秘密获得的新闻来源,将保守职业秘密。

(7)视下列行为为严重的职业罪恶:

——抄袭、剽窃;

——中伤、污蔑、诽谤和缺乏根据的指控;

——因接受贿赂而发表消息或删除事实。

此外,世界各国的新闻界也纷纷采取措施,加强新闻自律的建设和对违规犯禁的查处。如瑞典设立新闻督察员和新闻委员会来处理公众投诉比较强烈的新闻道德问题。新闻督察员不由政府任命,不领取国家津贴,由各新闻媒体自由推选并支付工资和工作费用,并配有助手和秘书,帮助办理日常事务。新闻督察员一般由资深记者、编辑担任,任期三年,可连任三期。对经调查核实的投诉,督察员有权责成有关报刊登发更正或公开道歉。对性质比较严重、社会反响较大的投诉,新闻督察员还要写出专门报告,呈瑞典新闻委员会讨论和处理[1]。

---

[1] 刘江:《瑞典对新闻媒体的调控与监督》,原载《中国记者》总第112期,第53页。

韩国则于1981年成立了言论仲裁委员会,在汉城(今首尔)和其他10个城市共设有14个仲裁部,审议仲裁全国报刊新闻侵权事件,并通过全韩唯一新闻月刊《新闻与传播》刊登审议结果①。

二、我国新闻职业道德的建设

我国新闻职业道德建设始于新中国成立初期。1950年7月,范长江在华东新闻讲习班开学典礼上讲话,提出了新闻工作者的四个信条:

(1)消息绝对真实。

(2)思想要正确。

(3)群众观点的建立,珍惜报纸在群众中的基础。

(4)建立自我批评制度,勇于公开接受批评。

这四个信条虽然是在讲习班上的讲话,但可以认为是新中国成立以来已初具雏形的"新闻自律"。

新中国成立以来我国第一个新闻职业道德规范条例,是1981年由中宣部新闻局在广泛征求新闻单位意见之后拟定的《记者守则》(试行草案)。《记者守则》(试行草案)共有十条:

(1)在工作中自觉地同党中央保持政治上的一致,使党的路线、方针、政策、工作任务和工作方法准确、迅速、广泛地同群众见面。

(2)有计划而深入、细致、具体地调查现代化建设中各方面的新情况、新问题,听取社会各方面的意见,充分掌握第一手材料。

(3)严格尊重事实,严禁弄虚作假。新闻稿发表前要认真核对材料。报道失实,要及时更正或采取其他补救措施。

(4)学习和掌握唯物辩证法,分清事物的本质和支流、整体和局部,切忌主观主义、片面性、绝对化。

(5)严肃认真、一丝不苟,努力通过自己的工作,引导群众为实现党的路线和党的工作而奋斗。注意新闻稿的社会效果。材料取舍、内容表达以至标题、用语、标点,都要对党对人民高度负责。

(6)一切符合党和人民利益的正确思想和行为,要敢于支持;一切违背党和人民利益的错误思想和行为,要敢于斗争。

---

① 郑保勤:《韩国对新闻界的控制与制约》,原载《中国记者》1994年第6期,第44页。

(7)干部、群众的思想情况及各种社会动向,各方面对党的路线、方针、政策的反应和建议,凡有参考价值而又不宜公开报道的,要积极负责地写成内参稿,提供给各级领导机关和有关部门。

(8)遵守宪法、法律、党纪和所在单位的制度,不泄密,不搞不正之风。

(9)谦虚谨慎,向群众学习,向一切有知识的人学习。不指手画脚,不以"钦差大臣"自居,要甘当人民的小学生。

(10)认真学习马列主义、毛泽东思想,学习党的路线、方针、政策,苦练采访、写作的基本功,学会运用各种新闻报道形式,力图使新闻报道准确、鲜明、生动,别具一格。

10年后的1991年1月,在《记者守则》(试行草案)的基础上,中华全国新闻工作者协会第四届理事会第一次全体会议通过了《中国新闻工作者职业道德准则》。这个《准则》的制定,把我国新闻职业道德建设提高到了一个新的水平。"一个统一的、适用全国所有新闻工作者的准则,对规范新闻工作者的职业行为,促进、加强新闻工作者的职业修养,抵制行业的不正之风起了积极作用。"[①]为促进我国新闻职业道德建设的不断完善,中国记协还分别于1994年、1997年和2009年先后三次对《准则》进行了补充修订。2009年11月修订的《中国新闻工作者职业道德准则》共七条,其内容是:

(1)全心全意为人民服务;

(2)坚持正确的舆论导向;

(3)坚持新闻真实性原则;

(4)发扬优良作风;

(5)坚持改革创新;

(6)遵纪守法;

(7)促进国际新闻同行的交流与合作。

三、我国新闻职业道德的原则

我国新闻职业道德的原则,主要有以下三个方面:

1.为人民服务的原则

全心全意为人民服务是中国共产党的根本宗旨,是社会主义事业各项工作的基本方针,同时也是我国新闻职业道德建设的基础和核心。

记者为人民服务的内涵十分丰富,它体现在许多方面。

[①] 陈桂兰:《新闻职业道德教程》,复旦大学出版社2011年版,第65页。

第一，新闻记者要在党和政府同人民群众之间发挥好桥梁和纽带作用。既要迅速、准确地把党和政府的路线、方针、政策和工作任务、工作方法传达给群众，又要及时、充分地把人民群众的呼声、愿望和要求传达给党和政府，真正做到既上情下达，又下情上传，既对党和政府负责，又对人民群众负责。

第二，新闻记者要及时、全面地向人民群众提供参与政治、经济、文化等社会生活以及了解世界所需要的各种新闻和信息，为他们提供全方位的信息服务，为他们有效地行使参政、议政的民主权利创造条件。

第三，记者要全面地反映人民群众的劳动生活，热情地宣传他们建设社会主义创造的业绩和奉献精神，使他们真正成为新闻的主角。

第四，新闻记者要坚决支持一切符合人民利益的正确思想和行为，勇于批评和揭露一切违背人民利益的错误言行和消极腐败现象，积极、正确地发挥新闻舆论的监督作用。

第五，记者要充分考虑人民群众接受新闻的心理习惯和能力、水平，运用群众喜闻乐见的报道形式进行新闻传播和思想宣传，力求做到通俗化、大众化、多样化和个性化。

第六，记者要注意做好群众工作，要重视群众来信、来稿，妥善处理好群众的有关建议、批评、申诉和检举的来信、来访，开展多种多样的为群众服务的活动，密切同人民群众的联系。

2. 实事求是的原则

实事求是，历来是中国共产党的思想路线，也是其工作作风。对于新闻工作者来说，坚持实事求是的思想路线，就是要一切从实际出发，以客观实际和群众的现实需要作为新闻报道的基础和依据。这既是对新闻工作者的政治和业务要求，也是对新闻工作者的思想和道德要求。

从思想和道德的角度看，要坚持实事求是的思想路线，就要求新闻工作者尊重事实，服从真理，坚持真理，要做到一切从实际出发，不唯上，不唯书，只唯实。

首先，要做到尊重事实。新闻记者在新闻传播理念和新闻价值观念上应当确立"事实第一"、"事实为先"的观念，要明确一切新闻报道都须以事实为依据，要根据事实来反映和报道事物，而不能根据希望来反映和报道事物。

其次，要做到服从真理。只有忠实于事实，才能忠实于真理。尊重事实是前提，是基础。因为，真理是建立在对客观事实的准确把握和对事物规律的正确认识的基础之上的。新闻记者要敢于支持和宣传正确的东西，敢于揭露和批评错误的东西。这是社会主义新闻工作者应当具备的战斗风格,也是其道德修养的重要表现。

最后,要做到不唯上,不唯书,只唯实。按照唯物主义的认识论原理,人们观察事物和处理问题必须立足于现实生活,一切从实际出发,要以现实生活中的客观事实和人民群众的实际需要作为依据,而不能以文件上、书本上的东西和现成的经验为依据,要做到不唯上,不唯书,只唯实。

3. 用正确的舆论引导人的原则

"用正确的舆论引导人"是党对新闻事业的一贯要求,也是我国社会主义新闻事业的优良传统。对社会主义新闻工作者来说,"用正确的舆论引导人"既是一项政治原则,也是一项道德原则。

所谓"用正确的舆论引导人",是指在新闻传播过程中要控制好舆论的方向,要用符合党的纲领、路线、方针、政策,符合党的基本理论和基本策略,符合广大人民群众利益的舆论来引导群众,要把群众的积极性、创造性引导到实现社会主义现代化建设的各项任务上来,引导到促进国家的经济发展、社会进步、民族团结和政局稳定的方向上来。

三、采访自由与社会他律

他律,即外部约束。社会他律是指来自新闻界以外的、用以规范新闻从业人员行为的约束。从这个意义上说,他律是社会的,因而也是广泛的。它包括政府、党派、社会集团以及公众从社会公德、职业道德、法律法规、纪律规定等方面对新闻传播活动的约束。但一般认为,新闻他律主要是指法纪对新闻传播活动的约束。

然而,不能不看到,随着法律意识的增强,公众对新闻传播也发挥着约束的作用,使记者的采访行为变得"不自由"。为了表述的方便,这里把法纪对新闻传播的约束称之为"法纪他律",把除法纪以外的社会对新闻传播行为的约束称为"社会他律"。

所谓社会他律,是指公众或社会组织依据国家有关法律、行业规章以及社会公德、职业道德等有关规定,对记者采访行为进行约束限制。它包括抵制和监督两个方面。所谓抵制,是指公众或社会组织面对来访的记者,感觉到自己的权益可能受到侵害,采取拒绝采访的抵制行为。所谓监督,是指公众或社会组织面对记者违反社会公德、职业道德或违法乱纪的行为,向记者所在单位或有关部门进行的检举与控告。公众或社会组织对记者采访行为的抵制和监督,是通过对记者某一具体问题的感觉,如对记者的侵权感觉、违法乱纪的感觉等而实施限制措施的。一般地说,抵制发生在采访环节和采访过程中;监督既可能发生在采访过程中,又可能是事后的检举、控告,有时二者

"结合并用"。

社会他律,具有很强的行规性和广泛性。

他律的行规性 行规是社会组织从自身的职业需要和工作特点出发制定出来的,要求组织成员和社会其他成员共同遵守的规章制度。如易燃易爆的工矿企业,严禁烟火;进入建筑工地,必须佩戴安全帽;进入医院的手术室或制药、食品行业的车间场地,必须换装消毒,等等。这些规章制度,虽然不是法,但对于记者来说,也是一种约束和限制,必须无条件地遵守。遵守了就可得到采访对象的赞同、认可,获得采访的自由。反之,则可能与采访对象发生矛盾,甚至还可能被拒之门外。他律的行规性还表现在,有的行业专门制定了一些针对记者采访的有关规定。如最高人民法院颁发的《中华人民共和国人民法院法庭规则》第10条就是针对记者的专门条款:"新闻记者旁听应遵守本规则。未经审判长或者独任审判员许可,不得在庭审过程中录音、录像、摄影。"第11条还规定:"对于违反法院规则的人,审判长或者独任审判员可以口头警告、训诫,也可以没收录音、录像或摄影器材,责令退出法庭或者经院长批准予以罚款、拘留。"

他律的广泛性 采访是以记者为一方、以采访对象为另一方的双向交流。采访对象在与记者交往时,讲的每一句话,表现出来的每一个细微表情、动作,都有可能被记者记录"在案",成为"事实"而被报道,因而对记者有一种"防范心理"。采访对象的这种"防范心理",在一定的条件下会转化为对记者行为的限制。如在纪念唐山地震20周年采访活动中,一位记者采访地震中某幸存的孤儿。这位采访对象当年还是一个12岁的小姑娘,地震对于她来说,是不堪回首的记忆。她曾亲眼目睹自己的母亲在楼板的重压之下,流尽最后一滴血而悲惨死去。多年来,她从未向人提起,以至于单位许多同事尚不知她是孤儿。记者曾三次找到她,要求采访,均被她礼貌地拒绝了。最后,记者请单位领导出面做工作,她愤怒了:"我有什么义务一定要让你们采访?你们还有完没完?"隐私权是法律赋予公民的权利,尊重个人隐私是记者的职业道德。这位采访对象依据法律规定,拒绝记者的采访,可以说是典型的他律抵制。

社会他律是公民或社会组织依据国家法律、行业规章和社会公德、职业道德的有关规定对新闻传播行为进行约束。社会他律是通过抵制和监督,实现对新闻传播行为的约束。由于采访对象是一个集合体概念,广泛分布在社会各个阶层、行业、领域,因而对记者的约束与限制,具有广泛性。因此需要记者根据不同的对象、不同的环境、不同的情况区别对待,并恪守新闻职业道德,才能获得采访的自由。

他律的广泛性对记者的新闻采访提出了更高的要求,记者要提高自己的业务素质,注重和采访对象的充分沟通,充分尊重采访对象。树立"以人为本"的采访观念。

首先,要有平等待人的采访心态。采访是记者与采访对象面对面地进行的一种信息采集活动。在采访活动中,记者与采访对象的关系是一种平等的信息互动关系。两者之间的交流,无论是谈话,还是问答,无论是笔记、录音,还是摄影、录像,都是平等的双向交流。记者只有在尊重采访对象意愿的情况下才有采集信息的"权利",而没有强行索取材料的"权力"。在新闻采访中,记者与采访对象的关系没有等级之分,也没有贵贱之别。因此,无论是面对达官贵人,还是面对平民百姓,作为记者都应一视同仁,待之以平等对话的姿态。那种以"无冕之王"自居的姿态,那种对权贵阿谀奉承,对弱者颐指气使的姿态,都是与"以人为本"精神相违背的。

其次,要尊重采访对象的隐私权。"以人为本"的基本内涵,就是对人权的尊重和保护。令人遗憾的是,在新闻采访中侵犯采访对象隐私权的情形,却时有发生。比如有的记者擅自闯入采访对象的私人住宅,未经允许就擅自拍摄或录像;有的记者三更半夜敲开采访对象的家门,不由分说,就把摄像镜头对准衣冠不整、睡眼惺忪的采访对象;有的记者在向采访对象提问题时,不是为了调查与公众利益相关的事实真相,而是为了打探采访对象的个人隐私甚至阴私,等等。对此,应当引以为戒。

现代政治与传播学把人们的活动空间和信息划分为两大领域:一是公共领域;二是私人领域。所谓公共领域,是指关系到国家活动、社会事务和公众利益的领域。除国家机密和商业秘密外,一般来说,公共领域属于公众知情权的范畴,是公众可以审视和了解的领域;二是私人领域。凡是与国家活动、社会事务和公众利益无关的范畴,则属于公民的隐私权严密守护的私人领域。在新闻采访过程中,记者要严格区分公共领域与私人领域的界限,谨慎进入并采取相应的方式,即面对公共领域,可以而且应当驰骋纵马,尽可能地满足公众的知情权;但在私人空间面前,则必须悬崖勒马,维护公民个人的隐私权。

综上所述,"法"与"律"都是对自由的约束与限制。新闻自律和社会他律都是新闻界、社会公众或社会组织对新闻从业人员行为的约束。所不同的是,新闻自律是新闻界和新闻单位内部规定的职业行为准则,对新闻从业人员具有普遍的约束力,社会他律是公民或社会组织依据国家法律、行业规章和社会公德、职业道德的有关规定对新闻传播行为的约束。社会他律是通过抵制和监督,实现对新闻传播行为的约束。

第五节 采访自由与"俗"的约束

一、"俗"是一种民族文化

俗,亦称"风"、"风俗"、"习俗""或"民俗"。我国古代,俗与风是两个既有关联又不相同的概念。《汉书》上说:"上之所化为风,下之所化为俗。"风与俗的共同之处都有"教化"的意思。不同的是,风,是一种"上之所化",是指"由上而下"的教化,力量大,像风一样传遍四方;俗,则是"下之所化",意思是下层人民的自我教化,为民间所习,叫俗。

由此可见,无论是风还是俗,其本质都是"教化"百姓应该做什么、不应该做什么、必须做什么、禁止做什么的行为准则。

我国把"风"和"俗"并称为"民俗",是源自日本留学归来的周作仁先生。1928年,广州中山大学办专刊,直称"民俗",从此,民俗便统称为"风"、"俗"、"风俗"。"风俗"成为了一个固定概念。

何谓民俗?民俗学家钟敬文在他的《民俗文化的民族凝聚力》一文中说,"所谓民俗(或风俗),主要指的是,文化比较发达的民族,它的大多数人民在行为上、语言上所表现出的种种活动、心态"[1],"它是集体的、有一定时间经历的人们的行动或语言的表现"。

民俗的起源主要有:图腾崇拜说、天地祭祀说、鬼神禁忌说和宗教迷信说,等等。随着历史的演进,社会的发展,民俗逐渐成为了一种凝聚民族精神的文化和规范人们行为的准则。正如钟敬文所说:"这种几乎神秘的民俗文化凝聚力,不但要使朝夕生活、呼吸在一起的成员,被那无形的仙绳捆束在一起,把现在活着的人跟已经逝去的祖宗、先辈联结在一起,而且它还把那些分散在世界五大洲的华侨、华裔也团结在一起。"[2]

二、"俗"是一种行为规范

"俗",作为民间的一种行为规范,具有很强的约束性。

首先,是"俗"的遵从性。俗,集中地要求人们遵从民俗事象。它包括:崇拜信仰的遵从,祭祀耕作的遵从,节日礼仪的遵从,服饰言语的遵从和禁忌事项的遵从等方面。如崇拜信仰的遵从,中华各民族的共同图腾是龙;如节日礼仪的遵从,我国以及朝鲜、越南等地的春节、端午、中秋等节日;服饰言语的遵从,如我国云南大理一带的白族,女性服饰的颜色是有严格讲究的,已婚妇女只穿蓝颜色的服饰,而未婚姑娘的服饰颜色,多以红颜色为主,等等。

其次,是"俗"的角色性。俗,要求人们担当一定的行为角色,自觉维护其利益和声誉。

---

[1] 载《中国民俗学研究》,中央民族大学出版社1991年版,第1页。
[2] 载《中国民俗学研究》,中央民族大学出版社1991年版,第6页。

最后，是"俗"的惩罚性。如果一个人违背民俗事象的规定，社会则视其为叛逆，受到舆论的谴斥和人们的孤立，以至于无法在部落群体生活，或者部落根据约定俗成的民间法规进行处罚。

俗作为一种行为规范，指示人们在什么场合、什么地点、什么对象以及什么时间，可以做什么、必须做什么和禁止做什么。俗的约束性，从一定程度上说，超过了法律对人们行为的约束。统治者对法具有随意性，即使违反了法的规定，也"刑不上大夫"。俗，除极个别现象外，具有普遍的遵从性和约束性。统治阶级为巩固政权、维护江山社稷，往往尊重民俗，顺应风俗习惯，以避免天怒人怨。

三、"俗"的差异性

由于俗是"下之所化"，是通过民间的口耳相传，渐进"教化"，因而具有很大的差异性，正所谓"百里不同风，千里不同俗"。俗的差异性是由不同的民族、不同的地域和不同的职业（行业）的人们的不同生活习性以及不同的经历决定的。俗的差异性主要表现为以下几点。

1. 民族性

不同的民族有不同的信仰与生活习性。如以民族图腾信仰为例，以"马背上的民族"而著称于世的蒙古人，视马为神，因而有禁食马肉和祭马的习俗；而生活在云贵高原的彝族，却以虎为图腾，认为彝人是虎变的。又以握手为例，见面握手，既表友好、又表亲切。尤其是我们见到长辈或上级，晚辈或下级要先伸出手来，以示尊重；而欧美人握手习俗则大相径庭，平辈之间或熟人朋友先伸手为有礼，而遇到长辈或上级则反之，须等其先伸手而握之，与女士握手更是如此。男士若先伸手去握手，则是无礼，势必引起"抗议"。此外，握手时用力的轻重、时间的长短也颇有讲究，过轻，表示自傲或冷淡；过重，使对方感到疼痛，或握住手久久不放都是不妥的。而俄罗斯人对重要的朋友或知心朋友，则有握过手后，把对方的手贴放在自己胸口的习俗，以表达与朋友心心相印之意。

与此同时，习俗的民族性，体现为党和国家的民族政策。我国宪法和法律都明确规定"尊重和保护少数民族风俗习惯"，要求社会成员共同遵守。侵犯少数民族风俗习惯的不法行为，将受到法纪的惩处。

2. 地域性

由地域引出习俗的千差万别。如我国东南沿海和台湾等周边地区，视妈祖和陈靖姑两位"一文一武"的伟大女性为不可侵犯的神圣;而地处东北一带的满人,将"佛托妈妈"、"柳枝娘娘"两位女性视为始祖女神。以"鼓"文化为例,我国北方锣鼓气势恢弘,腰鼓欢快热闹;而我国湘西一带的苗人则流行打"猴鼓"。相传,打猴鼓是苗人迁徙湘西以后,从打败妖怪、庆祝胜利演变而来,击鼓动作犹如猴儿上下翻滚,异常活跃。以饮食文化为例,在湖南有的地方,对尊贵的客人有敬鸡头、鸡爪的礼俗,而湘中一带鸡腿是敬给老人的佳品。又如,在上海,人们至今还保持着一条不成文的习俗,看望病人时,不送梨子和苹果。这是因为:"梨"与"离"、"苹果"与"病故",是上海方言的谐音。

3. 宗教性

信奉佛教的人,如家中长者去世,有披麻戴孝、晚辈跪灵的习俗;而基督教徒则认为,人死升天,亡者不受拜,也不得哭丧。穆斯林则严禁食猪肉和狗肉。周末,对于基督教徒来说是"礼拜天",而对于犹太教徒来说则是"安息日"。

4. 行业性

由于职业原因,一些行业形成了具有职业特征的习俗。总体上看,民俗的行业性分为"敬"和"禁"两个方面。

"敬"是崇敬,即崇敬行业的"祖师爷"。如木匠、石匠、瓦匠等土木建筑业崇敬"鲁班爷",有祭祖师、喝祖师诞辰酒,求祖师保佑平安的习俗。在"煤炭之乡"的山西大部分地区,煤矿工人把"老君爷"则视为"煤神"而顶礼膜拜,加以供奉。

"禁"是禁忌。所谓禁忌,是指禁戒人们接触的事物或人,以及对此所持的忌讳观念。禁忌源于人们因对某些特定的事物的崇拜而视为神圣,或因惧怕而产生的回避。禁忌包括被禁行为和忌语两个方面。

随着社会的进步,人们的禁忌观念呈淡化趋势,一些禁事陋俗被废止,如航运业不准女人上船的陋俗,早被弃之。但一些祈求平安心理的忌语,却依然存在。如运输业忌讳说"翻"字。水运业忌讳"沉",如遇到姓"陈"或姓"成"的,改音为"咆"(浮的意思)。跑长途运输的司机,则有吃鱼时不准翻边的习俗。南方一些地方,把言语犯禁称为"放快"(乱说)。对"放快"的人则要给予包括经济惩罚(如请客消灾)在内的制裁。

总之,民俗作为一种社会文化,无论是在科技发达的西方社会,还是在民风淳朴的礼仪之邦,都始终存在并无时无刻不在规范着、影响着人们的思想意识、行为举止。但由于民族的不同、地域的不同、宗教的不同以及职业的不同,俗所表现出来的民俗事象又大相径庭,千差万别,因而容易发生习俗的碰撞,引起矛盾,甚至酿成纠纷。从习俗的本质来看,碰撞的实质,是不同文化的碰撞。

四、采访自由与"俗"的约束

采访自由与"俗"的约束,是指记者处理与俗的关系和记者的行为服从俗的约束两个方面。对于一个熟悉民情习俗又能在行为上自觉遵从其行为规范的记者来说,俗的影响是隐性的,似乎也感觉不到。但对于远离他乡的人来说,俗的影响和制约是凸现的,而且越远,甚至异国他乡,习俗的差异性就越不同,制约就越大。

中国国际广播电台驻耶路撒冷记者刘玲,在他的《这里周末静悄悄》一文中回忆犹太人的周末生活说:根据犹太教规,从周五太阳落山到周六是安息日,犹太人的上帝规定他的"特选子民们"在安息日应当充分休息、禁止劳作、禁止生火。对于正统的犹太教徒而言,做饭、听收音机、开关电视、接电话、按门铃等全属犯禁行为。但房东告诉他,在周五做好饭,把汤放在炉子上用文火炖;电视早在安息日开始前就打开,放低音量;用手敲门代替按电铃,这样做就不算犯禁了。安息日,外国人可以开车外出,但是不得闯入宗教区,否则,必有麻烦。有一次,刘玲开车出去不知不觉拐进了一个街区,发现只要有人看见他的车,就表情怪异地瞠目而视,仿佛他开的不是车,而是坦克。越往前,路人的表情越愤怒。这一路心惊胆战,好不容易转出迷宫,吓出一身汗。

刘玲的遭遇发生在异国他乡,就是在国内,习俗同样制约着记者的行为。如前所述,在湖南一些少数民族地区人们有用鸡头、鸡爪敬尊贵客人的习俗,但如客人执意不吃的话,则会被视为"看不起"主人,使人产生"闭合心理",并引来麻烦。

上述事例说明了俗的遵从性,它要求一切与之交往的人遵守民俗事象,即所谓"入乡随俗"。对于"云游四方"的记者来说,重要的是应了解民风民俗,尊重民风民俗,以避免犯禁而处处碰壁。正如清代著名学者黄遵宪所说:"治国化民,必须研究通晓民俗。"我国《宪法》第5条规定:各民族"都有保持或者改革自己的风俗习惯的自由"。因此,作为记者,对待俗的制约和处理与俗的关系时应当做到以下几点:

第一,"问禁"原则。

古人说"入乡问禁",是说到一个地方就要了解当地的风俗习惯,避免犯禁。由于俗对人的行为具有约束性,所以人的行为只能适应这种约束。

因此,不论是作为自然人的公民,还是作为职业人的记者,到一个地方,就应当了解一个地方的风俗习惯。特别是作为食百家饭、行万里路的新闻记者,应尽可能多地了解一个民族、一个地区的风俗民情,尤其应当了解在当地可以做什么、禁止做什么、必须做什么和怎样做什么;对当地的禁忌和忌语,要铭记于心。同时还要了解一个民族、一个地区的基本礼仪、举止。礼仪是人和睦共处的基本要素。只有对一个地方的习俗有所了解,才有自我的约束行为,也才能避免犯禁,获得采访的自由。

第二,尊重原则。

俗有良俗和陋俗之分。一般地说,俗在经过千百年历史的演进,传承至今,陋俗逐渐消亡,如我国历史上陪葬的陋俗、航运业不准妇女上船的陋俗等均已消亡,传承下来的大多是体现民族凝聚力和民族精神的良俗。对于良俗,记者要从思想感情上予以尊重。这种尊重也就是尊重一个民族的感情。尊重别人,自己也将获得别人的尊重。记者采访,尊重别人,自己还可能获得许多意想不到的帮助。

第三,入俗原则。

俗话说:到什么山唱什么歌。说的就是"入乡随俗"。所谓随俗,就是遵从当地的风俗习惯,指导自己的行为举止。客籍人的"随俗",则给当地人以亲切感、信赖感和安全感。在我国近代史上,因为风俗的缘故,发生过两支部队在同一个地方遭遇两种截然不同命运的历史事件。1863年,太平军首领石达开率大军数万人途经四川凉山彝人区,因不尊重彝人的风俗习惯,没有处理好与彝人的关系,无法通过彝人区,结果被困大渡河,招致清兵的追剿,最后全军覆没。70余年后的1935年,红军北上抗日途经彝人区,被国民党称为"石达开第二"的红军,所到之处,处处尊重彝人的风俗习惯,秋毫无犯。刘伯承还通过与彝人饮血酒的习俗,与彝人首领小叶丹结拜兄弟,赢得广大彝民的信赖与支持,从而顺利地通过彝人区,为我们树立了尊重民风民俗,实现行为自由的典范。

应当指出的是,记者的随俗,随的应当是良俗,而不是陋俗。如有的民族至今还保留着在一定的条件下男女之间可以野合、狂欢,不受任何非议的陋俗。面对陋俗,记者应当洁身自好,切不可以"入乡随俗"为由,违反国家法纪,有悖人伦道德和职业道德。

总而言之,自由与俗是指人的行为受到俗的约束。俗作为规范人们行为的"民间法",具有很强的约束性,即使是新闻记者,其行为也不可避免地要受到"俗"的约束,特别是在"云游四方、会晤三教九流"的过程中,"俗"的影响与约束是显而易见的。因此,要求记者"入乡问禁"、"入乡随俗",遵循"俗"的要求,为顺利采访创造条件。

名词解释

新闻政策、宣传纪律、舆论监督、新闻批评、新闻侵权、新闻他律

思考题

1.什么是新闻控制?谈谈你对新闻控制的认识。

2. 试比较新闻政策、宣传纪律的异同。

3. 谈谈你对采访自由与法律禁止的认识。

4. 谈谈你对新闻他律和新闻自律的认识。

5. 采访中,记者如何处理与社会风俗的关系?

延伸阅读

1. 〔美〕杰克·海敦:《怎样当好新闻记者》,新华出版社 1980 年版。

2. 〔英〕约翰·弥尔顿:《论出版自由》,商务印书馆 1958 年版。

附录一

记者行为准则宣言[①]

(1954年4月国际新闻记者联合会第二届代表大会通过,1986年6月修订)

本国际宣言,经正式宣布为从事新闻采访、传递、发行与评论者,以及从事事件之描述者的职业行为标准。

一、尊重真理及尊重公众获得真实消息的权利,是新闻记者的首要责任。

二、为履行这一责任,新闻记者要维护两项原则:忠实采集和发表新闻的自由及公正评论与批评的权力。

三、新闻记者仅报道知道来源的事实,不得扣压重要新闻或假造资料。

四、新闻记者只用公开方法获得新闻、照片和资料。

五、新闻记者发现已发表的新闻有伤害性的讹误,应尽最大努力予以更正。

六、新闻记者对秘密获得的消息来源,应保守职业秘密。

七、新闻记者应警惕正由报刊加剧的各种歧视的危险,对于建立在种族、性别、性取向、语言、宗教、政治或其他观念,以及民族或社会出身等基础上的种种歧视,应尽力避免为之推波助澜。

八、新闻记者视下列行为为严重的职业罪恶:

——抄袭、剽窃;

——中伤、诬蔑、诽谤和缺乏根据的指控;

——因接受贿赂而发表或扣押消息。

九、名副其实的新闻记者应把忠实地遵循以上原则视为自己的责任。在每一个国家的一般法律的范围内,新闻记者在职业问题上只承认同业间的裁决,拒绝政府或其他方面的任何干涉。

[①] 资料来源:百度文库。

附录二

中国新闻工作者职业道德准则[①]

(中华全国新闻工作者协会第七届理事会第二次全体会议 2009 年 11 月 9 日修订)

中国新闻事业是中国特色社会主义事业的重要组成部分。新闻工作者要坚持以马克思列宁主义、毛泽东思想、邓小平理论和"三个代表"重要思想为指导,深入贯彻落实科学发展观,高举旗帜、围绕大局、服务人民、改革创新,贴近实际、贴近生活、贴近群众,用马克思主义新闻观指导新闻实践,学习宣传贯彻党的理论、路线、方针、政策,继承和发扬党的新闻工作优良传统,积极传播社会主义核心价值体系,努力践行社会主义荣辱观,恪守新闻职业道德,自觉承担社会责任,敬业奉献、诚实公正、清正廉洁、团结协作、严守法纪,做到政治强、业务精、纪律严、作风正。

第一条 全心全意为人民服务。要忠于党、忠于祖国、忠于人民,把体现党的主张与反映人民心声统一起来,把坚持正确导向与通达社情民意统一起来,把坚持正面宣传为主与加强和改进舆论监督统一起来,发挥党和政府联系人民群众的桥梁纽带作用。

1. 积极宣传党和政府的重大决策部署,及时传播国内外各领域的信息,满足人民群众日益增长的新闻信息需求,保证人民群众的知情权、参与权、表达权、监督权;

2. 牢固树立群众观点,把人民群众作为报道主体和服务对象,多宣传基层群众的先进典型,多挖掘群众身边的具体事例,多反映平凡人物的工作生活,多运用群众的生动语言,使新闻报道为人民群众喜闻乐见;

3. 积极反映人民群众的正确意见和呼声,批评侵害人民利益的现象和行为,依法保护人民群众的正当权益。

第二条 坚持正确舆论导向。要坚持团结稳定鼓劲、正面宣传为主,唱响主旋律,不断巩固和壮大积极健康向上的舆论。

1. 始终坚持以经济建设为中心,服从服务于改革发展稳定大局不动摇,着力推动科学发展、促进社会和谐;

2. 宣传科学理论、传播先进文化、塑造美好心灵、弘扬社会正气,增强社会责任感,坚决抵制格调低俗、有害人们身心健康的内容;

[①] http://www.china.com.cn/news/txt/2009-11/27/content_18968088_2.htm。

3.加强和改进舆论监督,着眼于解决问题、推动工作,坚持准确监督、科学监督、依法监督、建设性监督;

4.采访报道突发事件要坚持导向正确、及时准确、公开透明,全面客观报道事件动态及处置进程,推动事件的妥善处理,维护社会稳定和人心安定。

第三条　坚持新闻真实性原则。要把真实作为新闻的生命,坚持深入调查研究,报道做到真实、准确、全面、客观。

1.要通过合法途径和方式获取新闻素材,新闻采访要出示有效的新闻记者证。认真核实新闻信息来源,确保新闻要素及情节准确;

2.报道新闻不夸大不缩小不歪曲事实,不摆布采访报道对象,禁止虚构或制造新闻。刊播新闻报道要署作者的真名;

3.摘转其他媒体的报道要把好事实关,不刊播违反科学和生活常识的内容;

4.刊播了失实报道要勇于承担责任,及时更正致歉,消除不良影响。

第四条　发扬优良作风。要树立正确的世界观、人生观、价值观,加强品德修养,提高综合素质,抵制不良风气,接受社会监督。

1.强化学习意识,养成学习习惯,不断提高政治和业务素质,增强政治意识、大局意识、责任意识,努力成为专家型新闻工作者;

2.深入基层、贴近群众、体验生活,在深入中了解社情民意,增进与群众的感情;

3.坚决反对和抵制各种有偿新闻和有偿不闻行为,不利用职业之便谋取不正当利益,不利用新闻报道发泄私愤,不以任何名义索取、接受采访报道对象或利害关系人的财物或其他利益,不向采访报道对象提出工作以外的要求;

4.尊重新闻同行,反对不正当竞争。尊重他人的著作权益,引用他人的作品要注明出处,反对抄袭和剽窃行为;

5.严格执行新闻报道与经营活动分开的规定,不以新闻报道形式做任何广告性质的宣传,编辑记者不得从事创收等经营性活动。

第五条　坚持改革创新。要遵循新闻传播规律,提高舆论引导能力,创新观念、创新内容、创新形式、创新方法、创新手段,做到体现时代性、把握规律性、富于创造性。

1.深入研究不同传播对象的接受习惯和信息需求,主动设置议题,善于因势利导,不断提高舆论引导能力和传播能力;

2.认真研究传播艺术,利用现代传播手段,采用受众听得懂、易接受的方式,增强新闻报道的亲和力、吸引力、感染力;

3.善于利用新载体、新技术收集信息、发布新闻,提高时效性,扩大覆盖面。

第六条　遵纪守法。要增强法治观念,遵守宪法和法律法规,遵守党的新闻工作纪律,维护国家利益和安全,保守国家秘密。

1. 严格遵守和正确宣传国家的民族区域自治制度、各民族平等团结和宗教信仰自由政策,维护国家主权和社会稳定;

2. 维护采访报道对象的合法权益,尊重采访报道对象的正当要求,不揭个人隐私,不诽谤他人;

3. 维护未成年人、妇女、老年人和残疾人等特殊人群的合法权益,注意保护其身心健康;

4. 维护司法尊严,依法做好案件报道,不干预依法进行的司法审判活动,在法庭判决前不做定性、定罪的报道和评论;

5. 涉外报道要遵守我国涉外法律、对外政策和我国加入的国际条约。

第七条 促进国际新闻同行的交流与合作。要努力培养世界眼光和国际视野,积极搭建中国与世界交流沟通的桥梁。

1. 在国际交往中维护祖国尊严和国家利益,维护中国新闻工作者的形象;

2. 积极传播中华民族的优秀文化,增进世界各国人民对中华文化的了解;

3. 尊重各国主权、民族传统、宗教信仰和文化多样性,报道各国经济社会发展变化和优秀民族文化;

4. 积极参加有组织开展的与各国媒体和国际(区域)新闻组织的交流合作,增进了解、加深友谊,为推动建设持久和平、共同繁荣的和谐世界多做工作。

主要参考文献

1. 熊高:《采访行为学概论》,人民出版社 2000 年版。
2. 熊高:《电视新闻节目学》,武汉大学出版社 2011 年版。
3. 蓝鸿文:《新闻采访学》,中国人民大学出版社 2011 年版。
4. 艾丰:《新闻采访方法论》,人民日报出版社 2010 年版。
5. 刘海贵:《中国新闻采访与写作学》,复旦大学出版社 2011 年版。
6. 丁柏铨:《新闻采访与写作》,高等教育出版社 2014 年版。
7. 李良荣:《新闻学概论》,复旦大学出版社 2013 年版。
8. 郑保卫:《新闻理论教程》,北京师范大学出版社 2012 年版。
9. 彭菊华:《新闻学原理》,中国传媒大学出版社 2014 年版。
10. 彭菊华:《新闻发现学引论》,人民出版社 2002 年版。
11. 方汉奇:《中国新闻传播史》,中国人民大学出版社 2014 年版。
12. 黄瑚:《中国新闻事业发展史》,复旦大学出版社 2010 年版。
13. 郑超然:《外国新闻传播史》,中国人民大学出版社 2014 年版。
14. 段鹏:《传播学基础:历史、框架与外延》,中国传媒大学出版社 2013 年版。
15. 郭庆光:《传播学教程》,中国人民大学出版社 2011 年版。
16. 陈龙:《大众传播学导论》,苏州大学出版社 2013 年版。
17. 水延凯等:《社会调查教程》,中国人民大学出版社 2009 年版。
18. 徐培汀:《中国新闻传播学说史》,重庆出版社 2006 年版。
19. 徐培汀:《20 世纪中国新闻学与传播学——新闻史学史卷》,复旦大学出版社 2001 年版。
20. 单波:《20 世纪中国新闻学与传播学——应用新闻学卷》,复旦大学出版社 2001 年版。
21. 游洁:《电视策划教程》,中国传媒大学出版社 2007 年版。
22. 蒙南生:《新闻传播策划学》,广西人民出版社 2005 年版。
23. 胡志平:《新闻写作与创新智慧》,新华出版社 2003 年版。

24.《中国名记者传略与名篇赏析》,新华出版社2003年版。
25. 方芳、乔申颖:《名记者清华演讲录》,人民日报出版社2002年版。
26. 沈富忱:《知名记者谈新闻采写》,中国社会科学院研究生院新闻系辅助教材,1997年。
27. 彭正普:《中国当代名记者研究》,郑州大学新闻系教材,1985年。
28. 宋蜀华、陈克进:《中国民族概论》,中央民族大学出版社2001年版。
29. 姚二龙:《民俗学》,大众文艺出版社1998年版。
30. 罗建利:《中国行为科学导论》,电子工业出版社1988年版。
31. 贾轶峰等:《行为科学辞典》,山东人民出版社1994年版。
32. 余家宏、宁树蕃:《简明新闻学词典》,浙江人民出版社1984年版。
33. 甘惜分:《新闻学大辞典》,河南人民出版社1992年版。
34. 刘建民:《宣传舆论学大辞典》,经济日报出版社1992年版。
35. 赵玉明、王福顺:《广播电视辞典》,北京广播学院出版社1999年版。
36.《中国大百科全书》(精粹本),中国大百科全书出版社2002年版。
37.〔英〕约翰·弥尔顿:《论出版自由》,商务印书馆1958年版。
38.〔美〕杰克·海敦:《怎样当好新闻记者》,新华出版社1980年版。
39.〔美〕威尔伯·施拉姆、威廉·波特:《传播学概论》,李启、周立方译,新华出版社1984年版。
40.〔日〕和田洋一:《新闻学概论》,中国新闻出版社1985年版。
41.〔美〕约翰·布雷迪:《采访技巧》,新华出版社1986年版。
42.〔美〕沃尔特·李普曼:《公众舆论》,阎克文、江红译,上海人民出版社2006年版。
43.〔美〕卡罗尔·里奇:《新闻写作与报道训练》,中国人民大学出版社2010年版。

图书在版编目(CIP)数据

新闻采访/熊高,熊倩著.—2版.—北京:中国传媒大学出版社,2016.3(2018.5重印)
(新闻传播专业"十二五"规划教材)
ISBN 978-7-5657-0916-6

Ⅰ.①新… Ⅱ.①熊… ②熊… Ⅲ.①新闻采访 Ⅳ.①G212.1

中国版本图书馆CIP数据核字(2014)第059162号

主要作者简介:
熊高,教授、高级记者、第二届全国广播电视"百优"理论工作者。曾在湖南广播电视台新闻采访一线工作近20年,后任湖南株洲广播电视局局长、党委书记、株洲广播电视台台长。2005年被广西师范学院引进,担任新闻传播学学科带头人和新闻传播学院院长等职。现为贺州学院特聘教授、影视人类学研究所所长、传媒与文化发展中心常务副主任。著有《采访行为学概论》《新闻采访》《电视新闻摄制教程》《电视新闻节目学》《文化媒介学》等书,发表论文数十篇。

新闻传播专业"十二五"规划教材

新闻采访(第2版)

XIN WEN CAI FANG(DI ER BAN)

著　　者	熊　高　熊　倩
责任编辑	蔡开松
责任印制	阳金洲
出 版 人	王巧林
出版发行	中国传媒大学出版社
社　　址	北京市朝阳区定福庄东街1号　邮编:100024
电　　话	86—10—65450528　65450532　传真:65779405
网　　址	http://www.cucp.com.cn
经　　销	全国新华书店
印　　刷	三河市荣展印务有限公司
开　　本	787mm×1092mm　1/16
印　　张	14.75
字　　数	272千字
版　　次	2016年3月第2版　2018年5月第2次印刷
书　　号	ISBN 978-7-5657-0916-6/G·0916　　定　　价　39.00元

版权所有　　翻印必究　　印装错误　　负责调换

新闻传播专业"十二五"规划教材

新闻学概论(第2版)	刘建明 著
新闻学原理(第2版)	彭菊华 著
新闻采访(第2版)	**熊 高等著**
新闻写作(第2版)	郭光华 著
新闻采访与写作(第2版)	许 颖 著
新闻编辑(第2版)	谭云明 著
新闻作品评析教程(第2版)	王灿发等著
新闻心理学概论(第5版)	刘京林 著
舆论学概论	刘建明等著
舆论学原理、方法与应用(第2版)	韩运荣等著
传媒伦理学教程	张 傅主编
传媒学引论	Regis Debray 著
新媒体概论	黄传武等著

陆续有来……

欢迎投稿:1091104926@qq.com